Arena-Taschenbuch
Band 1825

W0322168

Harald Roth,
geboren 1950, unterrichtet an einer Realschule Deutsch, Geschichte und Politische Bildung. Er veröffentlichte u.a. die Anthologien »Es tat weh, nicht mehr dazu zu gehören – Kindheit und Jugend im Exil« (Deutscher Jugendliteraturpreis 1990 / Auswahlliste) und »Widerstand – Jugend gegen Nazis«.

Harald Roth (Hrsg.)

Verachtet, verstoßen, vernichtet

Kinder- und Jugendjahre unterm Hakenkreuz

Mit einem Vorwort von Ignatz Bubis

Arena

Die Deutsche Bibliothek – CIP- Einheitsaufnahme

Verachtet, verstoßen, vernichtet: Kinder- und Jugendjahre unterm Hakenkreuz / Harald Roth (Hrsg.).
Mit einem Vorwort von Ignaz Bubis.
– Orig.-Ausg., 1.Aufl. - Würzburg: Arena-Verl.., 1995
(Arena-Taschenbuch; Bd. 1825)
ISBN 3-401-01825-6
NE: Roth, Harald [Hrsg.]; GT

1. Auflage dieser Anthologie 1995 als Originalausgabe im Arena-Taschenbuchprogramm
© 1995 by Arena Verlag GmbH, Würzburg
Quellennachweis: siehe Seite 239
Umschlaggestaltung: Karl Müller-Bussdorf, unter Verwendung eines Fotos aus dem Band von Dirk Reinartz/Christian Graf von Krockow, »totenstill«,
© Dirk Reinartz 1994 und
© Steidl Verlag, Göttingen 1994
Gesamtherstellung: Westermann Druck Zwickau GmbH
ISSN 0518-4002
ISBN 3-401-01825-6

Inhalt

Dies ist die Hölle

IGNATZ BUBIS

Vorwort

Die vorliegende Anthologie mit Erlebnisberichten von Opfern des NS-Regimes umfaßt dessen ganze Zeit, von 1933 bis 1945, und enthält darüber hinaus noch Berichte von der Befreiung und der Zeit kurz danach. Es kommen Vertreter der Völker zu Wort, deren »Rasse« ausgelöscht werden sollte, also hauptsächlich Juden und außerdem Sinti und Roma.

Es sind Schilderungen von Opfern, die das Geschehen meist als Jugendliche, oft noch als Kinder erlebten. Das Dritte Reich läuft ab wie ein Film. Am Anfang steht die Drangsalierung der jüdischen Bevölkerung im Alltagsleben.

Es geht weiter mit ihrer zunehmenden Ausgrenzung, damit, daß das von Diskriminierung und Diffamierung gekennzeichnete Leben durch unzählige Vorschriften fast unmöglich gemacht wird, weil sie sich gar nicht alle einhalten lassen; und es endet damit, daß Juden sowie Sinti und Roma schließlich auch nicht mehr als Menschen zweiter Klasse gelten, sondern überhaupt nicht mehr als Menschen. Sie werden schlechter behandelt als Tiere, denn für Tiere legt man Stroh in den Viehwagen, nicht aber für die Menschen auf Todestransporten. Der Vernichtung ging die vollständige Entrechtung und Entwürdigung voraus.

Wenn und weil man dieses Ende kennt, ist es wichtig, nach dem Anfang zu fragen, danach, wie das alles begonnen hat. 1933 gab es noch kein Auschwitz. Die 30er Jahre sind von der wachsenden Bedrohung, von Konzentrationslagern geprägt, aber noch nicht von Vernichtungslagern. Eine Vorstellung davon – von Auschwitz und Treblinka – gab es in diesen Jahren wahrscheinlich nur in den Köpfen der späteren Täter. Gerade deshalb sind die Erzählungen aus dieser Zeit besonders wichtig und lehrreich. Wie reagierte die Bevölkerung, d. h. die Opfer sowie die »Zuschauer«, also die selbst nicht betroffene Bevölkerung, die nicht zu den Tätern gehörte, auf die Maßnahmen, die Juden diffamierten und ausgrenzten? Wie verhielt man sich zu Vorschriften, die den Juden beispielsweise »nur« den Kinobesuch untersagten? Solche Dinge sind wichtig, und man läuft oft Gefahr, angesichts des Grauens, das später kam, diese vermeintlichen Kleinigkeiten unterzubewerten, zu vernachlässigen und zu vergessen, weil sie so unbedeutend scheinen. Aber was wäre gewesen, wenn sich gegen solche Diskriminierungen nicht nur einzelne empört hätten – das ist vorgekommen –, sondern die gesamte Bevölkerung des Reiches sich dagegen massiv zur Wehr gesetzt hätte? Wäre dann die Shoah möglich gewesen?

Diese Spekulation ist vielleicht müßig, aber man muß solche Fragen miteinbeziehen, sofern man überhaupt irgendwelche Lehren aus dieser Zeit für die Zukunft ziehen will.

In den ersten Jahren wurden die heranwachsenden Juden auf unterschiedliche Weise mit dem NS-Terror konfrontiert, sie waren teils gar nicht oder wenig darauf vorbereitet. So kam es u. U. zu schockartigen Erfahrungen wie z. B. bei Hannele Zürndorfer, die mitten in noch wohlbehüteter Kindheit den Schrecken der »Reichskristallnacht« erlebte, in der fast der gesamte Besitz der Eltern zerstört wurde und die ihrem bisherigen Leben schlagartig ein Ende setzte. In den Berichten einzelner über ihre Konfrontation mit Beschränkungen und Verboten für Juden, über Versuche, diese vielfältigen Verbote zu umgehen (d. h.

ins Kino zu gehen, keinen Stern zu tragen), gibt es durchaus auch Hinweise auf Solidarität seitens der nichtjüdischen Bevölkerung. Auffallend ist dabei eines: diese Solidarität spielt sich fast immer im verborgenen ab, einzelne helfen, geben Zuspruch, aber nicht öffentlich. So wird deutlich, wie der Terror täglich funktionierte und sich auswirkte, wie er auch – noch – mitunter zu umgehen war, was vielleicht dazu verführte, sich über seine wahre Natur noch hinwegzutäuschen, bis es endlich zu spät war, und zwar für alle.

Die Berichte aus den Kriegsjahren spielen in Ghettos und Vernichtungslagern. Es galt hier keine Altersgrenze – Kinder jeden Alters wurden ebenso in den Tod geschickt und vorher, wenn sie Zwillinge waren, zu Versuchsobjekten des »Arztes« Dr. Mengele. Hervorzuheben sind hier die Berichte der Sinti und Roma, auch deshalb, weil hier ein grotesker Punkt hinzukommt. Da sie nicht von vornherein in der Weise ausgestoßen waren wie die Juden, hatte es »Zigeuner« auch unter Wehrmachtsangehörigen gegeben, die für das Dritte Reich bereits gekämpft hatten. Auch sie wurden Opfer der Vernichtungsmaschinerie.

In diesen extremen Situationen zeigt sich, wie sehr es auf das Handeln des einzelnen ankommt. Wie oft gelang es einzelnen, Dutzende von Menschen zu retten, dadurch, daß sie bei besonderer Gefahr die Nerven behielten, es riskierten, Befehlen nicht zu folgen und Versuche zu ihrer Rettung zu unternehmen, solange sie noch irgend möglich waren. Beeindruckend ist auch die Kraft, die einzelne für andere aufbrachten (so Trudi Birger für ihre Mutter, um ein Beispiel zu nennen). Das gleiche gilt aber nicht weniger für gemeinschaftliches Handeln, wo dies möglich war – am deutlichsten in der Vorbereitung und Durchführung des Warschauer Ghetto-Aufstandes. Bei der Erinnerung an die Wochen des Aufstands vergißt man leicht, welch immense Vorbereitungsarbeit vorher erforderlich war. Die Fassungslosigkeit des Ausrufes eines Deutschen »Die Juden haben Waffen!« war ja nicht unberechtigt.

Der Bericht von Lipman Sznajder von seiner Rückkehr in seine Heimatstadt Chelm gibt Zeugnis davon ab, daß es eine Rückkehr im eigentlichen Sinne nicht geben konnte. Chelm ist für den, der mit

falscher Identität die Terrorherrschaft überleben konnte, eine tote Stadt. Nicht nur seine Verwandten sind nicht mehr dort, er findet nicht einmal mehr eine Bekannte, die an seiner Rettung Anteil hatte dadurch, daß sie ihn zeitweilig versteckt hatte.
Der Band vermittelt so einen Überblick über die ganze NS-Zeit aus der Perspektive jugendlicher Opfer, von Menschen, deren Verfolgung ihre Ursache einzig in ihrer Volks- und Glaubenszugehörigkeit hatte, in der »Rassenzugehörigkeit«, laut Nazi-Terminologie. Solche Einzelschicksale zeichnen oft ein deutlicheres Bild als Dokumentationen, in denen unzählige, namenlose Opfer zahlenmäßig erfaßt werden, ohne daß sich der Leser bewußt wird, was diese Statistiken für die betroffenen Individuen bedeuten. Daher ist diese Anthologie eine Bereicherung und in dieser Zusammenstellung gerade für Jugendliche, die heute mit den damals Betroffenen etwa gleichaltrig sind, eine wichtige Lektüre, die den Zugang zur NS-Zeit besser erschließen kann als eine wissenschaftliche Darstellung.

IGNATZ BUBIS, geboren 1927 in Breslau, entstammt einer traditionsgebundenen jüdischen Familie. 1935 verließ die Familie wegen des beginnenden Naziterrors Schlesien und übersiedelten in die polnische Kleinstadt Deblin. Nach dem Angriff auf Polen am 1. September 1939 kam Deblin unter deutsche Herrschaft. Auf Anordnung der Besatzer mußten die Debliner Juden im Februar 1941 in ein Ghetto ziehen.
Der 14jährige Ignatz Bubis, der wie alle jüdischen Kinder nicht mehr die Schule besuchen durfte, arbeitete dort als Postbote. Als im Herbst 1942 das Ghetto von den Nazis »judenrein« gemacht wurde, kam er in ein Arbeitslager am Rande Deblins, das einem Militärflughafen angegliedert war. Weil im Juni 1944 die Front näher rückte, wurde er in das Lager einer Munitionsfabrik bei Tschenstochau gebracht.
Am 16. Januar 1945 wurde er dort von der Roten Armee befreit. Er verlor einen Bruder und eine Schwester. Der Vater wurde im Vernichtungslager Treblinka ermordet.
Nach Kriegsende kehrte Ignatz Bubis nach Deutschland zurück. Seit 1992 ist er Vorsitzender des Zentralrats der Juden in Deutschland.

Keiner ging mehr mit mir

KLAUS SCHEURENBERG wurde 1925 in Berlin geboren. Als die Demütigungen der jüdischen Schüler immer unerträglicher wurden, wechselte er auf eine jüdische Schule, die er 1939 verlassen mußte. Sein älterer Bruder Heinz konnte 1938 nach Palästina emigrieren. Obwohl Klaus Scheurenberg sich ebenfalls gründlich auf die Auswanderung vorbereitete, gelang es ihm nicht mehr, sich rechtzeitig in Sicherheit zu bringen. Vier Jahre lang mußte er in Berlin Zwangsarbeit leisten. Als Achtzehnjähriger wurde er mit seiner Familie nach Theresienstadt deportiert. Nach der Befreiung wollte er Deutschland verlassen. Doch sein Vater wollte nicht fort. Er konnte nicht glauben, daß seine Tochter Lisa in Auschwitz umgekommen war. Für ihn lebte sie noch und würde den Weg zurück zur Familie finden.
Klaus Scheurenberg starb 1990 in Berlin.

KLAUS SCHEURENBERG

Ausgeschlossen

Das Jahr 1933 kam:
Am 30. Januar war Adolf Hitler Reichskanzler geworden. Am Abend zogen die Massen in braunen Uniformen mit Fackeln zur Reichskanzlei und die Straße »Unter den Linden« entlang. Aus allen Radioapparaten erklang den ganzen Tag über Marschmusik. Abends sprach Hitler. Ich weiß gar nicht, wo die braunen Uniformen alle plötzlich herkamen. Ich war ein kleiner Siebenjähriger, und mir gefielen die Musik und die vielen Marschierenden. Ich wußte nicht, daß sie einst über die Lei-

chen der Juden marschieren würden. Aber auch sie wußten noch nicht, daß sie von nun an zwölf Jahre marschieren sollten: in den Arbeitsdienst, in die Wehrmacht, in die russische – afrikanische – englische und amerikanische Gefangenschaft, in die Luftschutzkeller unter ihren zertrümmerten Häusern, in den Tod!

Zuerst jedoch marschierten die Deutschen. Hitler hatte es verstanden, ihnen eine gemeinsame Aufgabe zu geben. Das wäre ihm allerdings nicht gelungen, hätte er ihnen nicht auch einen gemeinsamen Feind geben können: die Juden!

Dumpf nur, und sehr langsam, kam mir der Gedanke: Dieser neue Mann da oben, dessen Bild mir von überall her entgegenblickte, hat mich nicht lieb.

Meine Freunde bröckelten ab. Oder besser: »wurden abgebröckelt«! Immer mehr Jungen und Mädchen sah man in der Uniform der Hitler-Jugend, und sie verprügelten die, die mit uns spielten. Natürlich gab es noch welche, die sich nicht daran hielten, doch die Unbefangenheit war dahin. Immer öfter schrie man uns zu: »Ihr Juden!« und: »Juda verrecke!«

Erst hier begann ich mich zu wundern. War denn »JUDE« ein Schimpfwort? Ich fragte Fräulein Kindermann im Religionsunterricht, und sie begann uns zu erzählen. In unserer Geschichte hätten immer wieder andere Völker und andere Religionen versucht, uns unser Judentum auszutreiben. Sie muß es wohl leicht faßlich erklärt haben, denn ich habe es bis zum heutigen Tag nicht vergessen. Sie sagte, wir wären das älteste Volk der Erde, alle, die uns einst verfolgt hätten, wären nicht mehr. Wo sind sie alle geblieben, die Assyrer, die Babylonier, die Römer? Israel, sagte sie – ich sehe sie bis heute, pathetisch, mit leuchtenden schwarzen Augen –, Israel lebt und wird leben, denn es ist das auserwählte Volk! – Auserwählt auch zum Leiden, sagte sie. Immer wollten die anderen uns etwas »Besseres« bringen, aber es war schlechter. Sie erzählte uns von Mohammed, von Luther, die zuerst Freunde der Juden waren und dann unsere Feinde wurden, weil wir ihre Lehre nicht haben wollten. Seltsames ging in mir vor. Ich verstand nun »JUDE« nicht mehr als ein

Schimpfwort. Wenn es mir einer nachschrie, dachte ich: Du Unwissender, ich weiß es besser. Fräulein Kindermann hat mir viel für den Lebensweg mitgegeben. Ich danke ihr. In diese Zeit fällt auch eine Begebenheit, die nicht unerwähnt bleiben sollte. Mein Bruder und ich hatten uns einem Pfadfinderbund angeschlossen, der einmal in der Woche zusammenkam. Am Wochenende machten wir Ausflüge. Zu den typischen Pfadfinder-Uniformen hatten wir es noch nicht gebracht, dafür fehlte uns das Geld. Aber es macht ja kleinen Jungen Spaß, miteinander zu marschieren. Auch alle unsere Freunde waren dabei.
An einem Heimabend kamen plötzlich große Jungen in Hitler-Jugend-Uniformen und erklärten uns lang und breit, es gäbe nun in Deutschland nur noch eine Jugendbewegung, und das wäre die Hitler-Jugend. Sie schwärmten uns von ihren Heimabenden vor, von ihrem Beisammensein. Machten uns die Sache schmackhaft, indem sie von der gemeinsamen Uniform sprachen, die uns auch äußerlich verbinden würde. Sprachen auch von Vaterland und Ehre. Dann sagten sie uns, man würde mit uns eine Ausnahme machen, wir brauchten keine Aufnahmeprüfung zu machen, weil wir schon aus einer Jugendbewegung kämen.
Dann registrierten sie uns, zogen unsere Mitgliederausweise ein und gaben uns provisorische Ausweise für die Hitler-Jugend. Sodann luden sie uns zu ihrem nächsten Heimabend ein.
Wir waren so naiv, mein Bruder und ich, daß wir sogar dorthin gingen. Natürlich erkannte uns ein Nachbarjunge und fragte den Fähnleinführer, ob denn jetzt auch Juden in der HJ wären. Man nahm uns die Ausweise ab, und unter Beschimpfungen wurden wir wieder aus der HJ ausgeschlossen. Wie geprügelte Hunde schlichen wir nach Hause. Doch danach mußten wir lachen: Wir waren vielleicht die einzigen Judenjungs, die jemals Mitglieder der deutschen Hitler-Jugend waren, wenn auch nur für eine Woche.
Dennoch ist dieses Ausgeschlossensein hart. Für einen kleinen Jungen besonders, denn in dem Alter schließt man sich gern irgendwo an. Später wird man kritischer, Freundschaften werden nicht mehr so schnell und bedenkenlos geschlossen.

GERHARD L. DURLACHER

Schulzeit

Der 1928 geborene GERHARD L. DURLACHER wuchs als Kind jüdischer Eltern in Baden-Baden auf. 1937 mußte er mit seiner Familie nach Holland fliehen. Dort war er nur drei Jahre in Sicherheit. Nachdem Holland unter die Herrschaft der Nationalsozialisten geriet, wurde er 1942 nach Theresienstadt verschleppt. 1944 kam er nach Auschwitz-Birkenau. Gerhard L. Durlacher gehört zu den wenigen, die das Todeslager überlebten.

Im Korridorspiegel erkenne ich mich kaum wieder. Das Weinen steht mir näher als das Lachen. Nur oben am Kopf sind noch Haare, aber darunter hat der Friseur mit seiner Haarschneidemaschine ein Stachelschwein aus mir gemacht. »Für die Schule muß es kurz und schneidig sein«, hatte er zu meiner Mutter gesagt. Bevor sie sich's überlegen konnte, hatte er, ohne weitere Worte zu verschwenden, mir einen deutschen Schopf geschnitten. Auf den weißen Frisierumhang fallen braune Strähnen wie Herbstblätter, und ich schließe

die tränennassen Augen, um meine Verwandlung nicht ansehen zu müssen.
Auf dem Heimweg spüre ich den kalten Wind auf der nackten Kopfhaut, und es scheint, als sei mir die Mütze auf einmal zu groß geworden. Harro, der Nachbarsjunge, Sohn des Chefmonteurs der Opel-Garage, in der Vaters Auto steht, kommt auf seinem fliegenden Holländer zu uns herangebraust. Auch er hat einen frischgeschnittenen Stachelkopf, und ich bilde mir ein, daß er über meine viel zu große Mütze lacht, obwohl er sonst sehr nett ist. Ich zerre an Mutters Hand, um so rasch wie möglich im Treppenhaus vor fremden Blicken sicher zu sein, und beruhige mich erst, als die Haustür ins Schloß fällt.

Mit einer knisternden, in braunes Packpapier gewickelten Überraschung lockt sie mich vom Korridorspiegel fort. Auf dem großen Eßzimmertisch liegt das graue Leinentischtuch, das Großmutter monatelang mit Blumen bestickt hat, angespannt murmelnd, die bebrillte Nase bei jedem Stich dicht am Tuch. Schrill ruft sie aus ihrem Sessel, das neue Tischtuch müsse erst zusammengefaltet werden, bevor ich die Schnüre des Pakets aufknüpfen darf. Durch das Papier hindurch dringt der aufregende Geruch frisch gegerbten Leders, und mit ungeduldigen Fingern entferne ich die braune Umhüllung von dem schönsten Schulranzen, den ich jemals angefaßt habe.
Sprachlos streichle ich das wunderbare, genarbte Leder, verfolge mit dem Zeigefinger die glatten, rechteckigen Bahnen auf der Klappe und stecke den Kopf in die Tasche hinein, um den würzigen Geruch tief einzusaugen. Auf dem Boden liegt ein langer hölzerner Federkasten. Erst nach vielem Probieren und Fummeln gelingt es mir, den geheimnisvollen Verschluß zu öffnen. Niemand im Zimmer kommt auf den Gedanken, daß man den Schiebedeckel zuerst halb herausziehen muß.
Glatt und schwer liegt der Kasten in meiner Hand, ein gefährliches

Stück Holz. Farbstifte und ein Federhalter klappern in den Fächern. Einzelne Federn mit einer kleinen Kugel an der Spitze, ein Stück Sämischleder und ein wunderbar weicher grüner Radiergummi liegen in ihrem Geheimversteck verborgen.
Die ledernen Schulterriemen meines Ranzens sind steif und hart. Es kostet mich Mühe, den Haken des rechten Riemens ohne Hilfe in den Eisenring an der Unterseite einzuhängen, aber nach einigen vergeblichen Versuchen klappt es. Stolz laufe ich mit meiner neuen Schulausrüstung aus dem Zimmer zum Korridorspiegel und betrachte mich mit anderen, neuen Augen.

An dem Schulgebäude aus grauen, glitzernden Steinblöcken bin ich oft mit den Eltern oder an Marias Hand vorbeigekommen auf dem Weg zu meinem Freund Walter, dem Sohn des dicken Rabbiners, oder gelegentlich an Sonntagen, wenn wir uns von der seufzenden kleinen Bergbahn auf den Gipfel des Merkurs tragen ließen.
Auf den grauen Granitstufen, die vom Gehsteig zur breiten Terrasse hinaufführen, hinter der steinernen Balustrade und vor dem Bogen des dunkel drohenden Schuleingangs stehen viele Mütter mit Jungen, ebenso groß oder größer als ich, mit kurzgeschnittenem Haar; einige mit Ranzen aus Leder oder Leinwand, andere mit Leinenbeuteln oder Bündeln, die mit einer Schnur umwickelt sind. In den Armen halten sie große spitze Tüten aus bunter Seide, aus Karton oder braunem Papier, voll mit buntverpackten sauren Bonbons, Ostereiern und Zuckerwerk. Sie rufen einander zu, prahlen mit ihren Osterschätzen und tauschen Süßigkeiten aus.
Einige Mütter schwatzen laut miteinander, während ihre Söhne über der Balustrade hängen und die Sonntagskleider schmutzig machen. Walter und ich stehen ohne Schultüten auf dem Gehsteig gegenüber der Schule. Unsere Mütter flüstern kaum hörbar, wir beschnüffeln unsere neuen Schulranzen. Seine abstehenden Ohren werden rot, als er nach dem österlichen Zuckerwerk schaut, und auch ich verspüre nagenden Neid.

Mit schmetternden Stimmen kommandieren die Lehrer die Jungen in Dreierreihen, und an der Hand unserer Mütter eilen wir die Treppe hinauf, um uns hinten anzuschließen. Ein Fotograf mit großem Stativ und Kamera drängt sich durch die Reihen in das Gebäude. Die Schüler verschwinden mit ihren Müttern und den Lehrern im dunklen Maul der Schule.
Wir, als letzte, werden an der Eingangstür von einem großen hageren Mann mit Glatze und grauem Haarkranz erwartet. Sein Schnurrbart ähnelt einer Bürste. Auf der glänzenden Nase klemmt eine Brille mit runden Gläsern. Er verbeugt sich ungelenk vor meiner Mutter, gibt ihr die Hand und stellt sich als Oberlehrer Kreis vor. Dann, als müßte er mühsam nach Worten suchen, bittet er sie und Walters Mutter, später am Tag oder besser erst morgen in die Schule zu kommen, jetzt gäbe es Schwierigkeiten, wegen den Klassenfotos . . . jüdische Kinder . . . »Sie verstehen . . .« Wir gehen die Treppe hinunter und verabschieden uns mit wenigen Worten. Still gehe ich neben Mutter her. In meinem Ranzen klappert der Federkasten.

Unter all den auf uns gerichteten Augen erkenne ich nur Harros Gesicht. Wir stehen an der Klassentür, Walter und ich. Unsere Mütter reden leise mit Herrn Lehrer Kreis, während die Klasse uns betrachtet wie seltsame Fische in einem Becken. Die zwei unbesetzten Plätze liegen weit auseinander, Walter kommt nach vorn in die erste Reihe, ich etwa in die Mitte ans Fenster. Ich sehe nur ein Stück seines Hinterkopfes. Wir dürfen nicht nebeneinander sitzen.
Harro rettet mich aus meiner Einsamkeit und fragt, ob er den Platz tauschen darf mit dem mir fremden Nachbarn, der mir einen feindseligen Blick zuwarf, als ich mich neben ihn setzen mußte. In seinen neuen Lederhosen und echten Haferlschuhen stapft er stolz zu Harros Platz, froh, daß er nichts mehr mit uns zu tun hat.
Unsere Mütter verschwinden im Gang, ein Gefühl banger Verlassenheit macht meine Knie weich. Harro ist ein magerer Trost. Die unwirschen Stachelköpfe meiner Klassenkameraden, der hochge-

wachsene, grauhaarige Lehrer mit den scharfen, alles bemerkenden Augen, das Bambusstöckchen in der Ecke, die sonderbaren Buchstaben auf der Tafel, die gerade stehen und anders aussehen als die, die meine Oma mich zu Hause gelehrt hat: eine unbekannte Welt voller Gefahren.

Die Pause, in der die Jungen Butterbrote tauschen, aber nicht mit mir. Im WC, wo wir in einer Reihe nebeneinander gegen eine schwarze Wand pinkeln müssen und nach dem Pimmel der anderen gucken, entdecke ich den Unterschied zu den Jungen anderer Religionszugehörigkeit, und sie den meinen. Danach bin ich Gehässigkeiten ausgesetzt, ein Los, das ich mit Walter teile.

Geschichten über Strafen mit peitschenden Bambusstäben treiben wie Unwetterwolken durch die Gänge, aber Herr Kreis rührt das Stöckchen nie an. Manchmal stellt er jemand, der zu laut war oder ihn geärgert hat, zur Strafe in die Ecke, aber wirklich unfreundlich ist er nie. Allmählich fühle ich mich weniger unsicher. Er läßt nicht zu, daß wir verspottet und beschimpft werden, und hält Ordnung in der Klasse.

Die geraden dicken Buchstaben lerne ich rasch und zähle, die Zungenspitze zwischen den Lippen, Rechensummen fehlerlos zusammen. Manchmal helfe ich Harro insgeheim, muß aber in der Klassenecke dafür büßen, als Lehrer Kreis mich dabei ertappt.

Morgens, als ich noch neben Maria durch die lange, leere Stephanienstraße mit den alten, abblätternden Hausfassaden gehe, warten wir oft auf Harro, der aus dem großen Garagentor angerannt kommt. Wir hüpfen und springen vor ihr her, mit Mühe hält sie uns zurück. Wenn wir an der Realschule vorbeigehen, geben wir ihr die Hand, denn die großen Jungen in dieser Schule mit ihren Uniformen, ledernen Koppelriemen und Hakenkreuzbinden um den Ärmeln sehen uns wie ein Rudel Wölfe drohend an.

Wenn aus der Schmiede die kreischenden Geräusche der Drehbank oder das dumpfe Dröhnen des Ambosses zu hören ist, stecken wir die Köpfe um die Ecke durch die Tür der Werkstatt und grüßen

Harros Onkel, der dort Chef ist. Mit tiefer, rollender Stimme wünscht er seinem Neffen einen guten Schultag und nickt mir zu, als gehöre ich ganz selbstverständlich dazu.

Maria bleibt am Fuß der Steintreppe stehen, die zur Terrasse vor dem Schultor führt, und winkt uns nach, wenn wir ordentlich in Dreierreihen durch die große Tür hineindirigiert werden.

Einige Klassenkameraden grüßen mich flüchtig, doch die meisten schauen durch mich hindurch. Die Jungen, die sich um Fritz mit den Lederhosen scharen, wenden den Kopf ab. Herr Kreis hat sie bestraft, als sie Walter und mir ein Bein gestellt und uns zu Stinkjuden erklärt haben.

Wir klappen die Holzsitze an den quietschenden Scharnieren herunter, schieben uns in die Bank und nehmen die Hefte und Federkästen aus dem Ranzen.

Dann taucht hinter dem kleinen Fenster in der Klassentür der Kopf unseres Lehrers auf. Die Tür ist noch nicht offen, als die ganze Klasse aufspringt und jeder sich neben die Bank stellt. Sobald er vor dem Katheder steht, heben alle Jungen außer Walter und mir den gestreckten rechten Arm und rufen einstimmig: »Heil Hitler, Herr Lehrer.« Er hebt nur die Hand mit der uns zugekehrten Handfläche und murmelt wie zum Dank ebenfalls Heil Hitler.

Wochenlang hat die Klasse geübt, um das Zeremoniell wie ein Mann auszuführen. Fast unhörbar hat Herr Kreis für mich hinzugefügt, daß ich den Gruß nicht mitzumachen brauche. Die Lieder singe ich mit, wenn auch nicht aus voller Brust. Die feindseligen Wörter summe ich nur und stelle mich dumm, als verstünde ich nicht, was sie für uns bedeuten.

In der Pause rede ich mit Harro; unsere Wege trennen sich erst vor dem Garagentor. Sein Onkel, der Schmied, ist auf dem Heimweg eine Bake der Sicherheit. [. . .]

Harro erwartet mich ungeduldig am Garagentor und runzelt die Stirn, weil ich zu spät komme. Auf dem Weg zur Schule erfahren wir, daß

sein Onkel, der Schmied, nicht in der Werkstatt ist; der Geselle sagt, er sei gestern abend nicht zu Hause gewesen.
Auf dem Treppenabsatz vor der Schule stehen mindestens zehn Klassenkameraden in den braunen Uniformen des Jungvolks um Fritz herum. Die Koppel blitzen, die braunen Hemden sind frisch gebügelt, als gäbe es in ihrem Club ein Fest. Sie schauen kriegerisch drein, und die älteren Jungen, ebenfalls in brauner Montur, geben sich ihnen gegenüber kameradschaftlicher als sonst.
Fritz ruft mir etwas zu, aber ich verstehe es nicht oder will es nicht verstehen. Beim Hineingehen in der Reihe zischt er so laut, daß sogar Herr Kreis hören kann, was er sagt: »Du kleiner Stinkjude, bist du taub? Wir werden dir die Ohren auswaschen.«
Während des Unterrichts kommt Unruhe auf, aber Herr Kreis greift kaum ein, als spürte er, daß da etwas schwelt, was er nicht löschen kann. In der Pause lungere ich in seiner Nähe herum, und Walter tut es mir nach.
Bevor noch die Meute drinnen ist, sitzen wir als erste in der Bank. Harro flüstert vorsichtig, wenn die Glocke nach der letzten Stunde läutet, müßten wir uns so schnell wie möglich auf die Beine machen.
Ich passe beim Unterricht nicht auf, und meine falsche Antwort löst höhnisches Gelächter hinter mir aus.
Der erste Glockenton ist noch nicht verstummt, als Harro und ich aufspringen. Den Ranzen unverschlossen untern Arm geklemmt, rennen wir ohne Gruß zur Klasse hinaus, rasen die Treppe hinunter zur Tür, die gerade aufgemacht wird. Über die eigenen Füße stolpernd, mehr rutschend als laufend, erreichen wir über die Granitstufen vor der Terrasse den Gehsteig. An der Ecke der Stephanienstraße, wo der Weg steil ansteigt, ringen wir keuchend nach Atem und sehen, daß der Feind sich hinter uns vor der Schule versammelt; einige schnallen ihre Koppel ab.
Während des Laufens schiebt Harro den schweren Federkasten auf den Boden des Ranzens, macht ihn zu und löst den Schulterriemen.

Er ruft, ich solle dasselbe tun und die Tasche als Schleuder zur Verteidigung benutzen.
Mit klopfendem Herzen folge ich seinem Beispiel und versuche mit ihm Schritt zu halten. Langsam, aber unaufhaltsam holt uns die braunrote Horde ein. Unsere Klassengenossen erscheinen uns wie Fremde, wie hungrige Wölfe im Schnee.
Die Schmiede gewährt keinen Schutz. Die Tür ist verschlossen und bleibt auch nach heftigem Hämmern zu.
Vor der Tür stürzen sie sich mit Kriegsgeschrei und sausenden Koppeln auf uns. Die Flucht nützt nichts mehr. Rasend lassen wir unsere Ranzen wie Mühlenflügel kreisen. Als ein Koppel mich trifft, schlage ich zitternd vor Wut, ohne den Schmerz zu fühlen, zurück. Das Schimpfen verstummt, der Kampf ist kalt und verbissen.
Zwei Passanten in Arbeitskleidung befehlen uns mit donnernder Stimme aufzuhören, und plötzlich ist alles vorbei.
Hinkend und blutend, voller Schrammen und Beulen setzen wir den Heimweg fort. Fritz und seine Meute bleiben stehen. Umzusehen wagen wir uns nicht.
Vor Kummer schluchzend vergrabe ich mein tränenüberströmtes, geschundenes Gesicht an Mutters Brust, als sie die Tür öffnet. Ich finde keine Worte.

Ein paar Tage später, fast wieder geheilt, warte ich am Garagentor auf Harro. Seine Mutter kommt heraus und sagt mit abgewandtem Blick, er sei allein gegangen. In der Klasse sitzt er auf einem anderen Platz, an der Tür, weit weg von mir.

Erwin Leiser

In Deutschland nicht erwünscht

ERWIN LEISER wurde 1923 in Berlin als Sohn eines jüdischen Rechtsanwaltes geboren. 1938, unmittelbar nach den Novemberpogromen, emigrierte der Fünfzehnjährige allein nach Schweden, wo er in ein Kinderheim für Flüchtlingskinder kam. Nach Abitur und Studium schrieb er für Zeitungen Theater- und Literaturkritiken. 1949 wurde er in Schweden eingebürgert; 1961 verlegte er seinen Wohnsitz in die Schweiz. – Berühmt wurde Erwin Leiser 1960 durch »Mein Kampf« – einen Dokumentarfilm, der weltweit eine Diskussion über die deutsche NS-Vergangenheit einleitete. Danach entstanden vielfach ausgezeichnete Filme über den Nationalsozialismus, über die nukleare Bedrohung und über Kinder als Opfer von Gewalt.

Das Berlinische Gymnasium zum Grauen Kloster war die älteste Lehranstalt in Preußen. Eine Marmortafel auf der alten Klostermauer erinnerte in Goldbuchstaben daran, daß Bismarck hier das Abitur gemacht hatte. Turnvater Jahn hatte hier unterrichtet. Goethes Freund Zeller war hier Gesangslehrer gewesen. Horst Wessel hatte man hinausgeworfen. Ich ging in die Sexta, als Hitler Reichskanzler wurde. Am 21. März 1933 wurde der erste Reichstag des Dritten Reiches in der Garnisonkirche in

Potsdam eröffnet. Hitler wollte sich als Erbe Friedrichs des Großen und Verwalter der alten preußischen Tradition darstellen. Die jüngsten Schüler des ältesten preußischen Gymnasiums wurden dazu ausersehen, vor der Garnisonkirche Spalier zu stehen. Ich sah Hitler neben Papen die Kirche betreten. Er hatte den Finger in der Nase, und da ich gelernt hatte, daß das verboten war, erzählte ich es voller Erstaunen zu Hause beim Abendbrot. Meine Mutter verbot mir sofort, das noch jemandem zu erzählen. Ich konnte sie nicht verstehen. Es war doch wahr. Aber ich gehorchte.

Im Gymnasium waren wir nur noch ein paar jüdische Schüler. Einmal jagte man uns vom Schulhof, hob uns auf die hohe Mauer und zwang uns, von dort herunterzuspringen. Der Lehrer, der in dieser Pause die Aufsicht hatte, stimmte in das Hohngelächter der anderen Jungen ein und sagte mit drohender Stimme zu dem Kleinsten von uns, der sich nicht hinuntertraute: »Was machst du eigentlich da oben? Wer hat dir erlaubt, da hinaufzuklettern? Ich werde dich dem Direktor melden, wenn du nicht sofort herunterkommst!«

Mit raffinierten Methoden wurden die Zensuren jüdischer Schüler herabgesetzt. Als der Lateinlehrer keine Fehler in meinen Übersetzungen aus dem Lateinischen fand, unterstrich er eine Anzahl von Ausdrücken und machte die Notiz, sie seien schlecht. Natürlich war es einem Juden nicht möglich, sich auf deutsch richtig auszudrücken. Der Kriegsinvalide G., der plötzlich unser Klassenlehrer wurde, führte das Gebet für den Führer bei uns ein, das täglich den Unterricht einzuleiten hatte. Er warf der Klasse vor, daß sie sich im Griechischen von ein paar Judenjungen überflügeln ließ. Dann sorgte er dafür, daß unsere mündlichen Leistungen sich in seinem Notizbuch nicht mit den schriftlichen messen konnten, die ja im schlimmsten Fall auch von einem Außenstehenden kontrolliert werden konnten. Herr G. begann auch, regelmäßig antisemitische Behauptungen in den Unterricht zu mischen. Als er einmal davon sprach, daß die Juden schmutzige Stinktiere seien, meldete ich mich und erklärte ruhig, daß ich mich verpflichtet fühlte, der ganzen Klasse und auch Herrn G.

mitzuteilen, daß ich mich an diesem Morgen rasiert und gewaschen hätte, wie das bei mir üblich sei. Darauf folgte ein betretenes Schweigen, und er hörte mit direkten Angriffen auf Juden auf.
Auf dem Weg lauerten uns fast immer Hitlerjungen auf. Einmal jagten sie einen Klassenkameraden, den Sohn eines Pfarrers, der der Bekennenden Kirche angehörte, und mich auf dem Bahnhof Alexanderplatz eine Rolltreppe hinauf. Ich wurde dann mindestens dreißig Stufen hinuntergeschleift, während die Rolltreppe nach oben ging. Seitdem fahre ich nur ungern auf Rolltreppen, auch heute noch. Meinem Klassenkameraden war es diesmal gelungen zu entkommen. Doch sonst warfen sich oft Hitlerjungen über ihn, die vor dem Bahnsteig schon auf ihn gewartet hatten, und mißhandelten ihn. Ich wählte schließlich einen Heimweg, den ich nicht mehr mit der U-Bahn, sondern zu Fuß zurücklegte. Jeden Tag ging ich andere Nebenstraßen, um den Verfolgern zu entkommen.
Ich erinnere mich auch an den arroganten und intelligenten Jungvolkführer H., der in der Untertertia viele Gespräche mit uns führte. Er verachtete das Proletariat und sagte direkt, daß er einer Elite angehörte, die dazu bestimmt sei, die Führungsschicht des neuen Reiches abzugeben. Er ließ sich dazu herab, mit mir zu sprechen, weil mein Gehirn, wie er es ausdrückte, nicht so langsam funktionierte wie das der anderen und weil er mich als den unerläßlichen Gegenspieler in einem Kampf zwischen den Blonden und den Dunkeln auffaßte, der nur mit meiner Vernichtung enden konnte. Wann der Endkampf stattfinden würde, wußte er nicht, aber er freute sich auf ihn wie auf ein spannendes Abenteuer und sprach mit mir, wie der Fuchs in vielen Fabeln mit den Tieren redet, die sehr bald seine Beute sein werden. Mit einem überlegenen Lächeln erklärte er mir, daß es für Menschen wie mich keinen Platz in der Sonne geben könne.
An den Tag der Machtübernahme Hitlers, den 30. Januar 1933, habe ich keine direkte Erinnerung. Dagegen sehe ich noch heute die beiden Männer vor mir, die am 1. April 1933, dem Tage des Boykotts

gegen jüdische Geschäfte, Anwälte und Ärzte, vor unserem Haus in Hohenschönhausen standen. Sie trugen Plakate mit der Aufschrift »Deutsche, wehrt euch, kauft nicht bei Juden« und notierten alle, die das Haus betraten. Ich erkannte sie wieder als Mandanten meines Vaters und wußte, daß er ihnen geholfen hatte.

Im Sommer 1933 waren wir aus finanziellen Gründen gezwungen, aus unserer geräumigen Wohnung in der Berliner Straße in die Schönhauser Allee 87 in eine Drei-Zimmer-Wohnung auf der Höhe der U-Bahn zu ziehen. Nach ein paar Wochen gewöhnten wir uns daran, daß wir die Züge in regelmäßigen Abständen hörten. Nach dem Boykott hatte es keiner in Hohenschönhausen mehr gewagt, zu meinem Vater in die Praxis zu gehen. Er hoffte, daß seine alten Mandanten ihn in der Schönhauser Allee aufsuchen würden, aber es kam niemand. Mein Vater saß in dem Zimmer, das er als Büro eingerichtet hatte, und löste Kreuzworträtsel, bis er auch das aufgab. Er starb am 25. Mai 1937 an einer Venenentzündung im Alter von 57 Jahren. Professor Sajitz operierte drei Patienten am gleichen Tage, mein Vater war der einzige, der die Operation nicht überlebte; sein Herz war zu schwach. Ich wurde im Krankenhaus an seine Leiche geführt, sein Gesicht war sehr blaß, aber friedlich. In dem Raum, in dem meine Mutter und ich auf den Totenschein warteten, hing ein großes Hitlerbild. Ich dachte daran, daß dieser Mann daran schuld war, daß ich meinen Vater so früh verloren hatte.

Ich sprach den Kaddisch für meinen Vater – das Gebet, das jüdische Söhne im ersten Jahr nach dem Tod ihrer Eltern täglich in einem Gottesdienst sprechen sollen – auf dem Weg ins Gymnasium, in einer Betstube im »Scheunenviertel«, unter Ostjuden, die bedeutend älter waren als ich. Nach dem Tod meines Vaters verlor ich das Interesse am Unterricht; nicht nur die Schule, das Leben überhaupt empfand ich als sinnlos, bis ich begann, mir auf meinen Wanderungen und Fahrten durch Berlin Geschichten auszudenken, die die Wirklichkeit ausklammerten. Ich lernte boxen, in einem jüdischen Jugendclub, um mich verteidigen zu können, und auf dem Weg zum und vom Ort

des Trainings erfand ich Kriminalgeschichten, in denen ich der Held war und die Feinde besiegte, die mir auflauerten.
Meine Mutter versorgte uns beide, indem sie als Vertreterin für Strümpfe, Unterwäsche und andere Artikel durch die Stadt ging, zu alten Freunden und Unbekannten. Ich begriff, wie schwer ihr das fiel, und bewunderte ihre Tapferkeit. Sie ließ sich nicht unterkriegen, sie klagte nie. Schließlich gaben wir die Wohnung auf und zogen in ein Zimmer in der Wohnung von Tante Meta in der Barbarossastraße 50. Meine Mutter war ja erst 45 Jahre alt, als sie Witwe wurde, und sah sehr gut aus. Jahrzehnte später erzählte sie mir, daß sie meinetwegen nicht wieder geheiratet hatte, obgleich es an Anträgen nicht fehlte. So war ich nach dem Tode meines Vaters der einzige Mann in ihrem Leben. Dadurch, daß wir schon im Februar 1939 für acht Jahre voneinander getrennt wurden, war unser Verhältnis nie durch die üblichen Spannungen zwischen den Generationen getrübt. Ich lernte früh, selbst die Verantwortung für mein Leben zu tragen und allein die entscheidenden Entschlüsse zu fassen. Die Kindheit, aus der ich so früh gerissen wurde, holte ich Jahrzehnte später nach.
Das Graue Kloster verließ ich 1937, noch bevor alle Juden aus den öffentlichen Gymnasien hinausgeworfen wurden. Siegfried und ich kamen in die jüdische Oberschule in der Wilsnacker Straße. Dort unterrichteten nur hervorragende Professoren und Wissenschaftler, die nicht mehr an den Universitäten arbeiten durften. Aber wir waren nicht imstande, diese Lehrer zu schätzen, wie sie es verdienten, denn wir konnten uns nicht auf den Unterricht konzentrieren. Wir wußten, welches Schicksal uns erwartete, wenn wir nicht rechtzeitig auswandern könnten. [. . .]

Meine Eltern hatten beide Stammbäume, die bewiesen, daß ihre Familien seit Hunderten von Jahren in Deutschland ansässig gewesen waren, sie liebten Deutschland. Sie wußten zwar, daß Hitler in Wirklichkeit mit der preußischen Tradition gebrochen hatte, an die er offiziell anknüpfte, aber sie konnten sich nicht vorstellen, daß man sie tatsächlich rechtlos und vogelfrei machen könnte. Der Boykott am 1. April 1933 war ein Schock für sie. Wir damals Acht- bis Zwölfjährigen erlebten nicht wie unsere Eltern, daß unsere Welt zerschlagen wurde. Unser erstes entscheidendes Erlebnis war, daß wir in Deutschland nicht erwünscht waren. Und wir akzeptierten, daß wir nicht dazugehörten. Uns wurde nichts entzogen. Wir entwickelten einen trotzigen Stolz.

HANNELE ZÜRNDORFER

Der Neunte November 1938

HANNELE ZÜRNDORFER, geboren 1925 in Düsseldorf, wuchs in der wohlbehüteten Atmosphäre ihres jüdischen Elternhauses auf. Vor 1938 nahm das Kind die nahende Bedrohung kaum wahr. Um so erschütternder brach die Nacht vom 9. November 1938 in sein Leben ein. Hannele und die drei Jahre jüngere Schwester Lotte wurden im Mai 1939 nach England geschickt, wo sie sich in einer fremden Welt behaupten mußten. Die Eltern konnten trotz verzweifelter Versuche nicht mehr emigrieren; im Oktober 1941 wurden sie in den Osten deportiert. Der Vater starb im April 1942 in einem Konzentrationslager »an einem Herzfehler« (so die amtliche Mitteilung), von der Mutter gab es keine Nachricht mehr.

Es muß drei oder vier Uhr morgens gewesen sein, als ich durch das Geräusch von zerschellendem Porzellan und Glas aus dem Schlaf gerissen wurde. Wieder und wieder. Zuerst dachte ich, ich träume noch. Diese Geräusche, sie konnten unmöglich aus dem dunklen und schlafenden Haus kommen. Mir war, als läge ich minutenlang wach und horche dem Geräusch nach, aber es können nur Sekunden gewesen sein. Jetzt klang es so, als ob der ganze Geschirrschrank umgeworfen und alles in ihm zerschlagen würde.

Der Krach kam aus der Küche. Ich weiß nicht, was ich dachte: Einbrecher – ein Erdbeben?
»Lotte!«
Auch sie war aufgewacht, und wir beide flogen aus unseren Betten, aus unserem Zimmer, über den Flur ins Elternschlafzimmer. Aber das war nicht länger unser sicherer Hafen. Mein Vater stand wortlos im Nachthemd neben dem Bett – er hatte uns gerade holen wollen –, meine Mutter saß aufrecht in ihrem Bett, ihr schwarzes Haar fiel über ihre Schultern herab, und ihre Augen waren starr vor Angst. Sie holte uns in ihr Bett und sprach beruhigend auf uns ein. Sekunden später stürmte eine Horde gewalttätiger Ungeheuer ins Zimmer. Ihre Gesichter waren haßverzerrte Fratzen, rot und bleich, sie brüllten und johlten, stampften mit ihren Schaftstiefeln durchs Zimmer, schauten sich wütend und zähnebleckend um und schwangen ihre Äxte, Vorschlaghämmer, Steine und Messer. Sie rasten durchs Zimmer und zertrümmerten, zerschmetterten, zertrampelten alles. Es schien mir, als ob Hunderte von ihnen durch die Türe gestürmt wären, obwohl es in Wirklichkeit wohl nur ein Dutzend waren. Ein Stuhl landete im Frisierspiegel, und die Scherben flogen durchs Zimmer. Ich duckte mich, als ich sah, wie eines der Ungeheuer brüllend auf ein Gemälde zustürzte, das auf Papis Seite über dem Bett hing, und sein hell aufblitzendes Messer schwang. Das Bild, das mein Vater sehr liebte, war wertvoll und stellte eine schöne Landschaft dar. Rundherum war alles in Aufruhr, war ein Höllenkrach und Verwirrung. Plötzlich wurde meine Aufmerksamkeit gefesselt. Mein ganzes Sein konzentrierte sich auf meines Vaters ergreifende Gestalt im Nachthemd, dem Gemälde zugewandt, als ob er es schützen wollte. »Das nicht, das nicht!« hörte ich ihn bitten. Und dann, genauso wie in einem Alptraum, in dem alles im Zeitlupentempo geschieht und in dem man im entscheidenden Augenblick hilflos ist, sah ich, wie ein anderer Nazi einen großen Marmorbrocken der zertrümmerten Frisierkommode hoch über seinen Kopf stemmte. In dem Bruchteil der Sekunde, als er das mächtige Marmorstück mit aller Macht quer

durch das Zimmer nach meinem gestikulierenden Vater warf, sah ich ihn schon zerschmettert. Aber mein Vater hatte sich instinktiv geduckt, war neben das Bett gesprungen und beobachtete nun tonlos, wie der Messerschwinger seine Klinge tief in die Leinwand stieß, sie aufschlitzte und zerhackte, gerade so, als ob er die mächtige Sommereiche auf dem Bild fällen wolle.
Nun wurde die Angst greifbare Wirklichkeit, die Angst um das Leben und die Sicherheit meiner Eltern, die auch meine Sicherheit bedeutete. Es war, als ob ich ertränke. Ich saß gelähmt und starr vor Schreck im Bett und beobachtete, ohne einen Laut von mir zu geben, wie die Äxte krachend in das aufstöhnende Holz der Kommoden und Kleiderschränke fuhren. Der eine SA-Mann, der das Marmorstück geschleudert hatte, kümmerte sich nicht weiter darum, sondern war schon dabei – Schaum vor dem Mund –, einen neuen Sport darin zu finden, Türen und Fensterrahmen zu zerhacken und mit seiner Axt Wände und Dielen zu bearbeiten.
Von nun an wateten die SA-Männer in Scherben und zersplitterten Holztrümmern. Dieses Zimmer, so schien mir, war der Kern ihrer Raserei, obwohl jetzt nur noch drei oder vier von ihnen zurückgeblieben waren. Die übrigen tobten irgendwo anders in der Wohnung ihre Zerstörungswut aus. Hin und wieder drangen die Geräusche aus den anderen Zimmern in mein Bewußtsein, dann wieder waren alle meine Sinne auf den wilden Tumult vor meinen Augen konzentriert. Da es in diesem Zimmer außer dem Bett nichts mehr zu zerstören gab, stürzte sich jetzt ein großes, schwitzendes Untier von SA-Mann auf unser Bett, und wieder erlebte ich, was noch nicht geschehen war, aber im nächsten Augenblick geschehen würde; und wieder war ich unfähig, mich zu bewegen oder auch nur einen Laut von mir zu geben. Meine Mutter hatte ihre Beine unter dem Bettlaken ausgestreckt – die Daunendecke war schon längst heruntergerissen und zerfetzt. Da sah ich den Unmenschen seine Axt erheben, drauf und dran, sie mitten ins Bett, genau auf die Beine meiner Mutter zu rammen. Schrie ich? Oder dachte ich nur, daß ich schrie? Und

genauso, wie mein Vater sich instinktiv geduckt hatte, als die Marmorplatte nach ihm geschleudert wurde, genauso zog meine Mutter unwillkürlich ihre Beine an, gerade in dem Augenblick, als die Schneide durch das Bettuch in die Matratze fuhr. Obwohl ich völlig gelähmt war, ätzten sich alle Geräusche und Bilder tief in meine Sinne ein. Ich sehe und höre sie heute noch genauso klar und deutlich wie damals.

Dann kam ein kleiner Mann an unser Bett. Vom Aussehen her glich er den anderen: braunes Hemd, Lederkoppel, Schaftstiefel. Aber er hatte ein Gesicht und keine verzerrte Fratze, er hatte menschlich blickende Augen, die unsere Furcht sahen. Er beugte sich nieder und flüsterte: »Kinder, guckt nicht hin, guckt nicht hin, Kinder. Macht eure Augen zu. Es tut mir leid. Ich mußte mitmachen.«

Und irgendwie gelang es ihm, die fanatische Horde der rasenden Bestien aus dem Zimmer in die anderen Räume herauszudrängen, wo sie mit ihrem Vernichtungswerk fortfuhren.

Ganz plötzlich war das Zimmer leer – und wir alle waren noch am Leben. Niemand rührte sich. Der Krach hielt noch eine Weile an, und dann war Stille. Obwohl ich immer noch den Lärm in meinen Ohren hatte, herrschte wirklich Stille, Totenstille. Nur die zertrümmerten Möbel knarrten und ächzten. Wir horchten lange in diese Stille und wagten nicht zu atmen. Wir erwarteten, daß sie zurückkämen, um uns zu töten. Aber sie kamen nicht zurück.

An das, was unmittelbar, nachdem dieser Orkan durch unsere Wohnung gerast und wieder hinausgefegt war, geschah, kann ich mich nicht mehr klar erinnern, weder an das, was wir dachten, noch an das, was wir sagten oder taten. Zurückgeblieben ist nur eine Reihe von Einzelbildern, unauslöschlich in mein Gedächtnis eingegraben.

Am deutlichsten, weil am erschütterndsten, ist mir das Bild meines Vaters haftengeblieben, wie er, zusammengesunken auf einem Küchenstuhl neben dem Herd, hemmungslos weinte. Mein Herz krampfte sich zusammen und schien dann stehenzubleiben.

Niemals in meinem ganzen Leben hatte ich meinen Vater weinen sehen.
Andere Eindrücke lösten einander ab: das umgekippte Klavier, die Saiten, Hämmer und Tasten herausgerissen und auf dem Boden verstreut, wie Knochen und Sehnen eines riesigen Tieres. Jedes Ölgemälde zerstört, nur noch Fetzen in den Rahmen, oder aufgespießt auf den Splittern der umgekippten und zerborstenen Möbel. Das große Porträt von Klara war von oben bis unten aufgeschlitzt, das weiße Kleid zerfetzt. Die liebevoll von meiner Mutter zusammengetragene Sammlung alter Porzellantassen, in allen erdenklichen Farben und Mustern aus aller Herren Länder – nicht eine war heil geblieben.
Die zarten Meißener Figuren, die Schalen aus Dresdner Porzellan, die chinesischen Vasen – alles lag in Scherben auf dem Boden. Die chinesischen Früchte und Blumen waren von den Absätzen der Schaftstiefel zermalmt, tief in den Teppich gestampft. Kostbare alte ledergebundene Bücher waren zerrissen, die Seiten verstreut. Die Polstermöbel waren alle aufgeschlitzt, und die Füllungen quollen wie Eingeweide heraus. Die schönen alten Tische und Stühle aus Eiche oder Walnuß hatten keine Beine mehr, die Vorhänge waren heruntergerissen, die Holzdielen zerhackt, und durch die eingeschlagenen Fensterscheiben kroch die kalte Novembernacht herein.
Plötzlich wurde die Stille von einem schrillen, durchdringenden Geräusch, das in der ganzen Wohnung widerhallte, zerrissen. Das Telefon. Es klingelte und klingelte und klingelte. Warum hörte es nicht auf? Wo war das Telefon? Wir konnten es nirgendwo erblicken, aber es klingelte unentwegt. Wir krochen im Wohnzimmer herum, konnten aber nicht herausfinden, wo unter den Möbeltrümmern es lag. Schließlich entdeckten wir ein Stück der Telefonschnur, eingeklemmt unter dem umgekippten Klavier. Es war unmöglich, daran zu kommen, und es klingelte weiter – ein furchterregendes Geräusch aus der feindlichen Welt draußen. Oder war es vielleicht ein Freund, der wissen wollte, ob wir unversehrt seien? Aber wie konnte jemand

wissen, was bei uns passiert war? Schließlich hörte das Läuten auf, ganz plötzlich. Aber das war auch beängstigend. Wer war es gewesen? Was wollte man von uns?
Gleich darauf tauchte Willi Karp in unserer Schlafzimmertür auf, unser Untermieter, der mit seiner Frau die zwei von unserer Wohnung abgetrennten Räume bewohnte. Ich hörte ihn laut weinen. Er nahm meinen Vater in die Arme und stammelte: »Oh, ich schäme mich so. Ich schäme mich so – für mein Vaterland, für mich.« Er bat um Verständnis und Vergebung dafür, daß er während des Überfalls nicht gekommen war, um uns zu helfen.
Mein Vater tröstete ihn: »Sie hätten nichts tun können. Machen Sie sich keine Vorwürfe. Es ist nicht Ihre Schuld.«
»Oh, ich schäme mich so, ein Deutscher zu sein . . .«
Sein Entsetzen und sein Mitgefühl halfen uns ein wenig auf.
Es war alles gut organisiert gewesen. Die SA hatte genau gewußt, wohin sie zu gehen hatte und wohin nicht. Sie wußten, daß sie von Karps Türen auf der einen Seite der Diele, aber unzweifelhaft zu unserer Wohnung gehörig, die Finger lassen sollten. Sie hatten genaue Anweisungen bekommen.
Später erfuhren wir, wie alles zusammenhing: Ortsgruppenleiter Wesch, der auch schon Karl Röttger immer zusammengestaucht hatte, weil er einer der intellektuellen, zersetzenden Schriftsteller sei, hatte beschlossen, sich hervorzutun und dafür zu sorgen, daß Gerresheim der erste judenfreie Stadtteil von Düsseldorf werde. Deshalb hatte er einen SA-Trupp aus einem anderen Stadtteil angefordert und ihm aufgetragen, uns »einen Besuch abzustatten und ganze Arbeit zu leisten«. Als Nachbar war er mit den örtlichen Gegebenheiten vertraut und konnte ihnen präzise Anweisungen geben.

Ich erinnere mich an ein wenig Trost und Aufmerksamkeit inmitten des Chaos: An die Karps, wie sie uns Tassen und warme Getränke brachten. Keine unserer eigenen Tassen war heil geblieben, kein Teller, kein Unterteller. Aber nach dieser Nacht sahen wir nur noch

wenig von unseren Untermietern. Man konnte es ihnen nicht übelnehmen.
Schließlich wußten wir nicht mehr, was wir tun sollten. Wir liefen zwischen den Trümmern unseres Heimes umher, aber es blieben noch ein paar Stunden bis Tagesanbruch. Und – o Wunder über Wunder –, das Kinderzimmer war unversehrt geblieben. Jemand hatte, vielleicht um eine Zerstörung vorzutäuschen, den Kleiderschrank, auf dem unser Puppenhaus stand, vor die Tür gekippt. Einige der Spielzeugmöbel waren zerbrochen. Aber nachdem wir den Schrank aufgerichtet und die Reste des Puppenhauses weggeräumt hatten, entdeckten wir, daß das übrige Zimmer unangetastet war. Lottes und mein Bett waren noch heil. So legten sich Papi und ich Kopf zu Fuß in mein Bett und Mutti und Lotte in das andere. Es lag ein gewisser Trost darin, unfähig zu sein, auch nur irgend etwas zu tun, irgend etwas zu denken. – Mitten in diesem Chaos, erschlagen und erschüttert, sollten wir uns nun hinlegen und ausruhen! Aber ich glaube, daß wir alle doch ein wenig schliefen – aus purer seelischer Erschöpfung.

Der graue, zerquälte Tag brach nur zu bald an, der Morgen, an dem wir müde und verängstigt aufstehen und der Tatsache, daß unser Heim zerstört war, ins Auge schauen mußten. Wir wateten zwischen Trümmern umher, durch Glasscherben, krumm wie Türkensäbel, und versuchten, den Schaden abzuschätzen, versuchten, eine einzige heile Tasse zu finden, versuchten, zu retten, was zu retten war, wußten aber nicht, wo wir anfangen sollten, und wußten auch nicht, was draußen geschah. Waren nur wir betroffen? War es gefährlich, aus dem Haus zu gehen? Was ging überhaupt vor? Das Telefon klingelte andauernd – also versuchte man weiterhin, uns zu erreichen. Aber noch immer lag das zerschlagene Klavier auf dem Apparat.
An diesem Tag ging keiner von uns aus dem Haus. Ich glaube, wir konnten mit Herrn Karps Hilfe das Klavier aufheben und das Telefon

darunter hervorziehen. Jetzt endlich konnten die Röttgers mit uns sprechen. Aber mein Vater hielt sie davon ab, schon bei Tageslicht zu uns zu kommen. Am Abend kamen Frau Röttger und ihre Töchter. Sie brachten uns Essen, Geschirr und warme Kleider – und, was noch wichtiger war, sie brachten uns das Gefühl, nicht völlig verlassen zu sein in dieser Welt. Sie berichteten uns von den schrecklichen Geschehnissen, die in dieser Nacht überall passiert waren. Es hatte sich um einen organisierten Überfall auf alle Juden in ganz Deutschland gehandelt – in der Nacht des Neunten November 1938. Diese Nacht ging in die Geschichte ein als die Reichskristallnacht.
Später an diesem Abend, als wir im Elternschlafzimmer versuchten, ein wenig Ordnung zu schaffen, schrie Lotte plötzlich auf. Sie umklammerte ihr Bein. Direkt unter dem Knie schien sich eine silbergraue Schnecke festgebissen zu haben. Sie versuchte, das Ding mit ihren Fingern zu fassen, aber plötzlich schoß ein Blutschwall hervor. Eine scharfzackige Spiegelscherbe war beim Aufräumen gegen ihr Bein geschnellt und hatte es so tief eingeschnitten, daß Sehne und Knochen bloßlagen. Das Blut sehen und losbrüllen war eins. Was sollten wir tun? Jetzt in der Nacht? Wußten wir doch nicht, ob die Braunhemden noch immer draußen lauerten. Ein Anruf beim Doktor könnte ihm gefährlich werden. Aber natürlich mußte Lotte genäht werden. Die Wunde klaffte weit auseinander, so eilten wir alle durch die stille Stadt. Papi trug Lotte, Mutti hielt Lottes Bein hoch, Lotte heulte wie ein Schloßhund, und ich trottete wimmernd neben ihnen her. Und dann standen wir vor Doktor Paulsens Haus. Würde er uns annehmen, oder würde er uns wegschicken?
Ohne eine Frage ließ Doktor Paulsen uns ein und schloß seine Praxisräume auf. Nachdem er Lottes Bein genäht hatte, hörte er entsetzt zu, als wir ihm von dem furchtbaren Geschehen der letzten Nacht berichteten. Offen drückte er seinen Abscheu, seine Empörung und seine Ablehnung des Nazi-Regimes aus. Er war sehr freundlich und versuchte, uns zu beruhigen und zu trösten, und sagte uns, wann wir zum Fädenziehen wiederkommen sollten. Es mußte natürlich

nachts und nach der Sprechstunde sein. Aber es war beruhigend zu wissen, daß wir im Notfall nicht ohne ärztliche Hilfe waren. In gewisser Weise übte Lottes Unfall eine heilsame Wirkung auf uns aus: Er rüttelte uns aus unserer Betäubung auf und weckte unsere Tatkraft und unseren Lebensmut: Waren wir doch alle vier zusammen und gesund!

Viele Leute verurteilten die Willkür und Gesetzlosigkeit der Nazis, aber niemand wagte es, das in der Öffentlichkeit laut auszusprechen. Als mein Vater das örtliche Polizeirevier aufsuchte, um den Überfall zu melden und eine offizielle Anzeige aufzugeben, war der Polizeibeamte sehr verständnisvoll und gab zu, daß die Polizei die Übergriffe mißbilligte, ließ aber durchblicken, daß sie Befehl bekommen hätten, nicht einzugreifen. Es täte ihm leid, aber sie seien machtlos, meinte er. Wir konnten uns also an niemanden und nirgendwohin wenden. Die Juden waren vogelfrei.

Es war November und daher sehr kalt. Einen Glaser für die eingeschlagenen Fensterscheiben zu bekommen war nicht so einfach. Mein Vater gab Hunderte von Mark für Tischler aus, um die kaputten Möbel, soweit das möglich war, wieder herrichten zu lassen. Ich spürte die Vergeblichkeit all dieses Tuns, aber die Tatsache, daß meine Eltern es der Mühe wert fanden, die Wohnung wieder einigermaßen wohnlich zu machen und den Haushalt in Ordnung zu bringen, gab mir ein Gefühl der Sicherheit. Daß unser Haushalt allmählich wieder in gewohnten Bahnen verlief, half uns, mit den folgenden Tagen fertig zu werden. Wir hatten zunächst keinen Schulunterricht. Die Synagoge war niedergebrannt und die angrenzende Schule geplündert worden. Wir freuten uns keineswegs über unsere erzwungenen »Ferien« und sehnten uns danach, wieder Verbindung mit unseren Kameraden und der Außenwelt aufzunehmen.

Die jüdischen Freunde riefen einer nach dem anderen an. Die meisten hatten durchgemacht, was wir durchgemacht hatten, aber einige waren auch verschont geblieben. Andere berichteten von verletzten oder gar ermordeten Freunden und von solchen, die verhaftet und vermutlich in ein Konzentrationslager gebracht worden waren. Unter diesen Umständen hielten wir uns noch für *glücklich davongekommen.* Mein Vater war bald eifrig dabei, denen zu helfen, die noch schlechter dran waren als wir. Nach außen hin gab er sich immer furchtlos. Wie gewohnt benutzte er weiterhin die Straßenbahn. Er besuchte häufig die Freunde in Düsseldorf und kümmerte sich besonders um die Angehörigen der Verschleppten. Er half ihnen bei den Vorbereitungen auf die Emigration. Er sagte meiner Mutter nie, wohin er ging. »Es ist besser, wenn du nicht weißt, wo ich bin.« Als wir einmal von einem Spaziergang zurückkamen, sahen Mutti, Lotte und ich ein Auto vor unserem Haus stehen. In solchen Fällen hatte man immer Angst. Es konnte die Gestapo sein. Wir gingen wieder fort und kamen erst eine ganze Weile später wieder zurück. Das Auto war fort und kam auch nicht wieder.

Mein Vater hatte immer ein kleines Köfferchen fertig gepackt bereitstehen, für den Fall, daß sie kämen und ihn holten. Für mich war dieser kleine Koffer die Verkörperung aller meiner Ängste, Unsicherheiten und unbegreifbaren Bedrohungen. Was war darin? »Nur das Allernotwendigste.« – Er war so klein, der Koffer, da war wirklich nicht mehr Platz drin als für das »Allernotwendigste«. Meine Phantasie beschäftigte sich finster grübelnd mit dem Äußeren des kleinen Koffers, der dort stand, gepackt, wartend – auf was? Er war die totale Verkörperung aller meiner Ängste.

Damals wurden wir von meinem Onkel Max in Amerika und unseren Verwandten in London mit Telegrammen bombardiert. Sie bestürmten meinen Vater, auszuwandern und uns vorauszuschicken.

»Ja, ich will«, versprach mein Vater, »aber erst . . .« Natürlich gab es noch tausend Sachen, um die er sich kümmern mußte.

Immer, wenn er von einer Telefonzelle aus jemanden anrufen wollte – er wagte es nicht mehr, von zu Hause aus zu telefonieren –, bestand ich darauf, mit ihm zu gehen. Ich konnte den Gedanken nicht ertragen, daß ihm etwas passieren könne, von dem ich nichts wüßte, und ebensowenig konnte ich ertragen, zu Hause zurückgelassen zu werden. Ich hatte das unbestimmte Gefühl, daß wir zwei, wenn wir beisammen wären, sicherer wären. Ich wartete dann gewöhnlich vor dem Telefonhäuschen, um sicher zu sein, daß niemand sich hereinschleichen oder die Tür von außen zuhalten könne.

Wenn ich ihn in jenen ersten Tagen des Jahres 1939 sah, die Straße herunterkommend, müde den Stock schleifen lassend, mit hängenden Schultern und angespannter Miene, dann ergriffen mich tiefe Liebe und großes Mitleid mit meinem Vater. Aber noch schien er eine innere Stärke zu besitzen, eine unterschwellige Lebensfreude, den Mut, dem Schicksal ins Auge zu blicken, und die Kraft, Hoffnung zu erwecken. Vielleicht war es das, was die Leute dazu brachte, ihn immer wieder um Trost und Rat zu bitten, und das war es auch, was mich drängte, ihm so nahe wie möglich zu sein. Aber indem er allen anderen half, hatte er keine Zeit, an sich selbst zu denken. Oder wollte er nicht?

Ich glaube wirklich, daß mein Vater damals innerlich wie betäubt war. Er wußte nicht, wohin und woher. Er hatte erkennen müssen, wie unmöglich es war, weiter auf ein Leben in Deutschland zu hoffen. Alle Mühe, die er sich in seinem Leben gemacht hatte, war vergebens gewesen. Alles, was er in seinem Leben so liebevoll aufgebaut hatte, war zerstört: das behagliche Heim, die Zukunft für seine Familie, sein ausgefülltes Leben, seine Freundschaften, seine Liebe zu Kultur und Kunst, die Freude an schönen Dingen und Ideen. Wie konnte er der Zerstörung und Verleugnung seiner Ideale ins Auge blicken? Aber wahrscheinlich war das schlimmste für ihn die Abkehr der vielen ehemaligen Freunde. Vermutlich fehlte ihm mit seinen vierundsechzig Jahren die Spannkraft der Jüngeren, ihre Unbekümmertheit, sich in die Ungewißheit eines neuen Lebens in der Fremde zu stürzen. Er konnte sich nur zu gut vorstellen, was es bedeutete, in seinem Alter ein neues Leben in der Fremde zu beginnen, ohne finanziellen Rückhalt, ohne ausreichende Sprachkenntnisse. Der Gedanke, er könne auf die Barmherzigkeit anderer angewiesen sein, erschreckte ihn zutiefst. Aber konnte er denn nicht den

Pesthauch der Lebensgefahr riechen? Meine Mutter, mein Onkel Max in Amerika, mein Onkel und meine Tante, meine Cousine und mein Vetter in England, die Röttgers in Gerresheim, sie alle drängten ihn, seinen Stolz hinunterzuschlucken, aufzuhören, das zerstörte Heim wieder aufzubauen, und auszuwandern. Sie alle beschworen ihn, keine geordnete Ausreise zu planen und vorzubereiten, sondern wegzugehen, solange es noch Zeit sei. Sofort!

RUTH KLÜGER

Schneewittchen

RUTH KLÜGER, geboren 1931 in Wien, wurde im September 1942 nach Theresienstadt verschickt. Im Sommer 1944 kam die junge Jüdin zusammen mit ihrer Mutter nach Auschwitz. Bei einer Selektion war das zwölfjährige Kind bereits als arbeitsunfähig ausgemustert worden, als ihre Mutter ihr riet, sich nochmals in die Reihe zu schmuggeln und sich als Fünfzehnjährige auszugeben. So dem Gas entronnen, kam Ruth Klüger in ein Außenlager des KZ Groß-Rosen, wo die unterernährten Frauen und Mädchen in Eiseskälte Wälder roden und Schienen tragen mußten. Der Vater und der sechs Jahre ältere Halbbruder Jiri überlebten nicht den Völkermord. Bevor Ruth Klüger und ihre Mutter im Herbst 1947 in die Vereinigten Staaten auswandern konnten, lebten sie im zerstörten Nachkriegsdeutschland.

Es muß 1940 gewesen sein, ich war acht oder neun Jahre alt, im Kino um die Ecke wurde »Schneewittchen« gespielt. Der berühmte Walt-Disney-Film läuft noch heute alle Jubeljahre mal in Amerikas großen Kinos, und wenn er auf dem Programm steht, ist es ein Volksfest für kleine wie für erwachsene Disneyfans. Ich bin seit meinem ersten Micky-Maus-Film, den ich noch vor dem »Anschluß« mit dem Kindermädel in einer Nachmittagsvorstellung innigst genoß, sehr gern ins Kino gegangen, und so wollte ich auch diesen Film unbedingt sehen, durfte

aber als Jüdin leider nicht hinein. Darüber klagte und schimpfte ich abwechselnd, bis meine Mutter vorschlug, daß ich doch einfach gehen sollte, und basta.
Es war Sonntag, wir waren in der Nachbarschaft bekannt, hier ins Kino zu gehen war eine Herausforderung. Meine Mutter war der Überzeugung, daß niemand sich darum kümmern würde, ob ein Kind mehr oder weniger im Saal säße, und gab mir zu verstehen, daß ich mich einerseits zu wichtig nehme, andererseits beschämend feig sei. Das konnte ich nicht auf mir sitzenlassen, zog also drauflos, wählte die teuerste Platzkategorie, eine Loge, um nicht aufzufallen, und kam gerade dadurch neben die neunzehnjährige Bäckerstochter von nebenan und ihre kleinen Geschwister zu sitzen, eine begeisterte Nazifamilie.
Ich hab diese Vorstellung ausgeschwitzt und hab nie vorher oder nachher so wenig von einem Film mitbekommen. Ich saß auf Kohlen, vollauf mit der Frage beschäftigt, ob die Bäckerstochter wirklich böse zu mir hinschielte oder ob es mir doch nur so vorkäme. Die Niederträchtigkeiten von Schneewittchens Stiefmutter verschwammen mir auf der Leinwand zu einem vorgekauten Brei unechter Schlechtigkeit, während ich und keine Prinzessin im wahren, triefenden Fettnäpfchen saß, umzingelt.
Warum bin ich nicht aufgestanden und weggegangen? Vielleicht, um mich meiner Mutter nicht zu stellen oder weil ich meinte, gerade durchs Aufstehen und Weggehen Aufmerksamkeit zu erregen, vielleicht nur, weil man nicht aus dem Kino geht, bevor der Film aus ist, oder am wahrscheinlichsten, weil ich vor Angst nicht denken konnte. Ich weiß ja nicht einmal, warum wir alle nicht rechtzeitig aus Wien weg sind, und vielleicht gibt es eine Familienverwandtschaft zwischen dieser Frage und meinem Kinoproblem.
Als es im Saal hell wurde, wollte ich die anderen vorgehen lassen, aber meine Feindin stand und wartete. Ihre kleinen Geschwister wurden ungeduldig, die Große sagte »Nein, seid's stad« und sah mich streng an. Die Falle war, wie gefürchtet, zugeschnappt. Es war

der reine Terror. Die Bäckerstochter zog noch ihre Handschuhe an, pflanzte sich endlich vor mir auf, und das Ungewitter entlud sich. Sie redete fest und selbstgerecht, im Vollgefühl ihrer arischen Herkunft, wie es sich für ein BDM-Mädel schickte, und noch dazu in ihrem feinsten Hochdeutsch: »Weißt du, daß deinesgleichen hier nichts zu suchen hat? Juden ist der Eintritt ins Kino gesetzlich untersagt. Draußen steht's beim Eingang an der Kasse. Hast du das gesehen?« Was blieb mir übrig, als die rhetorische Frage zu bejahen? Das Märchen von Schneewittchen läßt sich auf die Frage reduzieren, wer im Königsschloß etwas zu suchen hat und wer nicht. Die Bäckerstochter und ich folgten der vom Film vorgegebenen Formel. Sie, im eigenen Hause, den Spiegel ihrer rassischen Reinheit vor Augen, ich, auch an diesem Ort beheimatet, aber ohne Erlaubnis, und in diesem Augenblick ausgestoßen, erniedrigt und preisgegeben. Ich hatte mich unter Vorspiegelungen falscher Tatsachen hier eingeschlichen, den Nazivers bestätigend: »Und der Jud hat den Brauch,/Und es bringt ihm was ein,/Schmeißt man vorne ihn raus,/Kehrt er hinten wieder rein.« Wenn ich auch das Gesetz, das ich verletzt hatte, für ungerecht hielt, so war ich doch beschämt, ertappt worden zu sein. Denn die Scham entsteht einfach dadurch, daß man einer verbotenen Tat überführt wird, und hat oft mit schlechtem Gewissen gar nichts zu tun. Wäre ich nicht erwischt worden, so wäre ich auf meine Waghalsigkeit stolz gewesen. So aber war es umgekehrt: Man sieht sich im Spiegel boshafter Augen, und man entgeht dem Bild nicht, denn die Verzerrung fällt zurück auf die eigenen Augen, bis man ihr glaubt und sich selbst für verunstaltet hält. Das hat W. B. Yeats, Irlands größter Lyriker, in Versen geschrieben, und hätte ich die Zeilen über den »mirror of malicious eyes« nicht erst zehn Jahre später auswendig gelernt, so wäre mir vielleicht wohler gewesen.

Es ging dann doch schneller vorbei als erwartet, für mich immer noch lang genug. Der Vertreterin unanfechtbarer Gesetzlichkeiten fiel nicht mehr viel ein. Wenn ich mich noch ein einziges Mal unterstehen tät, hierher zu kommen, so würde sie mich anzeigen, ich hätt ja noch ein Glück, daß sie's nicht gleich täte. Ich stand mit weit aufgerissenen Augen, einigermaßen erfolgreich meine Tränen schluckend. Die Platzanweiserin, die zugehört hatte, denn wir waren die letzten im Saal, half mir nachher in den Mantel, drückte mir meine Geldbörse, die ich sonst liegengelassen hätte, in die Hand und sagte ein paar beruhigende Worte. Ich nickte, unfähig zur Gegenrede, dankbar für den Zuspruch, eine Art Almosen.

Es war noch hell, ich lief ein wenig durch die Straßen, wie betäubt. Ich hatte an diesem Nachmittag für meine Person, in meinem Bereich und ganz unmittelbar erfahren, wie es mit uns und den Nazis stand. Daß der Schrecken in diesem Fall nicht ganz gerechtfertigt war, änderte nichts an der Tatsache, daß ich es nun wußte. Ich hatte das Gefühl gehabt, in tödlicher Gefahr zu schweben, und dieses Gefühl verließ mich nicht mehr, bis es sich bewahrheitete. Ohne es richtig durchdenken zu müssen, war ich von jetzt an den Erwachsenen voraus.

Ich kam weinend und wütend nach Hause, empört über meine Mutter, und fand diesmal ausnahmsweise Unterstützung bei Tante Rosa. Meine Mutter zuckte die Achseln. »Wem fällt so was schon ein? Ein Kind bei einem Märchenfilm zu belästigen.« Und zu mir: »Reg dich nicht auf über die blöde Schickse. Es gibt Ärgeres.« Aber das war es ja gerade. War das nicht schon das Arge? Ich wär ja fast angezeigt worden. Wo fing das Ärgere an? Wie sollte ich denn wissen, was ernst war und was nicht? Meine Mutter hatte gut reden, sie wußte vermutlich, wo man ertrinkt und wo man sich noch gerade über Wasser hält. Ich aber kannte mich nicht aus und wollte die Welt erklärt haben. Was war das Ärgste, konnte es letzten Endes etwas anderes als der Tod sein? Kein Mensch informierte einen. Warum nahm man meine Erfahrungen nicht ernst, warum war man nicht deutlicher? Daß meine Erwachsenen selbst nicht ein noch aus wußten und daß ich schneller lernte als sie, begriff ich natürlich nicht, oder war erst im Begriff, es zu begreifen.

ALICIA APPLEMAN

Auf dem Baum

Die 1930 geborene ALICIA APPLEMAN wuchs in der polnischen Stadt Buczacz auf. Nach dem Überfall der Deutschen auf Polen brach unermeßliches Leid über die Familie Jurman herein: Der Vater und die vier Söhne wurden getötet, die Mutter vor den Augen der Tochter ermordet. Alicia Appleman selbst konnte entkommen. In Wäldern und Getreidefeldern versteckte sie sich – immer auf der Flucht vor der Gestapo und den polnischen und ukrainischen Kollaborateuren.
Viele Menschen verdanken der Tatkraft und dem Mut dieses Mädchens ihr Leben. Bei Kriegsende scharte sie verwaiste Kinder um sich und bewahrte sie dadurch vor Hunger und Verwahrlosung. Auf einer Untergrundroute schleuste sie Überlebende des Holocaust aus Polen quer durch Europa nach Palästina. Alicia Appleman erreichte das langersehnte Ziel erst 1948 nach einer gefahrvollen Irrfahrt.

Ich weiß noch, wie ich die christlichen Kinder beobachtete, wenn sie in ihren adretten Kleidern und mit ihren bunten Schleifen in die Schule gingen. Sie sahen so hübsch aus, und ich beneidete sie nicht nur um ihre Kleidung, sondern auch um ihre Freiheit, etwas lernen zu dürfen. Ich weiß noch, daß mein Verlangen nach Wissen einmal so übermächtig wurde, daß ich mich über die Anweisungen hinwegsetzte, der Schule fernzubleiben. Und so kletterte ich eines Tages auf einen Baum, der vor dem Fenster meines Klassenzimmers stand. Durch das Fenster konnte

ich meine ehemaligen Klassenkameraden an ihren Pulten sitzen sehen, darunter auch meine Freundin Slawka, die ich kannte, seit wir nach Buczacz gezogen waren. Sie war Christin, aber das waren schließlich viele meiner Freunde.
Es dauerte nicht lange, bis die Schüler im Klassenzimmer auf mich aufmerksam wurden. Ein Kopf nach dem anderen drehte sich zu mir um, und ich konnte die Kinder miteinander tuscheln sehen. Als Slawka sich umwandte, trafen sich unsere Blicke; sie konnte mir natürlich nicht zuwinken, aus Angst, von der Lehrerin gerügt zu werden. Ich klammerte mich fest an den Baum. Unsere Blicke drückten Trauer aus – meinen Kummer, die Schule nicht besuchen zu dürfen, ihr Mitleid, verbunden mit der Unfähigkeit, etwas daran zu ändern. Kurz darauf blickte sie weg und drehte sich nicht mehr zu mir um.
Die Lehrerin wußte vermutlich auch, daß ich da war, aber sie sagte nichts – vielleicht ging ihr der Anblick des einsamen, nach Wissen lechzenden Kindes zu Herzen. Ich blieb ziemlich lange dort oben im Baum, hörte dem Unterricht zu und versuchte mir alles zu merken, was gesagt wurde. Es war so deprimierend, so völlig zum Verrücktwerden, daß ich es schließlich nicht mehr aushalten konnte. Und als die Lehrerin die nächste Frage stellte, schoß ein Dutzend Hände in die Höhe – darunter auch meine Hand. Peng! Schon lag ich der Länge nach auf der blätterbedeckten Erde. Ich war auf den Rücken gefallen und rang nach Luft. Hoch über mir konnte ich ein Meer von Gesichtern am Fenster erkennen, lauter kleine, runde Gesichter mit plattgedrückten Nasen und aufgerissenen Mündern. Auch Slawkas Gesicht. Sie schaute unglücklich herab, während die Lehrerin die Treppe hinunterlief und zu mir gerannt kam.
»Hast du dir weh getan?« fragte sie und half mir, mich aufzusetzen. Ich schüttelte unsicher den Kopf und kam hustend wieder zu Atem. Die Lehrerin massierte mir den Rücken, bis ich wieder richtig Luft bekam, und sagte dann. »Alicia, du weißt doch, daß du nicht mehr herkommen darfst.«

Ich sah sie unglücklich an. »Aber es macht mir nichts aus, auf dem Baum zu sitzen«, sagte ich.
Sie lächelte, ein Lächeln, das ich noch gut aus der Zeit kannte, als sie in unserer Klasse Geographie unterrichtete. »Es ist zu gefährlich, Alicia, und ich spreche jetzt nicht von dem Baum. Verstehst du?«
Sie wischte den Schmutz von meinem Pullover und strich dabei leicht über den gelben Davidstern auf meiner Armbinde.
»Alicia«, wiederholte sie, »verstehst du das?«
Ich hatte verstanden.

Gebrandmarkt

CEIJA STOJKA, geboren 1933 in Kraubath (Österreich), gehört zur Minderheit der Roma. Auschwitz, Ravensbrück und Bergen-Belsen waren die Stationen ihres Leidensweges. Der Vater und der jüngste Bruder Ossi starben in KZ-Haft. – Nach der Rückkehr aus dem Todeslager mußte die Zwölfjährige mit der Gleichgültigkeit und Verachtung gegenüber den überlebenden Sinti und Roma fertig werden. Sie meldete sich selbst an einer Schule an, um zumindest die Grundbegriffe des Schreibens und Lesens zu erlernen. Erst vierzig Jahre nach der Befreiung war Ceija Stojka in der Lage, sich dem Schmerz des Erinnerns auszusetzen und ihre Erlebnisse schriftlich festzuhalten.

CEIJA STOJKA

Nirgends mehr sicher

1939 fuhren wir Roma noch mit Wagen und Pferden frei in Österreich herum. Meine Mutter war damals siebenunddreißig Jahre alt, mein Vater ebenfalls. Wir waren sechs Kinder, die älteste Schwester, Mitzi, war gerade siebzehn, dann kamen meine Schwester Kathi mit sechzehn Jahren, meine beiden Brüder, Hansi mit vierzehn und Karli mit zwölf, unser Nesthäkchen Ossi mit sieben und ich selbst, Ceija, mit zehn Jahren. Wir liebten unsere Eltern, und unter uns Geschwistern war das

ebenfalls so. Natürlich mußten wir auch, wo immer wir waren, die Schule besuchen. Ich erinnere mich noch an meinen ersten Schultag, mein Vater Wackar brachte mich dahin. Ich war mächtig stolz.
Wir waren damals, 1939, irgendwo in der Steiermark, als meine Leute erfuhren, daß wir nicht mehr umherreisen durften. Es wurde immer schlimmer für uns, bis mein Vater den Entschluß faßte, nach Wien zu gehen. Er sagte, daß er in Wien einen guten Bekannten habe, einen Fuhrwerksunternehmer, der einen großen Platz habe. Vielleicht könnten wir unsere Wohnwagen bei ihm einstellen und dort eine Zeitlang leben. Und so ging es nach Wien, in den 16. Bezirk, in die Paletzgasse zu Herrn Sprach. Dieser Mann nahm uns herzlich auf, doch er sagte zu meinem Vater: »Karl, der Wohnwagen ist zu auffällig, du mußt ihn in ein kleines Holzhaus umbauen.« So geschah es dann auch. Wir Kinder kamen wieder in die Schule, meine älteste Schwester Mitzi in eine Papierfabrik. Ossi, der Kleinste, blieb noch bei meiner Mutter Sidi. In diesem großen Hof lebte noch das Ehepaar Brösel in einem kleinen Haus. Sie hatten keine Kinder, aber sie hatten uns sehr lieb. Sie züchteten Hasen, und oft durften Ossi und ich mit Frau Brösel zum Hanselteich, um Gras für die Hasen zu rupfen. Nach der Arbeit gab es dann immer eine gute Jause.
Gleich neben unserem Hof war das schöne Kongreßbad, wo wir Kinder uns sehr viel aufhielten, und in der Paletzgasse gab es einen neuen Gemeindebau, der wegen seiner roten Farbe von den Bewohnern Paprikakistl genannt wurde. In diesem Neubau wohnte die Patin meiner Schwester Kathi. Wir nannten sie Gusti-Godl. Sie war einfach ein Sonnenschein. Sie versteckte uns vor den Nazis, wann immer sie die Möglichkeit dazu hatte.
Gusti, der Bruder meines Vaters, besuchte uns mit seiner Familie, auch er hatte drei Kinder. In dieser schlimmen Zeit versuchten unsere Familien, dicht beisammenzubleiben. Aber wir hatten keine Chance. Ich erinnere mich noch genau, wie wir mit unseren Cousins spielten. Es war das letzte Mal, sie wurden nie wieder gesehen. Eine ganze

Familie war verschwunden, und bis heute weiß keiner, was mit ihnen geschehen ist.
Eines Tages holte die Gestapo unseren Vater Karl Wackar Horvath von unserem Platz ab. Sie kamen in einem kleinen Auto und stießen ihn hinein. Wir Kinder standen da, mit Tränen um unseren Vater. Er winkte noch einmal, dann fuhren sie mit ihm fort. Das war 1941 und meine letzte Erinnerung an ihn. Wir sahen ihn nie wieder. Nun wurde uns Kindern die Schule verboten. Die Gestapo legte ein spanisches Gitter um unser kleines Holzhaus und verbot uns, uns außerhalb dieses Gitters aufzuhalten. Ja, wir spürten Auschwitz schon in der Freiheit.
Die Mutter unseres Vaters war noch bei uns, manchmal schlich sie sich hinaus, um etwas Brot zu besorgen, denn wir Kinder hatten Hunger. Eines Tages warteten wir vergeblich auf unsere Großmutter. Sie war mit meinen Großeltern mütterlicherseits von der Gestapo irgendwo gefangengenommen und nach Litzmannstadt gebracht worden. Dort wurde sie umgebracht und gleich eingescharrt. Bis heute konnte niemand herausfinden, wo das geschehen ist.
Die SS-Männer machten oft Großrazzien. Sie drückten unsere kleine Tür auf, rissen uns aus den Betten und hielten uns ihre Leuchtbatterien in die Gesichter. Es wurde immer unerträglicher. Unsere Grundbesitzer halfen uns, wo immer sie konnten. Frau Sprach und Frau Brösel versteckten uns und nahmen uns unter ihren Schutz, aber dann konnten auch sie nicht mehr. Unsere Mutter sagte: »Heute könnte wieder eine Großrazzia sein. Hört gut zu, wir gehen in den Kongreßpark und verstecken uns unter dem Laub, ihr dürft eure Kleider nicht ausziehen.« So konnten wir noch unentdeckt bleiben, aber nur eine kleine Weile, mit viel Angst.
Meine Schwester Kathi hatte einen Freund, Fritz Karasek, er hatte eine sehr liebe Mutter. Die beiden halfen uns beim Verstecken. Doch man hatte sie schon gewarnt und sagte ihnen, daß sie Rassenschande betreiben, weil sie mit einer Zigeunerin verkehrten. Diese Menschen hatten es auch nicht leicht. Fritz blieb trotz allem standhaft. An einem

späten Abend ging meine Mutter mit meinen Geschwistern zu meiner Taufpatin Ceija in die Odoakergasse, sie hatte dort ein ebenerdiges Haus. Kathi und ich gingen mit Fritz. Auch er wußte nicht mehr, wie er uns ungesehen machen konnte. Er erinnerte sich an ein Gasthaus, wo wir eine Weile bleiben konnten, und bestellte uns gebratene Heringe und Brot. Aber auch hier konnten wir nicht mehr lange bleiben, wieder landeten wir im Kongreßpark. Diese Menschen versuchten, uns immer wieder zu helfen, doch bald half nichts mehr. Und es kam, was kommen mußte: Meine Schwester Kathi wurde verhaftet.

Nun waren wir nirgends mehr sicher, niemand traute sich mehr, uns zu helfen. Also verkrochen wir uns in unserem kleinen Holzhaus oder im Kongreßbad. Mama schlich sich manchmal davon und besorgte von irgendwo Brot und Milch, und unsere gute Frau Brösel konnte manchmal versteckt zu unserem spanischen Gitter laufen und uns einen Hasen zuwerfen. Sie brachte uns auch Trinkwasser. Sie war wirklich ein herzensguter Mensch. Sie sagte unserer Mutter, daß am Ende der Straße eine große Gulaschkanone steht und man sich etwas holen kann. Meine Mutter hatte große Angst und meinte, daß Zigeuner sicher nichts zu essen bekommen. Ich setzte mir schnell eine Mütze auf, nahm einen Topf und lief die Straße hinunter. Es waren sehr viele Menschen, die sich zu dieser Gulaschkanone drängten. In diesem Gedränge bekam ich auch einen Topf voll, und wir konnten wieder einen Tag weiterleben.

Eines Tages bekam meine Mutter einen Brief. Der Briefträger sagte, daß er aus Dachau sei. Er machte ein trauriges Gesicht, weil er ja ungefähr wußte, was für eine Botschaft der Brief enthalten würde, und er eilte wie ein Blitz davon. Mama ließ sich den Brief von Frau Sprach vorlesen.

Die Nachricht vom Tod meines Vaters war schrecklich. Wir waren tagelang in einem Taumel, den man nicht beschreiben kann. Wir haben den Tod unseres Vaters nie überwunden. Meine Mutter versuchte, die Urne aus dem KZ Dachau zu bekommen. Endlich hatte sie erreicht, daß sie ihr mit der Post zugeschickt wurde. Sie nahm die Urne in die Hand, schüttelte sie und schrie: *»Wackar, ande san du katte?«* (Wackar, bist du da drinnen?) Die Urne öffnete sich, und ein paar Knochen fielen heraus. Sie nähte sich ein kleines Täschchen und gab die Knochen hinein. Dieses Täschchen band sie sich um den Hals.*

Da es bei uns Roma Sitte ist, drei Tage lang Totenwache zu halten, ging unsere Mutter zu meiner Taufpatin Ceija in den 16. Bezirk, um diese Wache zu halten. Diese Frau half meiner Mutter auch bei den Erledigungen für die Beerdigung. Die Söhne meiner Taufpatin, Jano und Bubi, waren bereits nach Auschwitz gebracht worden. Die Enkelkinder und die Schwiegertochter waren aber noch nicht verhaftet, also war meine Mutter nicht ganz so allein.

1941 kam die Gestapo zu uns in die Paletzgasse. Um sechs Uhr früh drückten sie unsere kleine Tür ein. Sie hatten riesengroße Leuchtbatterien in ihren Händen und schrien uns Kinder an: »Los, los! Alles aufstehen! Wo ist eure Mutter? Die wird sich doch nicht versteckt haben? Los, sagt schon, wo sie ist!« Mein Bruder mußte ihnen dann sagen, wo sie war. Die Angst war sehr groß. Zwei SS-Männer fuhren in die Odoakergasse und holten unsere Mutter samt den drei Enkelkindern meiner Taufpatin. Als sie alle bei uns eintrafen, hörte ich meine Mutter die Gestapoleute anflehen: »Bitte, heute um zwölf Uhr wird der Vater meiner Kinder beerdigt, auf dem Zentralfriedhof. Bitte lassen Sie uns ihm die letzte Ehre erweisen.« Die Antwort der SS war kurz: »Na, wo würden wir denn da hinkommen. Los, packt eure nötigsten Sachen, ihr kommt ja sowieso bald nach Hause, da braucht ihr nicht mehr viel.« So stießen sie uns auf einen grünen offenen Wagen. Die drei Enkelkinder meiner Taufpatin saßen ganz erschrocken und zitternd da, sie waren fünf, vier und drei Jahre alt. Wir alle zitterten vor Angst. Nun fuhren sie uns in die Roßauerlände,

---

* In Auschwitz riß ein SS-Mann das Täschchen vom Hals der Mutter und warf es in den Abfluß.

in das Gefängnis. Die kleinen Kinder weinten, wir hatten ja kaum etwas an.

Ich könnte dies nicht ein zweites Mal erzählen, denn in meinen Gedanken erlebe ich jetzt alles, als wäre es gestern passiert. Wenn ich alle meine Gedanken niederschreiben könnte, wäre dies sicher ein endloses Buch der Leiden. Doch meine Gedanken laufen schneller, als meine Hände alles zu Papier bringen können.

Der erste Tag verlief sehr traurig. Wir trauerten um unseren Vater, und unsere Mutter weinte, sie mußte immer an die Beerdigung denken. Sie war doch jetzt allein mit sechs Kindern. Am nächsten Tag kamen immer mehr Menschen in diesen Raum, sodaß es immer enger wurde. Dann kam die Gestapo und holte unsere drei Brüder Hansi, Karli und Ossi. Sie schoren ihnen eine Glatze, wir Schwestern saßen da und weinten. Doch es sollte noch schlimmer werden. Keiner konnte sich vorstellen, was jetzt passieren sollte, was die Menschen mit uns vorhatten. Als der Raum so voll war, daß keine Maus mehr Platz haben konnte, wurde der Transport nach Auschwitz organisiert. Wir wurden in einen Waggon gepreßt, ich hatte gleich einen meiner Schuhe verloren, den ich nicht mehr finden konnte. Nicht einmal bücken konnte ich mich, so eng war es in diesem Waggon. Nach einer sehr langen Fahrt blieb der Zug endlich stehen. Wir bettelten nach Wasser, wir waren fast verdurstet und verhungert. Sie beruhigten uns und sagten: »Das Wasser ist zu rostig, vielleicht bekommt ihr Wasser bei der nächsten Station.« So ging es bis nach Auschwitz.

KLAUS SCHEURENBERG

Der Judenstern

Ab 16. September 1941 mußten wir den Judenstern tragen, am 20. wurde ich 16 Jahre alt. Also Freiwild, gezeichnet. Ich war verzweifelt. Nun konnte ich nicht mehr über die Stränge schlagen, wie ich das mit Fridas Hilfe bisweilen getan hatte. Z. B. war sie mit mir ins Kino gegangen, was streng verboten war. Damit man mich in meiner Gegend nicht erkennt, ging sie mit mir in die feinen Kinos am Kurfürstendamm. Dort hatte ich dann das zwiespältige Gefühl – zwischen herrlichem, seltenem Genuß und beklemmender Angst. All das würde nun vorbei sein.

Die Würde ist uns genommen, sagte beim Frühstück der Oberstudien-Direktor. Nein, erwiderte der Rabbiner, die Würde verlieren wir erst, wenn wir an Gott zweifeln. Unser Glaube gibt uns Würde. Zweifelnd sahen wir ihn an. Er erklärte uns Gleichnisse aus der Vergangenheit. Seltsam, man mußte ihm nicht unbedingt glauben, und er gab einem dennoch Hoffnung. Doch abends – mit Mucki – war ich wieder traurig, wenn ich an unsere Zukunft dachte. Er arbeitete inzwischen in der Fabrik, in der auch sein Vater tätig war. Weil er sehr geschickt war, bekam er schon bald den vollen Lohn, den jüdische junge Leute bekamen, einen Stundenlohn von 25 Reichspfennigen. Auch ich bekam 25 Pfennig die Stunde! –
Ich fuhr, wenn ich Tagschicht hatte, immer im selben Wagen der S-Bahn, jeden Morgen um 20 Minuten nach fünf. Alles bekannte, unausgeschlafene Gesichter, besonders nach Fliegeralarm. Auf der Querbank war immer derselbe Platz für mich frei, neben mir saß ein Maurer, der die BZ (Berliner Zeitung) las. Er war ein kräftiger Mann, der ein gut Teil der Bank einnahm. Auf der anderen Seite saß einer, der versuchte, sich seine besseren Tage zu erhalten. Er kam immer mit Schlips und Kragen. Seine Kleidung war zwar abgetragen, doch er bemühte sich offensichtlich, auch schon frühmorgens, ein Gentleman zu sein. An der Tür stand eine Frau in mittleren Jahren, mollig, blond und pausbäckig, die sich nie setzte und immer nur fünf Stationen mitfuhr. Gegenüber ein Gigolo, offensichtlich ein Italiener. Er war noch jung und strahlte mich immer an. Einmal schenkte er mir eine Zigarette. So kannte man sich und grüßte mit »Guten Morgen« oder »Morjn!« Dann kam der 16. September 1941, ich mußte den Judenstern tragen. Ich schämte mich entsetzlich. Der Stern war handtellergroß. Er schien viele Zentner zu wiegen. Ich versuchte, die Tasche mit meinen Frühstücksbroten davorzuhalten. Aber es war verboten, ihn zu verdecken. Ich hatte das Gefühl, daß mich alle Leute anstarren würden. Aber sie starrten nicht, ich war wie im Fieber, wie nackt! – Der dicke alte Mann, der immer mit mir auf den Zug wartete, aber dann in einen anderen Waggon stieg,

griente mich krampfhaft an, auch er mit Stern. Schweißperlen standen ihm auf der Stirn. Was sollte ich tun? Bis hierher zum Bahnhof war ich geschlichen, immer an den Hauswänden entlang, wie ein Dieb. Kein Mensch hatte mich angesehen. Aber hier? Sollte ich in den gewohnten Wagen einsteigen? Lieber in einen anderen? Der Zug kam. Automatisch stieg ich in »meinen« Waggon und flüsterte: »Morjn!« Die Leute schauten hoch, dachten sicher, was hat der denn, sahen! Überlaut tönte es zurück: »Morjn!«
Ich hatte das Gefühl, daß alle, aber auch alle, wie im Chor zurückgegrüßt hatten. Keine Unterhaltung wie sonst, Stille. Ich stand in der Ecke neben der Eingangstür, neben mir die Frau, die sich nie setzte. Da ertönte, wie mir schien, überlaut, die Stimme des Maurers, der die Lektüre der BZ unterbrochen hatte: »Wat setzte dir denn nich hin, hier uff dein Platz?« Und alle nickten. Ich zitterte. In meinem schönsten Berlinisch antwortete ich: »Ick darf doch nich sitzen, is doch for mia verboten.« Und er: »Ach, Quatsch, setz dir hin!« Kategorischer Imperativ. Alle nickten, keiner widersprach, also setzte ich mich, natürlich auf nur höchstens zwei Buchstaben. Der Gigolo kam und gab mir eine Zigarette. Es war fast zuviel für mich. Der mit dem Schlips gab mir Feuer. Verschwörung, nein, Menschlichkeit – für ein paar Sekunden!
Man mußte für die Sterne viel Geld bezahlen. Und dann waren sie auch noch knapp. Sie mußten fest angenäht sein. So brauchte man zuerst schon zwei. Einen für die Tageskleidung, einen zweiten für die Arbeitskluft, und wenn man die Kleidung wechselte: im Winter einen für den Anzug und einen für den Mantel. Es wurde direkt ein Problem. Meine arme Mama nähte nur immer Sterne um. –
Meine Schwester Lisa war nicht nur schön, sie verstand es, sich elegant und schick zu kleiden. Aus »nichts« machte sie »etwas«. Stets war sie gut frisiert. Sie war stolz auf ihre Haare. – Schrecklich muß es für sie gewesen sein, als man ihr später in Auschwitz den Kopf schor. – Lisa also ging erhobenen Hauptes, elegant wie immer, mit ihrem Stern die Elsässer Straße entlang. Wenn sie Angst hatte,

so zeigte sie es nicht. Uns gegenüber war ein Bordell. Die Leiterin dieses Etablissements, die »Puffmutter« also, uns vom Sehen bekannt, kam über die Straße Lisa entgegen und rempelte sie bewußt an. Dabei steckte sie ihr ein Päckchen unter den Arm. Während sie Lisa anzwinkerte, sagte sie laut: »Kannste dir nich vorsehen, olle Jüdsche?« Das Päckchen war voll mit den erlesensten Köstlichkeiten: Wurst, Schokolade, Seidenstrümpfe, Zigaretten. – Solche Menschen, selbst am Rande der Gesellschaft, hatten meistens Verständnis und Mitgefühl. Diese Frau – nie sprach sie mit uns, nie kam sie ins Haus – steckte uns noch öfter etwas zu und verschwand, ehe wir danken konnten.

Die Reaktion der Berliner auf den Stern war, bis auf Ausnahmen, für uns positiv. Nur vereinzelt wurde man angespuckt, angerempelt, verprügelt. Jeder Jude mit dem Stern hat es erlebt. Aber man stand darüber. Man wusch die Spucke ab, säuberte sich, hatte sich damit abgefunden. Erstaunlicherweise konnte man sich fast daran gewöhnen. Mein Freund Stupsi war Halbjude, d. h. »Geltungsjude«. Er fühlte sich nicht nur in den ersten Tagen diskriminiert. Er war damals auch erst 16 Jahre, als er in einer einsamen Straße in Stadtmitte von einem erwachsenen Mann beschimpft und angerempelt wurde. Ihm brannten sofort die Sicherungen durch. Er hatte schon immer geboxt und war in guter Form. Er verdrosch den Mann nach Strich und Faden. Als er das Gefühl hatte, dem anderen das Nasenbein gebrochen zu haben, ließ er es gut sein.

Mein anderer Freund, Moppel, war besser dran. Sein Vater war Slowake. Seine Eltern waren zwar geschieden, doch er ging zur slowakischen Botschaft und holte sich eine Bescheinigung, daß er um die slowakische Staatsbürgerschaft eingekommen sei. Die Slowakei war ja ein selbständiger Staat von Hitlers Gnaden geworden. Jedenfalls bekam Moppel aufgrund dieser Bescheinigung die Erlaubnis, den Stern abzunehmen. In der Folgezeit hatte er aber andere Schwierigkeiten. Oft wurde er von Wehrmachtsstreifen angehalten, denn er war ja bald im wehrfähigen Alter. Er zeigte dann seinen

Wehrpaß. Sowohl für den Bericht des Reichsarbeitsdienstes wie auch für die Wehrmacht stand darin »wehrunwürdig!« und »Jude«. Dann fragten die Leute vom »Heldenklau«, wo er seinen Stern hätte. Er mußte dann noch seine Bescheinigung zeigen: »Slowake«. Es hat ihm leider zum Schluß auch nichts genutzt. Er kam nach Auschwitz und hat dort ein furchtbares Schicksal gehabt, das er aber wunderbarerweise, wenn auch an Leib und Seele gebrochen, überlebt hat.

Wenn man eine Zeitlang den Stern getragen hatte, dann wollte man auch einmal wieder wie alle anderen leben. Ein Junge in meinem Alter hat den Mut dazu, weil er sich über die Folgen nicht im klaren ist. Unsere liebe Frida machte natürlich alles mit mir mit. Sie nähte mir aus weißem Nessel ein Buschhemd. Es hatte oben und unten aufgesetzte Taschen. Bevor sie die linke obere Tasche annähte, befestigte sie von innen Druckknöpfe. Dann nähte sie die gleiche Tasche noch einmal. Auf der aufgenähten Tasche wurde nun von ihr der Stern befestigt. Wollte ich mich »arisieren«, drückte ich die zweite Tasche, die natürlich auch Druckknöpfe hatte, auf die erste, und im Nu war der Stern verdeckt. Mußte ich wieder Jude werden, konnte ich unauffällig die oberste Platte abziehen. Hätte Vater das gewußt, er wäre vor Angst umgekommen. Doch waren es diese wenigen Stunden, die uns den Mut gaben weiterzumachen, nicht zu verzweifeln.

Mein späterer Schwager Günther, Bruder meiner Frau, ging in Stettin ins Kino. Mitten in der Vorstellung wurde Licht, und alle Männer mußten ihre Wehrpässe zeigen, die Soldaten auch die Urlaubsscheine. Als Günther an der Reihe war, zeigte er seinen Personalausweis, der mit einem großen »J« auf jeder Seite gekennzeichnet war. Der Oberfeldwebel ging mit ihm vor das Kino und sagte: »Du als Jude darfst doch nicht ins Kino gehen, und außerdem trägst du doch auch keinen Stern.« Günther darauf: »Wenn ich einen Stern anhätte, könnte ich doch nicht ins Kino gehen.« Der Oberfeldwebel lachte und sagte: »Verschwinde, laß dich ja nicht noch einmal erwischen.« So wandelte man manchmal auf schmalem Grat am Abgrund vorbei.

Mein Freund Stupsi, der ab 1942 überhaupt keinen Stern mehr trug, und das, obwohl er Geltungsjude war, ging einmal im Friedrichshain mit einem arischen Mädchen in der Dämmerung spazieren. Das war Rassenschande. Um zu schmusen, zog er sie hinter einen Busch. Da ertönte die Stimme eines alten Parkwächters: »Werdet ihr mal da hinter den Büschen hervorkommen, ich weiß genau, was ihr wollt. Ihr wollt nur Flieder klauen.« Also, »Flieder klauen« war sicher das letzte, was sie wollten. – Glück muß man haben.

Natürlich ging man meistens mit Stern, überhaupt als Mann, denn ein junger Mann im wehrfähigen Alter ohne Uniform fiel auf. Es kostete auch Nervenkraft, ohne Stern zu gehen. Einmal auf der Straße kam ich unversehens in eine Hitler-Jugend-Rotte. Einer schrie: »Schlagt den Juden tot.« Da hielt zu meinem Glück gerade vor mir eine Straßenbahn. Ich sprang hinein, die HJ-Jungen johlend hinterher. Ich rannte durch den Wagen, stieg am anderen Ende wieder aus, lief halsbrecherisch durch den Verkehr über die Straße und entkam. So schnell war ich nie vorher zu Hause. Sie waren nur immer als Masse stark. Von einzelnen wurde man selten angepöbelt, sah man sie aber im Haufen, mußte man sehen, schnell wegzukommen.

Klaus Scheurenberg

Weglaufen oder bleiben?

Und dann kam auch unser Schicksalstag:
Ich war am 7. Mai 1943 mit Helga zum Schwimmen im Stadtbad Schöneberg. Dort kannte ich mich gut aus, man achtete nicht so sehr darauf, wie man sich duschte. Ich drehte mich einmal unter dem Strahl und hatte schon, schwupp, meine Badehose wieder an. Wir waren danach noch ein wenig spazierengegangen und hatten über Gott und die Welt gesprochen, nicht aber über das, was uns unablässig bewegte. Ich hatte Helga noch nach

Hause gebracht in die Rosenthaler Straße, und es war spät geworden. Ich hatte mein Buschhemd an. Der Stern war verdeckt. Durch Seitengassen, die Gipsstraße, die Linienstraße, bog ich in die Artilleriestraße ein. Als ich mich der Elsässer Straße näherte, zog ich in einem unbewachten Moment die linke Seitentasche ab und war wieder Jude. Ich konnte das schon so perfekt, daß es nie auffiel. Kurz vor 8 Uhr bog ich in die Elsässer Straße ein. Bis zu unserem Haus waren es noch 150 Meter. Da sah ich sie.
Wir waren so sensibel geworden, daß wir Gestapo-Beamte von weitem rochen. Zwei Mann gingen auf unser Haus zu. Sie waren typisch gekleidet: Ledermäntel im militärischen Schnitt, Hüte, deren Krempe auch hinten nach unten gebogen war. Sie gingen im Gleichschritt. Sie betraten unser Haus. Es waren keine jüdischen Helfer dabei. Das konnte nur bedeuten, daß dies eine Aktion gegen die Eltern war. Wir waren dran!!!
Einen Augenblick überkam mich Panik, ich wollte weglaufen, irgendwohin, nur weg! Dennoch ging ich ins Haus, aber nicht zu unserer Wohnung, sondern in den menschenleeren Seitenflügel. – Soeben hatte ich mich noch mit einem Kuß von Helga verabschiedet, für den nächsten Tag verabredet. Aus! Ich war wie betäubt. Erst allmählich faßte ich mich, zitterte, fing an zu denken. Die Situation, tausendmal im Geiste erlebt, ähnlich schon ein paarmal durchgemacht, war wieder völlig neu, anders, schlimmer – schreckliche Wirklichkeit. Ich beruhigte mich und begann, nüchtern zu überlegen. –
Unsere gute Frida hatte einen jüngeren Bruder, Walter. Er mochte uns, wir verstanden uns. Er hatte bei seinem letzten Besuch gesagt, ich solle mich retten, er würde mir helfen. Er war Funker bei der Luftwaffe, Oberfeldwebel. Seine Frau, die uns auch mochte und keine Vorurteile gegen Juden hatte, war die Tochter eines Gutsbesitzers in Mecklenburg. Das Gut lag ganz einsam, und man wollte mich als einen taubstummen Russen anmelden. Man hatte zum Dorfschulzen so seine Beziehungen. Alles war geplant. Ich wußte

den Weg, die Bahnverbindungen, von dort zum Gut, ohne zu fragen, alles. Ich war gerettet. Ich würde es sicher schaffen!
Und meine Eltern??? Ich fragte mich allen Ernstes, ob ich damit fertig werden könnte, am Tod der Eltern mitschuldig zu sein. Sie kämen ganz sicher sofort ins Gas, wenn ich nicht dabei wäre. Ich versuchte, mir die Zukunft vorzustellen, das nebelhafte »DANACH«. Die Verantwortung lastete schwer auf dem noch nicht 18jährigen. So saß ich da, und die Zeit verrann. Erst war ich fest entschlossen, mich zu retten. Aber das Gefühl für meine Eltern war zwingend, in den letzten Jahren waren wir sehr zusammengewachsen. Was tun? Ich entschloß mich zu einem Kompromiß: Weglaufen, redete ich mir ein, könnte ich immer noch, auf dem Transport, aus dem Lager. Jetzt wollte ich meinem Vater erst einmal zur Seite stehen.
Die Gewißheit, ja noch weglaufen zu können, machte mich mutig, gab mir die Kraft zurück. Ich weiß noch, daß ich meine Kleidung glattstrich, die Patte, die den Judenstern verdeckt hatte, ganz eng zusammenrollte und nicht etwa wegwarf, sondern in die Hosentasche steckte. Vielleicht konnte ich sie noch einmal gebrauchen? (Ich nahm später das Buschhemd gar nicht mit.) Dann aber kämmte ich mir die Haare und ging mit energischem Schritt das letzte Mal in unsere Wohnung.
Sowie ich sie betrat, bekam ich eine mächtige Ohrfeige von einem Gestapomann. »Woher kommst du so spät?« brüllte er mich an, »es ist längst nach 8 Uhr.« Ich hatte die Frechheit zu antworten: »Im Sommer brauchen wir erst um neun zu Hause zu sein«, was schon lange nicht mehr stimmte. Er sah mich erstaunt an. Vater war beruhigt. »Junge«, sagte er, »daß du da bist!« Viel brauchten wir nicht zur Verständigung.
Es war ein warmer Vorsommerabend, dennoch zog ich rasch zweimal Unterwäsche an, zwei Pullover, zwei Anzüge, den Wintermantel. Dann nahm ich meinen Rucksack, der natürlich seit Wochen, seit Monaten gepackt war, auf den Rücken. Wir hatten noch ein kleines

Handwägelchen, auf das bereits die Koffer geschnallt waren. Der Weg zur Großen Hamburger Straße, oft gegangen, war nicht weit. Doch wir mußten erst zu einem Polizeirevier. Dort warteten noch mehr abgeholte Juden. Gerade als ich kam, fiel vor mir ein Mann um. Er war um die 60, ehemaliger Bankdirektor. Er fiel mir direkt in die Arme. Ich legte ihn vorsichtig nieder. Die Aufregung war zuviel für ihn. Er starb einen herrlichen Tod. Seine Frau beugte sich zu ihm, nahm ihm seine Armbanduhr ab und gab sie mir. »Er braucht sie nicht mehr«, sagte sie gefaßt. Eine bewundernswerte Frau, die immer Dame blieb, wie wir später noch oft feststellen konnten.

Ich band mir die Uhr mit dem viel zu weiten Armband um den Oberarm. Dort trug ich sie die ganze KZ-Zeit über, ohne daß sie entdeckt wurde.

Voller Angst kamen wir spätabends in der Großen Hamburger an. Ich legte mich auf einen Strohsack, zog mir eine Baumwolldecke über den Kopf und gab mich dem ganzen Elend hin. Ich war so verzweifelt, so voller Panik. Alles in mir lehnte sich gegen dieses Schicksal auf. Schon halb irr, fragte ich mich immer wieder, weshalb ich nicht gekämpft hatte, weggelaufen war. Vergaß dabei völlig meine Eltern, die Verantwortung ihnen gegenüber, wollte mich nicht in das Unabänderliche schicken. Ich weinte unter der Decke hemmungslos, weinte stundenlang, bis ich erschöpft einschlief.

Am nächsten Morgen mußten wir zum Registrieren: Auschwitz! Wir bekamen eine Nummer, einen anderen Schlafsack in einem anderen Raum. Ich war nun gefaßter, schickte mich in mein Schicksal. Am Nachmittag desselben Tages, der nächste Zufall? Vater ging über den Flur zur Toilette, als ihm der Kriminalassistent Sasse entgegenkam. »Scheurenberg, was machst du hier? Helfer oder Häftling?« – »Häftling.« – »Auschwitz?« – »Auschwitz.« – »Warte hier«, sagte Sasse. Vater wurde nach einer halben Stunde hinuntergerufen, und es wurde ihm mitgeteilt, daß wir nach Theresienstadt kämen. Also noch einmal registrieren, Nummern abgeben, neue Nummern anmachen an Gepäck und Mantel.

Dann kam der infame Trick der Nazis, mit dem sie uns rechtlosen Menschen ganz legal auch noch das letzte abnahmen. Sie ließen uns HEIMEINKAUFSVERTRÄGE unterschreiben. Darin verpflichteten sie sich, für unsere Unterbringung und Verpflegung zu sorgen, wir unsererseits hatten ihnen unseren ganzen Besitz zu überschreiben. Der »Vertrag« enthielt auch eine Generalvollmacht. Danach konnten sie für uns, sprich für sich, alle noch ausstehenden Forderungen eintreiben, hatte man z. B. noch Lohn zu bekommen, kassierten sie ihn. Wir hatten von der 1940 verstorbenen Großmutter ein paar hundert Mark geerbt, die wir als eiserne Reserve betrachteten. Die durften wir jetzt für unsere »Zukunftssicherung« dem Staat »freiwillig« überlassen.
Die Nummern, die wir bei der Registrierung bekamen, waren so geschickt ausgeklügelt, daß der Übernehmende am Ankunftsort sofort wußte, mit welchen Leuten er es zu tun hatte. Wäre ich z. B. nicht mit meinen Eltern mitgegangen, so wären sie nach Auschwitz gekommen. Dort hätte man sofort an Hand der Nummern gesehen, daß sie nicht »koscher« sind, weil ein Familienmitglied flüchtig ist. Das hätte ihre Vergasung zur Folge gehabt. Allerdings hatten sie in ihrem Alter, Mitte Vierzig, sowieso kaum eine Chance. Doch soviel wußten wir: In Theresienstadt wurde NOCH nicht vergast.
Wir zogen in die oberste Etage zu den Theresienstädtern. Es waren überraschend viele junge Leute mit ihren Eltern dabei. Wir freundeten uns schnell an, saßen zusammen, diskutierten, wogen unsere Chancen ab, sprachen über Flucht, Überleben. Ich war nicht mehr allein, alle hatten ähnliche Gedanken, die gleichen Probleme. Man durfte nur nicht aus dem vergitterten Fenster sehen, dann konnte man wahnsinnig werden.
Am Nachmittag tat ich es doch. Und da sah ich sie stehen: Lisa – Frida – Helga. Frida hatte Essen für uns abgegeben, die gute Seele. Ich konnte gar nichts essen. Papa auch nicht, ihn hatte jetzt erst das ganze Elend überkommen. Ich redete stundenlang auf ihn ein. Mit feuchten Augen stierte er vor sich hin. Gott sei Dank hatte er noch

Zigaretten bei sich. Er war ein leidenschaftlicher Raucher. Nach dem Krieg gestand er mir, er hätte in Theresienstadt oft seine Zuckerration, es gab 100 g im Monat, gegen Zigaretten eingetauscht. Dabei stand in Theresienstadt auf Rauchen die Todesstrafe.

Nachdem Vater sich am nächsten Tag wieder etwas gefangen hatte, suchte er Verbindung zu Kriminalassistent Sasse. Er wollte noch einmal versuchen, uns freizubekommen. Doch dieses Mal konnte er uns nicht helfen. Aber Sasse verschaffte uns eine Vergünstigung, die wohl einmalig war. Wir mußten es streng geheimhalten: Vater bekam für einen Tag Urlaub auf Ehrenwort, ich für einen anderen. Vater durfte nach Hause gehen, um einige wichtige persönliche Dinge zu regeln. Dort packte er noch alles mögliche zusammen und bestellte einen kleinen Pferdewagen für den Tag, an dem ich frei war, also für den nächsten. Als er am späten Nachmittag wieder ins Lager kam, war er völlig aufgelöst. Noch einmal durfte er seine ihm so vertraute Umgebung sehen. Dabei hatte er doch schon mit allem abgeschlossen.

Die Verzweiflung überkam ihn aufs neue. Er legte sich in eine Ecke und weinte hemmungslos. Am nächsten Morgen hatte er sich wieder gefangen. Nun galt seine ganze Sorge mir. Ob ich zurückkäme? Ich mußte es ihm fest versprechen. Er hatte doch sein Ehrenwort gegeben. Ich versprach es, doch muß ich gestehen, daß mir der Gedanke an Flucht sehr nahelag. Die Angst, von Theresienstadt nach Auschwitz zu kommen, ließ mich nicht los. Da wäre ich schon lieber ein taubstummer russischer Fremdarbeiter in Mecklenburg geworden.

Aber ich hatte ein Versprechen gegeben, und daher fiel mir die Rückkehr nicht so schwer. Ich wußte, wie es in der Großen Hamburger zugeht, kannte viele Menschen dort und hier, hatte Freunde gefunden. Mit dem Leben in Freiheit, das ja in den letzten Jahren nur ein Leben in Unfreiheit gewesen war, hatte ich abgeschlossen. Was mich erwartete, wußte ich nicht, aber die Angst, abgeholt zu werden, war nun verschwunden.

LEIF ROSENSTOCK

Flucht über die Ostsee

In der Nacht vom 1. zum 2. Oktober 1943 begann die deutsche Polizei mit der Verhaftung der in Dänemark lebenden Juden. Berichte über die geplante Deportation wurden aus verschiedenen deutschen Quellen an dänische Kreise weitergegeben. Die dänischen Kirchenführer riefen das Volk zur Hilfe für die Juden auf; aus Protest schlossen die Universitäten für eine Woche. Nachdem die schwedische Regierung ihre Bereitschaft erklärt hatte, alle Flüchtlinge aus dem Nachbarland aufzunehmen, begann eine einzigartige Rettungsaktion. Innerhalb von drei Wochen wurden 7200 Juden und etwa 700 nichtjüdische Verwandte über die Ostsee nach Schweden gebracht. Die Kosten der Operation wurden teilweise von den Juden selbst, zu großen Teilen von den Dänen getragen. 481 Juden konnten nicht entkommen und wurden nach Theresienstadt deportiert, wo 53 von ihnen den Tod fanden. Die Weigerung des dänischen Volkes, seine jüdischen Mitbürger an die Deutschen auszuliefern, war Ausdruck eines hohen moralischen und politischen Verantwortungsbewußtseins. Mit dieser Haltung unterschied sich Dänemark von allen anderen Ländern unter deutscher Herrschaft. Dänische Fischer verhalfen auch dem siebzehnjährigen LEIF ROSENSTOCK zur Flucht nach Schweden.

»Am 1. Oktober ging ich wie immer zur Arbeit, das tat mein Vater, der Kleinschmied war, auch. Am Vormittag rief mich mein Chef und fragte, ob ich etwas von bevorstehenden Judenverfolgungen gehört hätte. Das hatte ich nicht. Er schickte mich zu einem jüdischen Schneider, um Kleider zu holen. Ich erinnere deutlich, wie nervös dieser war, und da begann ich, Verdacht zu schöpfen, daß etwas Schlimmes bevorstand. Am gleichen Tag kam mein Onkel und warnte uns, daß etwas geschehen würde, und später eine

ältere Dame mit ihrem Enkel und fragte, ob wir ihr helfen könnten. Doch in der Nacht schliefen wir zu Hause.
Meine Tante erzählte, daß sie Klopfen gehört habe, und mein Vater sagte, daß er in der Nacht aufgewesen sei, und er habe gesehen, wie einige Männer in das Haus gegenüber eindrangen, in dem der jüdische Schneider wohnte. Doch dieser war nicht da. Erst viel später erfuhr ich, daß die Männer auch unseren Hauswart geweckt und gefragt hatten, ob hier Juden wohnten. Doch er sagte: »Die Vögel sind ausgeflogen.«
Da war uns klar, daß wir wegmußten. Mein Vater hatte die Erlaubnis bekommen, vorläufig auf dem Dachboden eines Arbeitskameraden zu wohnen. Er und ich fuhren auf dem Fahrrad dorthin, die übrige Familie mit dem Zug. Ich kann mich erinnern, daß vor uns ein Lastwagen mit deutschen Soldaten fuhr, doch sie nahmen uns nicht zur Kenntnis. In das Haus kam ein junger Mann, der der Frau Englisch-Unterricht gab. Er arbeitete illegal in der Widerstandsbewegung und war bereit, uns zu helfen. Meine Schwester und ich folgten ihm zu einer Pfadfinderhütte in einem Wald, wo wir eine Woche lang wohnten. Wie wir uns die Zeit vertrieben, kann ich mich nicht mehr erinnern. Aber einmal versuchten wir, auf einem See zu rudern. Es hätte ja sein können, daß wir nach Schweden rudern müßten, doch ich war ein sehr schlechter Ruderer, und wir wären nie ans andere Ufer gekommen.
Mein Vater fuhr jeden Tag in seinem Arbeitsgewand in die Stadt, um nach Kontakten zu suchen, die uns nach Schweden helfen konnten. Es muß der 10. Oktober gewesen sein, als er endlich kam und sagte, daß es nun geglückt sei. Wir fuhren zur Haushaltshilfe meines Großvaters und ihrem Mann. Die beiden hatten eine Lottostelle. Dorthin würde ein Mann kommen und um 500 Lose bitten. Das war das Lösewort, dann mußten wir weg. Als es soweit war und wir aus dem Haustor traten, gingen auf der anderen Straßenseite ein paar Deutsche in schwarzen Uniformen vorbei, und meine Mutter machte das Schlimmste, was sie tun konnte: sie lief zurück. Doch wir konnten sie beruhigen, und nichts geschah.
Wir wurden zu einer Villa gebracht, wo wir warten mußten, bis es

dunkel war. Dann kamen wir in ein anderes Haus, das als Sammelstelle diente. Wir bekamen Nerven- und Schlaftabletten, aber ich konnte nicht schlafen. Endlich kam ein Polizist und gab das Zeichen zum Aufbruch. Wir fuhren zu einem kleinen Hafen, 20 bis 30 Menschen, davon einige Kinder. Einer nach dem anderen gingen wir langsam zu einem Geräteschuppen. Die Tür wurde abgeschlossen. Da standen wir in völliger Dunkelheit und wußten nicht, wann die Tür wieder aufgehen und wer sie öffnen würde. Ein Kind begann zu weinen. Jemand sagte: »Erwürg das Ding!« Einen Augenblick drohte Panik, aber dann schwieg das Kleine.

Endlich ging die Tür auf, und ein freundlicher Mann sagte uns, wir sollten einzeln ganz ruhig zu einem Boot gehen, das am Kai lag. Wir hatten nichts mit außer dem, was wir anhatten, und wir hatten für die Fahrt nichts gezahlt. Das hatte eine dänische Frauenhilfsgruppe für uns getan. Das Schiff war ein kleines Fischerboot, wir legten uns in den Laderaum. Über uns wurde eine Plane gelegt, und wir lagen so eng, daß wir auf der Seite liegen mußten, ohne uns umdrehen zu können. Von der Plane tropfte das Wasser. Es lief in mein Ohr, doch ich konnte den Kopf nicht bewegen. Hinter mir lag ein junger Mann, und ich bildete mir ein, eine Pistole zu spüren, doch das kann meine Phantasie gewesen sein.

Plötzlich, wir waren vielleicht eine halbe Stunde unterwegs, merkte ich, daß das Schiff nicht mehr fuhr. Wir lagen zehn, fünfzehn Minuten still, und ich hatte große Angst. Später erfuhr ich, daß ein deutsches Patrouillenschiff vorbeigefahren war und daß unser Kahn bei einer Insel Schutz suchte. Jedenfalls kamen keine deutschen Soldaten an Bord. Dann hörte ich wieder unseren Motor, und wir fuhren weiter. Nach einer weiteren halben Stunde sagte jemand: »Nun könnt ihr raufkommen!« Wir hatten schwedisches Fahrwasser erreicht, und vor uns lag der Hafen von Linhamn. Dort nahm uns ein uniformierter Mann freundlich in Empfang. Meine Mutter erschrak. Sie sah seine grüne Uniform und glaubte, es sei ein Deutscher. Doch es war ein schwedischer Zöllner, und er sagte: ›Willkommen in Schweden!‹ «

PHILOMENA FRANZ

Man hat mir die Flügel gestutzt

PHILOMENA FRANZ, geboren 1922 in Biberach, wurde 1943 durch den Deportationsbefehl aus der großen Sinti-Familie, in der sie sich geborgen fühlte, brutal herausgerissen. Sie überlebte die Lager Auschwitz, Ravensbrück und Sachsenhausen.
Nach der Befreiung waren die Leiden nicht zu Ende: Alpträume und Depressionen ließen sie nicht los. Philomena Franz, die fast alle Angehörigen verlor, mußte nach dem Krieg lange Zeit um eine kleine materielle »Wiedergutmachung« kämpfen.

Immer mehr wurde unsere Freiheit eingeschränkt. Wir durften die Stadt nicht mehr verlassen. Auf dem Land sah man keine Zigeuner mehr. Pferde und Wagen mußten für wenig Geld verkauft werden. Unsere ganze Lebensweise, unsere ganze Tradition verschwand von einem Tag auf den anderen, weil uns der Rest von Freizügigkeit noch genommen wurde. Wir wurden herausgerissen, total aus den Angeln gehoben. Wir Sinti entwickelten übermenschliche Kräfte, hatten nur noch einen Gedanken, die

Kinder zu retten. Dann hieß es, die Sinti dürfen sich nicht mehr mit deutschen Frauen oder Männern einlassen. Wer ertappt wird, kommt ins KZ.

Von diesen langen Schatten wurden viele wunderschöne Erinnerungen überlagert. Die eigentliche Diskriminierung hatte schon angefangen. Wie oft weinte ich abends. Ich war ja keine Arierin, und die Mädchen aus meiner Schulklasse, die meinen Schmerz spürten, die waren entsetzt, und sie weinten mit mir. Die harte Realität kam auf uns zu. Ich fühlte mich so verloren und so einsam. Ich war ja doch ein junger Mensch. Ich wollte doch auch gerne lustig und fröhlich sein. Aber ich konnte gar nicht mehr lachen. Ich hatte immer ein ernstes Gesicht. [. . .]

1938 mußte ich die Mittelschule verlassen, nur weil ich Zigeunerin war. Ich wurde in einer Munitionsfabrik eingesetzt und stellte in Akkordarbeit Munition her. Schreckliche Tage und Nächte erlebte ich. Ich hatte Angst, ob ich meinen Akkord schaffen würde. Und eine innere Stimme sagte mir immer wieder: Philomena, du mußt es schaffen, mag kommen, was will.

Von 6 Uhr früh bis abends um 6 Uhr arbeitete ich. Zu Hause kam ich hungrig und ausgelaugt an und war nur von dem einen Gedanken erfüllt: Ja, was wird wohl morgen sein? Wird man mich morgen zur Geheimen Staatspolizei bringen, bin ich übermorgen schon in einem Konzentrationslager . . .?

Diese schreckliche Ungewißheit brachte mich fast um. Ich litt sehr darunter, daß ich nach sechs Monaten schon von der weiterführenden Schule hatte gehen müssen. Meine Lehrer konnten nicht verhindern, daß ich in der Rüstungsindustrie statt dessen zwangsverpflichtet wurde. Ich war ja keine Arierin, obwohl kurz vorher noch festgestellt worden war, ich sei eine reinrassige Inderin. Was verstanden denn die Leute damals unter Ariern? Eben das, was sie verstehen wollten. Eine sehr traurige Zeit. Ich hatte mich in Stuttgart schon eingelebt, hatte Freundschaften geschlossen, besonders mit einem gleichaltri-

gen Mädchen. Wir waren zusammen schwimmen gegangen, wir hatten zusammen unsere Hausaufgaben erledigt.
Als ich von der Schule gewiesen wurde, weinten viele meiner Mitschülerinnen. Aber nach einiger Zeit sah ich meine »beste Freundin« wieder. Damals trug sie schon die Uniform des Bundes Deutscher Mädel. Ich war wie erstarrt. Ich schlug verzweifelt die Hände vor mein Gesicht und fing an zu weinen. Sie konnte nur den Kopf schütteln und andeuten, daß ihr Vater es so gewollt hatte.
Sie kam nahe an mich heran und sagte: »Ob du es glauben willst oder nicht, wir bleiben doch zusammen, wir bleiben doch Freundinnen.« Aber ich schüttelte den Kopf. Die Uniform stand zwischen unserer Freundschaft. Mich überkam ein großes Gefühl der Einsamkeit. »Glaube mir doch«, sagte sie, »schließlich trage ich lieber ein Kleid als diese Uniform.« Sie hielt bis zu meiner Deportation zu mir. [. . .]

Und dann kam das Leid, wie ein Schlag mit einem Hammer – mitten ins Gesicht. So stark, daß ich mein ganzes Leben lang brauche. Daß ich ihn wohl nie überwinden werde.
Man schreibt den 27. März 1943, 8 Uhr früh. Ich arbeite in einer Fabrik, bin seit 1940 dienstverpflichtet. Unter schwersten Bedingungen, 21 Jahre alt.
Ich werde abgeholt.
Die SS-Leute behandeln mich höflich. Ich beginne trotzdem am ganzen Körper zu zittern. Ein SS-Mann, etwa 30 Jahre alt, nimmt mir die Handschellen ab. Ich darf eine Zigarette rauchen. Seine Blicke verraten mir, was mich erwartet. Heute noch muß ich oft an diesen jungen Mann denken. Durch ihn wird mir bewußt, daß nicht alle schuld sind.
Ein kahler Raum. Ich sitze auf einer Bank, blicke aus dem Fenster. Der Himmel ist grau. Dicke Schneeflocken fallen zur Erde. Aber ich denke nur: »In wenigen Augenblicken wird man mich zum Tod verurteilen.« Nicht in einem normalen Gerichtsverfahren.

Mein Todesurteil heißt Auschwitz. Der Name ist mir geläufig. Mein Vater war dort gestorben. Einige Geschwister waren dort getötet worden.
Der junge SS-Mann sieht meinen Zustand und beruhigt mich: »Seien Sie jetzt tapfer. Nur nicht den Mut verlieren. Es wird schon nicht so schlimm werden.«
Ein Wachtmeister öffnet die Tür. Wir gehen durch eine große, weit geöffnete Flügeltüre. Alle stehen. Der Gestapo-Beamte blickt mir in die Augen. Ich habe von ihm gehört. Er ist bekannt dafür, daß er die Konzentrationslager Auschwitz, Dachau, Buchenwald und andere gut versorgt.
Er vertritt jetzt das Gesetz. Nichts ist menschlich an ihm. Die Gerechtigkeit ist nur auf seiner Seite. Die Gerechtigkeit der Nazis. Am Jackett trägt er das Parteiabzeichen.
Ich weiß nicht, warum. Aber mein erster Gedanke ist, ja, ich frage, ob meine Mutter mir meinen Mantel bringen darf. In Sekundenschnelle steht er auf, schreit mich an: »Du brauchst keinen Mantel. Du bekommst jetzt Strohschuhe, wie alle deine Artgenossen. Und dann ab nach Auschwitz. Dort gibt es einen schönen großen Ofen für euch Zigeuner.«
Mich überfällt kalte Todesangst, Zigeuner und die Juden sind also nicht in einem Arbeitslager, wie die meisten der sogenannten Fremdarbeiter. Sie gehen nicht am frühen Morgen in die Fabrik. Sie gehen in die Vernichtung, werden umgebracht. An jenem Tag habe ich mit der Kraft, mit der wenigen Kraft, die mir noch blieb, gespürt, daß mich mit den Juden eine große Solidarität verbindet. Erst jetzt wird es mir bewußt.
Ich empfinde Angst, sorge mich um Zigeuner und Juden. Natürlich auch um mich. Aber wir alle werden ja mit dem gleichen Haß und der gleichen Gründlichkeit geopfert.
Ich stehe vor ihm. Ich bin aus der menschlichen Gesellschaft ausgestoßen. Noch heute höre ich ihn ganz deutlich sprechen. Sie sind ja nur Parasiten, Volksschädlinge, Feinde der Gesellschaft. Und ich bin

unschuldig, trotzdem verurteilt und für immer ausgestoßen. Was wissen diese Leute vom Leben! Also auf nach Auschwitz.
Der junge SS-Mann ist fassungslos. Er ist verwirrt, entsetzt über das Urteil. Und ich meine, er schämt sich. Ich stehe stumm vor ihm, als er mich ins Gefängnis bringt. Das Herz bricht mir fast, und ich könnte vor Angst aufschreien, doch mein Mund bleibt stumm.
Nach sekundenlangem Schweigen gibt er mir die Hand: »Eine Frau, so schön wie du, ist nicht einfach sterblich. Es tut mir von ganzem Herzen leid. Ich bin mitschuldig geworden.«
Ich fühle, er ist genauso einsam wie ich.
Seitdem diese Worte gesprochen wurden, sind 40 Jahre vergangen. Aber ich weiß noch jedes Wort, das damals fiel.
Dann der Transport. Durch unzählige Gefängnisse. Zwischenstation in Dresden. Es ist kalt, als wir ankommen.
»Eins, zwei, drei, kehrt . . .«
Das endlose Hin und Her zwischen Zellentür und Gefängnishof.
Tagsüber darf man sich nicht hinlegen.
Um fünf Uhr morgens ein schriller Pfiff.
Aufstehen. Betten machen, waschen, herumgehen, sitzen auf dem Klappstuhl an der Wand.
Am Abend sehe ich durch das kleine Fenster den Gefängnishof unter der weißen Schneedecke liegen. Der Mond am Himmel ist für mich wie eine große Laterne. Er spendet Licht für diese ungerechte Welt. Diese Zelle ist unsere Welt. Wer hat uns verboten, wer bestimmt, daß wir nicht aus dem Fenster sehen dürfen?
Ich bin ein Vogel, kann nicht fliegen. Man hat mir die Flügel gestutzt.
Am Fenster vorbei fliegt eine Drossel, läßt sich nieder.
In Gedanken stecke ich ihr einen Zettel mit einem Gruß an meine Mutter zu und scheuche sie weg.
Aber die Wirklichkeit ist anders. Nie mehr wird meine Mutter eine Nachricht von mir erhalten.
Tagelang gehe ich wie betäubt durch die Zelle. Ich kann einfach nicht glauben, daß ich von meiner Mutter getrennt bin.

Und dann die Fragen, warum tun die Nazis das? Meine Mutter war für mich so wichtig, so unendlich wichtig, seit ich denken kann. Sie gab mir den Halt.
Ganz gleich, was immer auch geschehen ist, sie war für mich immer da. Und das war für mich selbstverständlich. Oft meine ich, der Schmerz würde mich zerreißen. Ich würde an der Trennung zerbrechen. Gleichzeitig stelle ich mir vor, sie ist plötzlich in der Zelle, lächelt mich an. Oder ich höre ihre Stimme durch die dicken Wände.

HILDE SHERMAN-ZANDER

Transport nach Riga: 10. bis 14. Dezember 1941

Die 1923 geborene HILDE ZANDER entstammt einer jüdischen Familie, die seit vierhundert Jahren im Rheinland lebte. Vor ihrer Deportation heiratete die Achtzehnjährige den aus dem KZ Sachsenhausen entlassenen Kurt Winter. Zwei Wochen nach der Hochzeit sah sie ihren Mann zum letzten Mal: Wenige Tage nach seiner Ankunft in Riga wurde er zusammen mit 12 000 Männern umgebracht. Im Ghetto von Riga vegetierte Hilde Zander von Dezember 1941 bis Oktober 1944 in der ständigen Nachbarschaft des Todes. Den Mord an ihrer gesamten Familie und an allen ihren Freunden mußte sie ertragen. Nach Hamburg-Fuhlsbüttel verlegt, entkam sie erst im April 1945 nach Schweden, todkrank und zum Skelett abgemagert.
Fünf Monate verbrachte sie in schwedischen Kliniken. Zusammen mit dem lettischen Juden Willy Sherman, den sie im Ghetto von Riga kennengelernt hatte, fand Hilde Sherman-Zander in Kolumbien ein neues Zuhause.

Es war der 10. Dezember 1941. Nachmittags kam der Zug in Düsseldorf an. Die Türen wurden aufgemacht, von außen, und die Polizei sagte uns, wir sollten die Koffer stehenlassen, sie würden mit Lastautos nachgebracht. Wir wurden zu Fuß in den Schlachthof geführt. In einer endlosen Kolonne zogen wir in der Dämmerung in der Mitte der Straße dahin. Keine Menschenseele war zu sehen. Aber die Gardinen der Fenster bewegten sich, so daß wir wußten, daß die Bevölkerung sah, was geschah. Dann konnten die älteren Leute ihr Gepäck nicht mehr schleppen. Sie warfen Rucksäcke und Handtaschen einfach von sich. Wenn man zurücksah, war der Weg gesäumt von Habseligkeiten. Die jungen Leute luden sich auf, was sie konnten, aber alles zu tragen war unmöglich, zumal man den Alten bald helfen mußte; sie torkelten und konnten sich kaum auf den Füßen halten.

Am Eingang zum Schlachthof wurden junge Leute zurückgehalten, die den ganzen Weg zurückgehen und die verstreuten Gepäckstücke aufsammeln mußten. Mein Mann war unter ihnen.

Ich drehte mich um, wollte ihm etwas zurufen, als ich plötzlich einen Stoß in den Rücken bekam und die schmale Treppe in den Schlachthof hinunterstürzte. Diesen Augenblick werde ich im Leben nicht vergessen: Oben auf der Treppe stand P., ein hoher Gestapobeamter. Mit wutverzerrtem Gesicht brüllte er hinter mir her: »Auf was wartest du noch? Auf die Straßenbahn? Die fährt für dich niemals mehr.«

Ich war wie benommen. Es war das erste Mal in meinem Leben, daß ein Fremder mich stieß. Die Ohrfeigen meiner Mutter waren wirklich alle redlich verdient gewesen. Deshalb hatte ich meine Mutter genauso gern wie vorher. Das einzige Mal, als mein Vater mir eine Ohrfeige gab, war ich tief beleidigt, meine Oma verteidigte mich, und zum Schluß tat es meinem Vater mehr weh als mir.

Dieses war das erste Mal, daß ein Fremder mich anrührte. Und duzte.

Der Anfang war gemacht.

In Düsseldorf.

In Deutschland.

Wie sollte das weitergehen? Und in einem fremden Land?

Die jungen Leute kamen mit dem restlichen Gepäck zurück. Dann wurden wir nach dem Alphabet aufgerufen. Männer und Frauen mußten ihre Rucksäcke abgeben, sie wurden von den Gestapoleuten durchwühlt.

Rechts wurden die Männer untersucht, links die Frauen. Ich trat in eine provisorische Kabine. Die Beamtin sagte mir, ich solle mich

ausziehen. Es dauerte eine ganze Weile, denn ich trug doppelte Kleidung unter dem Mantel: zwei Strickjacken, zwei Pullover, zwei Blusen, dreifache Unterwäsche, eine Skihose und drei Paar Socken in den Stiefeln. Dann stand ich nackt vor einer Fremden. Zum ersten Mal in meinem Leben.
In Düsseldorf.
In Deutschland.
Sie hieß mich, meine Sachen wieder anzuziehen, und nahm mir meinen hellblauen Angorapullover weg. Beim Verlassen der Kabine wurde mir mein Rucksack zurückgegeben. Es fehlte die Schreibmappe, die Ruth* mir zum Abschied geschenkt hatte, aus dunkelblauem und rotem Bastgewebe. Sie hatte sie selbst gemacht. Mit der Mappe waren Füller und Drehbleistift verschwunden.
Es war das erste Mal in meinem Leben, daß ich bestohlen wurde.
In Düsseldorf.
In Deutschland.
Dann standen wir die ganze Nacht im Schlachthof herum. Der Boden war naß, es war kalt, und die Feuchtigkeit kroch die Glieder hoch. Die Frostbeulen an meinen Füßen begannen zu schmerzen, aber ich wagte nicht, meine Stiefel auszuziehen, denn immer wieder mußten wir antreten und wurden dazu nach dem Alphabet aufgerufen.
In den Steintrögen des Schlachthofs lagen Babys und Kleinkinder und weinten die ganze Nacht, wahrscheinlich vor Kälte.
Gegen vier Uhr morgens wurden wir hinausgeführt. Es war sehr kalt, und wir drängten uns aneinander, um uns gegenseitig zu wärmen.
Dann nahmen uns die Gestapoleute die Taschenlampen ab. Plötzlich schlugen sie einem jungen Mann mit einem Gummiknüppel über den Kopf. Er sackte zusammen und blieb auf der Rampe liegen. Dort lag er drei Stunden später immer noch, der erste Tote unseres Transports.
In Düsseldorf.
In Deutschland.

* Hildes jüngere Schwester

Als die Morgendämmerung einsetzte, fuhr ein Zug vor. In die beiden letzten Waggons wurden unsere Koffer verladen. Wir kamen in Personenabteilen unter, acht Personen in einem Abteil: meine Schwiegereltern, meine Schwägerin Grete mit ihrem Mann Alfred Cohnen, Alfred und Herbert Winter, Kurt und ich. Im Nebencoupé drängten sich Familie Herzog und weitere sechs Personen, alle aus Krefeld.
Gegen neun Uhr setzte sich der Zug langsam in Bewegung. Es war der 11. Dezember.
In unserem Abteil herrschte eine Bullenhitze. Wir alle fielen in Halbschlaf, der keine Erquickung brachte. Am späten Nachmittag fuhr der Zug in Berlin ein, am Anhalter Bahnhof. Wir durften nicht aussteigen, um Wasser zu holen.
Am nächsten Morgen fuhren wir endlich weiter. Fast alle hatten die Schuhe ausgezogen, weil die Beine bei der Hitze im Abteil geschwollen waren und feuerrot bis zu den Knien. Fanny, meine Schwiegermutter, Herbert und Kurt hatten Fieber und entsetzlichen Durst. Ich war die einzige im Abteil, die nicht gewagt hatte, die Stiefel auszuziehen, aus Angst, sie wegen der Frostbeulen nicht wieder anzukriegen.
Gegen Mittag blieb der Zug auf offener Strecke stehen, kurz hinter Schneidemühl. Die Begleitmannschaft riß die Türen auf und erlaubte uns auszusteigen, um Schnee zu sammeln, zum Auftauen als Trinkwasser.
Ich konnte eine Menge Kochgeschirr mit Schnee füllen und zum Abteil hinaufreichen und war glücklich, kurze Zeit die frische Luft und die herrliche Sonne zu fühlen. Welch ein Glück, daß ich die Stiefel nicht ausgezogen hatte! So hatten wir Trinkwasser im Abteil.
Sobald alle Schneesammler eingestiegen waren, setzte sich der Zug wieder in Bewegung. Aber in entgegengesetzter Richtung. Dahin, woher wir gekommen waren! Keiner hatte eine Ahnung, was das bedeuten sollte. Bei jeder Biegung konnten wir sehen, daß die beiden

letzten Waggons mit unseren Koffern noch angehängt waren. Welch eine Beruhigung . . .

Knapp zwei Stunden später hielten wir abermals auf offener Strecke. Erst kurz nach Mitternacht setzte sich der Zug wieder in Bewegung und fuhr nun durch bis Insterburg. Dort hielten wir am Bahnhof und durften Wasser holen. Am Ende des Bahnsteigs sah ich einen Briefkasten; es gelang mir, eine Postkarte, die ich an meine Eltern geschrieben hatte, einzuwerfen, ohne erwischt zu werden. Die Leute aus anderen Waggons, die wir bei den Wasserleitungen trafen, sagten uns, daß der ganze Waggon voller Kinder ungeheizt sei. Mehrere hatten bereits Erfrierungen erlitten. Und in unserem Abteil gingen wir fast ein vor Hitze.

Nachdem der Zug Memel passiert hatte, veränderte sich das Bild zusehends. Jetzt fuhren wir durch öde, eintönige, trostlose Winterlandschaft. Nur ab und zu tauchte eine Kate auf, mit tief heruntergezogenem Dach, das von der Schneelast fast erdrückt wurde. Daneben ein Ziehbrunnen. Manchmal standen die Bewohner vor ihren Häusern, tief vermummt in Schafspelze, Pelzmützen auf dem Kopf; die Frauen trugen dicke Kopftücher, alle hatten Filzstiefel an. Ein unglaublich deprimierender Anblick.

Wenn das die »arische« Zivilbevölkerung Litauens war, was sollte dann aus uns Juden werden? Und weit und breit nur Schnee, Schnee, Schnee . . .

Als es dunkel wurde, blieb der Zug in der Einöde stehen. Gegen Morgen fuhren wir weiter, um nach ein paar Stunden wieder anzuhalten. Als es hell wurde, sahen wir, daß wir an einem winzigen Bahnhof standen. Keiner hatte eine Ahnung, wo wir uns befanden. Es war bitter kalt. Aber die Sonne ging auf und tauchte die ganze Landschaft in gleißendes, bläuliches Licht.

Gegen neun Uhr hörten wir Hundegebell, dann sahen wir die SS kommen. Sie pflanzten sich an beiden Seiten längs des Zuges auf. Die Türen wurden aufgerissen: »Alles raus, aber schnell!«

Dann mußten wir die Abteile saubermachen, mit bloßen Händen.

Wir wurden in Fünferreihen aufgestellt. Dann fuhr Obersturmführer K. vor, mit seinem Adjutanten »Gymnich« und einem Schäferhund. K. stellte sich in Positur: »Ich bin euer Ghettokommandant, vom Ghetto in Riga, Lettland. Abteilung – marsch!«
Ein Mann aus unserem Transport, ein Herr Meyer, der bei seiner Frau stand und seine zwei kleinen Jungen von ungefähr drei und fünf Jahren auf den Armen trug, ging auf K. zu und fragte sehr höflich: »Herr Kommandant, ist es sehr weit bis zum Ghetto?«
Statt jeder Antwort hob K. seinen schwarzen Krückstock mit silbernem Knauf und schlug Herrn Meyer damit ins Gesicht. Die beiden Kinder fielen auf den Boden, der Schäferhund sprang Meyer an und riß ihn um. K., Gymnich und Schäferhund drehten sich um, bestiegen ihr Auto und fuhren davon. Herrn Meyers Mund war eine blutige Masse, seine beiden Vorderzähne waren eingeschlagen.
Unser Transport setzte sich in Bewegung: 1.079 Menschen. Wie eine endlose Schlange wälzte er sich durch die Schneelandschaft.
Die Bevölkerung zeigte sich an den Haustüren, sehr passiv und ablehnend uns gegenüber. Nur wenn irgendwer sein Handgepäck nicht mehr tragen konnte, versuchten sie, es an sich zu nehmen. Die SS schaute dann geflissentlich weg.
Endlich tauchten von weitem niedrige, verkommene Holzhäuser auf, dazwischen stand ab und zu ein Steinhaus. Wir waren in der Altstadt von Riga, in der sogenannten Moskauer Vorstadt. Alle waren sehr erschöpft, der Schnee begann, in der Sonne zu tauen, es herrschte fürchterliches Glatteis, wie wir es noch nie erlebt hatten. Nach einer Weile bog die Kolonne scharf nach rechts ab, es ging über einen winzigen Hügel nach links auf eine menschenleere Straße, dann wurden Tore hinter uns geschlossen, und wir waren am Ziel: im Ghetto von Riga, Lettland.
Die Wachmannschaft der SS formierte uns in Reih und Glied. Schließlich fuhren K. und Gymnich vor. Zwei große Brettertische wurden vor uns aufgestellt, und K. bellte: »Alle Schmuckgegenstände abgeben, Uhren und Eheringe ebenfalls. Pelze auch!«

Es entstand ein gewaltiges Durcheinander, in dem es mir gelang, meine Armbanduhr höher hinaufzuschieben. Unsere Eheringe waren aus Stahl, wir hatten keine goldenen mehr kaufen dürfen.
Dann wurden wir wieder geordnet und bekamen zu hören: »Folgendes ist bei Todesstrafe verboten:
Juden dürfen keine Wertgegenstände besitzen.
Juden dürfen das Ghetto nicht verlassen.
Juden dürfen durch den Stacheldraht keinen Kontakt mit der Zivilbevölkerung aufnehmen.
Juden dürfen keinen Tauschhandel treiben.
Juden dürfen keine Kinder gebären.
Juden dürfen keine Post empfangen oder absenden.«
Juden dürfen nicht . . . Dürfen nicht . . . Und dürfen nicht. Todesstrafe . . . Todesstrafe . . . Todesstrafe . . .
SS-Leute sammelten unsere abgegebenen Sachen ein, packten sie auf Lastwagen, die improvisierten Tische wurden aufgeladen, und dann fuhr der Trupp mit K. und Gymnich ab.
Und wir standen da mit dem, was wir auf dem Leibe trugen. Niemals sahen wir unsere Koffer, Bettrollen, Medikamente, Lebensmittelvorräte wieder.
So standen wir lange beim Ghettotor, immer am selben Fleck. Es fing an, sehr kalt zu werden. Plötzlich tauchten aus den gegenüberliegenden Häusern Menschen auf, mit Tassen und einer kochendheißen Brühe, die Kaffee darstellen sollte. Sie gingen an unseren Reihen auf und ab, jeder bekam einen Becher voll heißer Flüssigkeit. Welch ein Genuß, dieses erste heiße Getränk nach fünf Tagen!
Die Leute waren deportierte Juden aus Köln und Kassel, angekommen am 10. und 12. Dezember, also nur wenige Tage vor uns. Wir fingen an, sie fieberhaft auszufragen, doch alle waren so merkwürdig still und zurückhaltend. »Ihr werdet schon sehen, was los ist«, war ziemlich das einzige, was wir von ihnen hörten.
Plötzlich war die SS wieder da. Sie trieb uns in die nächste Quer-

straße, dann wurden ein paar Häuser abgezählt, und es hieß: »Alles runter von der Straße, rein in die Häuser!«
Wir waren sprachlos, daß wir alle darin unterkommen sollten.
Weitere Befehle folgten:
»Das Betreten der Straße ist bis Sonnenaufgang verboten. Bei Todesstrafe!«
»Das Betreten der gegenüberliegenden Straßenseite ist verboten. Bei Todesstrafe!«
Wir drängten uns in ein Haus, das zweistöckig, dunkel und unheimlich war. Aber wir hatten nur noch den einzigen Wunsch: zusammenzubleiben.
Es war unsere erste Nacht in der Gefangenschaft, die Nacht vom 14. Dezember 1941.
Der Alptraum begann – nur viel schlimmer, als man überhaupt träumen kann. Und er dauert noch immer an. Nach so vielen Jahren. Er hört niemals auf . . .

Bin noch ein lebend Wesen

Zwölf Jahre nach Kriegsende wurde in einem polnischen Dorf ein achtlos weggeworfenes Schulheft gefunden: das Tagebuch des jüdischen Jungen DAWID RUBINOWICZ. Seine Eintragungen beginnen am 21. März 1940 und brechen am 1. Juni 1942 mitten im Satz ab; sie dokumentieren das Schicksal der polnischen Juden unter der NS-Herrschaft. Bis März 1942 lebte die Familie Rubinowicz in dem kleinen Dorf Krajno. Danach wurde sie in das Ghetto von Bodzentyn zwangsumgesiedelt. Der Deportationsbefehl erreichte die Juden Bodzentyns Mitte September 1942. In dem Konzentrationslager Treblinka endete das Leben des fünfzehnjährigen Dawid Rubinowicz.

DAWID RUBINOWICZ

Jede Stunde ist schwer zu durchleben

(Auszüge aus dem Tagebuch)

Das Jahr 1940

21. März:
Frühmorgens bin ich durch das Dorf gegangen, in dem wir wohnen. Von weitem sah ich an der Mauer des Ladens eine Bekanntmachung, ich ging schnell hin, sie zu lesen. Die neue Bekanntmachung war, daß die Juden überhaupt nicht mit Fuhrwerken fahren dürfen (mit der Eisenbahn war schon lange verboten).

4. April:
Heute bin ich früh aufgestanden, weil ich nach Kielce gehen wollte. Nach dem Frühstück ging ich raus. Es war traurig, so allein die Feldwege entlangzugehen. Nach vier Stunden war ich in Kielce. Als ich beim Onkel reinkam, sah ich, daß sie alle so traurig dasaßen, und ich erfuhr, daß Juden aus verschiedenen Straßen ausgesiedelt werden, und da wurde ich auch traurig. Abends ging ich auf die Straße raus, was besorgen.

5. April:
Die ganze Nacht konnte ich nicht schlafen, so seltsame Gedanken kamen mir in den Kopf. Nach dem Frühstück ging ich nach Hause.

12. April:
Vater hat mir erlaubt, daß ich radfahren lernen darf. Also ging ich zu einem Jungen, der ein Fahrrad hat, damit er mir radfahren beibringt. Er war damit einverstanden.

20. April:
Heute bin ich radgefahren, ich kann schon allein aufsteigen. Mehr wollte er mir aber nicht beibringen.

[. . .]

12. August:
Schon die ganze Kriegszeit lerne ich allein zu Haus. Wenn ich daran denke, wie ich zur Schule gegangen bin, dann möchte ich direkt weinen, und heute muß ich zu Haus sein und kann nirgendwo hingehen.
Und wenn ich so bedenke, welche Kriege vor sich gehen in der Welt, wie viele Menschen täglich fallen, durch Kugeln, durch Gas, durch Bomben, durch Epidemien und andere Feinde der Menschen, dann habe ich zu nichts Lust.

[...]

1. September:

Heute ist der erste Jahrestag des Kriegsausbruchs. Ich erinnere mich, was wir in der kurzen Zeit schon durchgemacht haben, wieviel Leiden wir schon erlebt haben. Vor dem Kriege hatte jeder seine Beschäftigung, fast niemand war ohne Arbeit. Aber bei den heutigen Kriegen, da sind 90% arbeitslos, und nur 10% haben Beschäftigung. Wie wir, wir hatten eine Molkerei, und heute sind wir ganz arbeitslos. Nur noch ein paar Vorräte aus der Zeit vor dem Krieg sind da, davon nimmt man noch, aber sie gehen doch schon zu Ende, und dann wissen wir nicht mehr, was wir machen werden.

Das Jahr 1941

[...]

10. Juli:

Eine sehr schwere Zeit ist gekommen. Jede Stunde ist schwer zu durchleben. Immer haben wir etwas Lebensmittelvorräte gehabt, wenigstens für einen Monat, und jetzt ist es schwer, für einen Tag Lebensmittel zu kaufen. Kein Tag vergeht, daß nicht einer betteln kommt; wer immer auch kommt, will nichts anderes, nur essen, was jetzt am schwersten ist.

11. Juli:

Jungen, die in den Wald nach Beeren gingen, haben auch uns gerufen. Wir nahmen eine Schüssel mit. Zum erstenmal in diesem Sommer gingen wir in den Wald nach Beeren. Als wir ankamen, fingen wir gleich an, Blaubeeren zu pflücken. Es macht Spaß, Blaubeeren zu pflücken, nur die Mücken und Fliegen stechen sehr.

Wir haben die Schüssel vollgesammelt und sind nach Hause gegangen, 5 Liter haben wir gesammelt für den Anfang.

[...]

1. November:
Heute sind in Kielce Bekanntmachungen ausgehängt worden, daß jeder, der in das »Jüdische Wohnviertel« reingeht oder rausgeht, mit dem Tode bestraft wird. Bis jetzt konnte man nämlich aus dem Viertel raus- und reingehen. Diese Nachricht hat mich sehr traurig gemacht, nicht nur mich, sondern jeden Israeliten, der das gehört hat. Nicht nur in Kielce wurden diese Bekanntmachungen ausgehängt, sondern in allen Städten des Generalgouvernements (so heißt ein Teil vom früheren Polen).

[...]

Das Jahr 1942

8. Januar:
Nachmittags erfuhr ich, daß es in Bodzentyn wieder zwei Opfer unter den Juden gegeben hat. Einer war gleich tot und der andere verwundet. Den Verwundeten haben sie verhaftet und zur Ortspolizei nach Bieliny mitgenommen, und da werden sie ihn wohl totschlagen.

11. Januar:
Vom fruhen Morgen an herrscht Schneetreiben und starker Frost, heute bis 20°C. Als ich so zuguckte, wie der Wind auf den Feldern pustete, da sah ich, daß der Dorfbote eine Bekanntmachung anklebte. Gleich ging ich raus nachsehen, was es Neues war. Auf der Bekanntmachung war nichts Neues, nur der Dorfbote sagte, daß er Bekanntmachungen zum Dorfschulzen gebracht hatte, daß aus allen Dörfern

alle Juden ausgesiedelt werden. Als ich das zu Hause erzählte, haben wir uns alle sehr aufgeregt. Jetzt bei so einem scharfen Winter werden sie uns aussiedeln, und wohin? Jetzt ist die Reihe an uns zu leiden. Wie lange, weiß der liebe Gott.

12. Januar:
Gleich morgens ging ich Schnee wegräumen. Als ich mich wärmen ging, kam der Hilfsschulze und sagte, er hat beim Schulzen die Bekanntmachung gelesen, daß die Juden ausgesiedelt werden und daß sie nichts mitnehmen dürfen, nur das, was sie anhaben. Wir waren so verstört von dieser Nachricht, daß wir nicht wußten, was mit uns geschah. Als Vater kam, haben wir angefangen, ein paar Bündel mit Sachen zu packen, die wir nicht so sehr brauchen, und haben sie zu Nachbarn getragen, für den Fall, wenn unerwartet ausgesiedelt wird, damit wenigstens diese Sachen nicht im Hause sind. Vater wollte den Schrank verkaufen und andere Haushaltsgegenstände, aber kein Käufer war da. Käufer waren schon da, aber sie wollten nur für den halben Preis kaufen, und Vater sagte, er läßt die Sachen lieber stehen, als sie für so einen Preis zu verkaufen. Als wir etwas ruhiger wurden, haben wir angefangen, Pläne zu machen, wer welches Bündel nehmen soll, welche Wäsche man anzieht und welche ins Bündel kommt. Auf der Bekanntmachung stand nicht drauf, wohin sie uns aussiedeln und wann, nur, daß wir ausgesiedelt werden, und nichts weiter. Am Abend kam ein Bauer und wollte den Schrank kaufen, aber er wollte nur 250 Zloty dafür geben und hat nicht gekauft. So ein Schrank sollte jetzt mindestens 500 Zloty kosten.

[. . .]

12. Februar:
Nach dem Frühstück sind wir zum Schneeschaufeln rausgegangen, obwohl es uns niemand befohlen hat, aber die Chaussee war über Nacht verschneit. Ich habe den Gemeindediener erkannt und gefragt,

wo er hingeht, er hat gesagt, daß er mit Bekanntmachungen zum Dorfschulzen geht. Nach vielleicht zwei Stunden kam der Gemeindediener und schlug eine Bekanntmachung an. Das war gar keine Bekanntmachung, sondern eine Karikatur auf die Juden. Da ist ein Jude gekennzeichnet, wie er Fleisch durchdreht und in die Hackfleischmaschine eine Ratte hineinlegt. Ein anderer gießt aus dem Eimer Wasser in die Milch. Auf dem dritten Bild steht ein Jude, der mit den Füßen den Teig knetet, und Würmer kriechen über ihn und den Teig. Der Titel der Bekanntmachung lautet: Der Jude ist ein Betrüger, Dein einziger Feind. Und die Unterschrift war so:

Lieber Leser, Du sollst sehen,
wie Dich Juden hintergehen.
Sie gießen schmutziges Wasser rein,
und das soll Milch dann für Dich sein.
Sie werfen tote Ratten rein,
für dich soll das dann Hackfleisch sein.
Brot mit Würmern ist deswegen,
weil sie den Teig mit Füßen kneten.

Als der Gemeindediener das angeschlagen hatte, kamen gerade Leute vom Schneeschippen vorbei und lachten so, daß ich direkt Kopfschmerzen kriegte von dieser Schande, die die Juden heutzutage erleben. Möge der liebe Gott nur geben, daß diese Schande recht bald aufhört.

[...]

10. April:

Gegenüber von uns haben sie einen Mann und eine Frau mitgenommen, und zwei Kinder sind zurückgeblieben. Erneut hört man, daß der Vater dieser Kinder vor 2 Tagen abends erschossen wurde. Die Frau, schwerkrank, wurde nach Kielce transportiert. Die Gendarmerie war in Slupia und nahm drei Juden fest. In Bieliny haben sie sie fertiggemacht (bestimmt wurden sie erschossen). In diesem Bieliny ist wirklich schon viel jüdisches Blut geflossen, dort ist wirklich schon ein ganzer jüdischer Friedhof entstanden. Wann endet endlich dieses schreckliche Blutvergießen? Wenn das noch lange so weitergeht, werden die Leute allein von dem Grauen wie die Fliegen hinfallen. Ein Bauer aus Krajno kam zu uns, der sagte, daß die Tochter unseres früheren Nachbarn erschossen wurde, weil sie nach 7 Uhr ausgegangen war. Ich kann es kaum glauben, aber alles ist möglich. Ein Mädchen wie eine Blume, wenn sie erschossen werden konnte, dann wird wohl das Ende der Welt dasein. Daß es auch nicht einen ruhigen Tag gibt. Die Nerven sind ganz erschöpft, wenn ich von jemandes Unglück höre, gehen mir die Augen über, der Kopf fängt zu schmerzen an, und ich bin dann so erschöpft wie nach schwerster Arbeit. Nicht nur ich, jedem geht es so. Nicht genug, daß im vorigen Krieg die Kosaken den Vater von Vater erschossen haben und er dabei war, wo er doch damals erst 11 Jahre alt gewesen ist. Darum möchte er sich jetzt, wenn er nur einen Deutschen sieht, ins Mauseloch verkriechen, so verstört ist er.

18. April:

Heute ist so ein Wetter wie schon lange nicht. Wenn nur die Freiheit wäre, dann wäre alles gut. Aber man darf nicht mal rausgehen aus der Stadt. Wir sind jetzt gefesselt wie Hunde an der Kette. Gegenüber von uns haben sie die Eltern mitgenommen und zwei kleine Kinder allein gelassen. Von nebenan wieder haben sie den Mann mitgenommen; guckt man dort ins Fenster rein, dann sieht man, welche Trauer dort ist. Das eine hat schon jeder vergessen, nun ist schon wieder neuer Kummer da. Wohin man nur kommt, ob in der Wohnung, ob im Kaffeehaus, ob anderswo, überall erzählt man, wieviel sie diesem weggenommen haben, wieviel jenem usw. usw. Als wir ganz still beim Mittagessen saßen, kam der Polizist uns erinnern, daß wir die 150 Zloty zahlen müssen, noch aus Krajno, für das Getreide, das wir gemahlen haben. Wir müssen gleich zahlen; wenn wir kein Geld geben, dann 18 Tage Arrest auf der Stelle. Mutter ist sofort zum Polizeirevier gegangen, und der Vorsteher hat gesagt, daß spätestens bis Montag gezahlt werden muß. Wir haben sowieso nicht geglaubt, daß das an uns vorbeigeht, aber heute in diesen kritischen Zeiten ist es doch so schwer, 150 Zloty zu zahlen.

[. . .]

18. Mai:
Man erzählt, daß auch heute Razzia sein wird, weil ihnen noch 120 Mann fehlen. Alle Männer haben sich versteckt, auf der Straße ist es ganz still. Als ich auf der Treppe stand, sah ich drei Autos ankommen, ich erkannte sie gleich wieder, es waren dieselben wie am Mittwoch. Gleich entstand Durcheinander, alle flohen aus den Wohnungen in den Wald, die Polizei hatte schon angefangen, die Menschen zu ergreifen. Meine Tante kam und sagte, daß sie solche wie mich auch ergreifen. Erst wußte ich nicht, was tun, aber dann begriff ich sofort, daß ich mich verstecken mußte. Ich ging zur polnischen Nachbarin und blieb dort. Wenn ich nur was rascheln hörte, fürchtete ich mich schrecklich, daß sie reinkämen. Diese Nachbarin sagte, daß sie in den Wald gegangen sind, und als sie das sagte, hörten wir mehrere Schüsse. Sicher ist schon jemand erschossen, dachte ich. Nicht lange war ich dort, die Autos fuhren bald weg, nur zwei waren voll, das dritte war leer. Sofort ging ich nach Hause, jetzt konnte ich ruhig zu Hause sein, denn kein einziger kam rein. Auf die Straße ging ich den ganzen Tag nicht mehr. Abends bin ich beten gegangen, es ist doch Freitag heute.* Sonst sind wir immer mit Vater zusammen gegangen, wie es auch war, ob lustig oder traurig, aber wir waren mit Vater, und jetzt . . . Als wir vom Beten zurückkamen, war ich furchtbar traurig. Wie sollte ich auch nicht traurig sein, das Abendessen war irgendwie zubereitet, der Tisch gedeckt, es ist doch Feiertag. Wenn ich aber Vaters Platz sehe und er nicht dort sitzt, zerreißt mir Leid und Trauer das Herz . . .

---

* Am Freitagabend beginnt der Sabbat, der jüdische Feiertag, mit dem die Woche schließt.

Dagmar Hilarová

Essenausgabe

Eine Schlange,
ausgemergelter
endloser Lindwurm.

Dort vorn,
die Kelle als Zepter,
herrscht der König
der tristen Stadt.
Allgewaltig.

Für eine Träne,
ein seltenes Lächeln,
schwenkt er das Zepter
einmal,
zweimal,
je nachdem,
wer die Gaben brachte,
je nachdem,

Weil ihre Mutter Jüdin war, mußte sich die 1928 in Prag geborene DAGMAR HILAROVÁ am 6. März 1943, an ihrem 15. Geburtstag, bei der deutschen Besatzungsmacht zum Transport nach Theresienstadt melden. Während ihrer Gefangenschaft führte sie Tagebuch und schrieb Gedichte. Dagmar Hilarová gehört zu den Überlebenden des Lagers Theresienstadt.

ob er ausgeschlafen.
Und durch die tote Stadt
marschiert der Mittag.
Mit offenem Visier
und hungrigen Lippen
lächelt er den Enterbten zu,
die da Schlange stehen
ums Leben.

Dawid Sierakowiak

Das langsame Sterben beginnt

Der 1924 geborene DAWID SIERAKOWIAK war mit über 200 000 Juden in dem Ghetto von Lodz zusammengepfercht. Die Vernichtung durch Arbeit, Krankheit und Hunger hielt der Siebzehnjährige in seinem Tagebuch fest. Nur zwei Schulhefte mit den Eintragungen vom 6. April bis zum 23. Oktober 1941 und vom 4. Juni bis zum 6. September 1942 sind nach dem Krieg gefunden worden. Dawid Sierakowiak hat, wie alle seine Angehörigen, das Ghetto nicht überlebt. Er starb im August 1943 an Tuberkulose.

[1941]

Montag, 18. August

Heute wurden unsere Noten verlesen. Ich habe nur Zweien und Einsen. Das beste Zeugnis in der Klasse. Aber was hilft das, wenn ich doch ständig hungrig bin und mich dauernd so grauenhaft erschöpft und überanstrengt fühle. Seit mehreren Wochen mache ich überhaupt nichts mehr für die Fremdsprachen, weil ich absolut keine Zeit habe, und wenn ich schon mal eine freie Minute erwische, dann habe ich zu nichts Lust.

Ich verbürge mich dafür, daß der Krieg in diesem Jahr nicht zu Ende sein wird.

Dienstag, 19. August

In der Politik nichts Neues. Alle Gerüchte sind ein für allemal verstummt. In der Zeitung heißt es, sie dringen immer tiefer nach Rußland vor. Sie haben schon Gomel, Nikolajew genommen und bedrohen Leningrad. Verdammt, die Sache schleppt sich womöglich über Jahre hin! Und hier das Gefühl, daß man sich mit letzter Kraft aufrecht hält. Wir werden wohl versauern in diesem Ghetto ...

Mittwoch, 20. August

Heute waren wir mit der Klasse zu einem »Ausflug« im Spital in der Lagiewnicka-Straße, um uns das Röntgengerät und die damit gemachten Aufnahmen anzusehen. Wir waren Augenzeugen, wie Kinder aus der Volksschule, die die Tuberkuloseabteilung geschickt hatte, durchleuchtet wurden. Fast überall Anzeichen von Tuberkulose. Überhaupt wird es mit der Tuberkulose im Ghetto immer schlimmer. Diese Woche sind einige Dutzend Leute aus Warschau angekommen. Sie erzählen unglaubliche Schreckensgeschichten über die Lage dort, aber keiner von ihnen hat die scheußliche, erdig-tuberkulöse Hautfarbe unseres Ghettos. Die wandelnden Leichen in unseren Straßen geben dem ganzen Ghetto bereits ein fahles, fauliges, schwindsüchtiges Gesicht.

[...]

Sonnabend, 23. August

Es ist endgültig Herbst. Kalt, bewölkt, einfach scheußlich. Es sieht ganz so aus, als würde es in diesem Jahr wirklich nicht mehr schön. Heute war ich wie vor den Kopf geschlagen, als ich erfuhr, daß unser ehemaliger Blocknachbar, Herr Kamusiewicz, gestorben ist. Der erste Todesfall im Ghetto, glaube ich, der mich völlig niederschmettert. Dieser Mann, vor dem Krieg ein regelrechter Athlet, starb hier am Hunger. Sein eiserner Organismus erlag keiner Krankheit, er magerte nur von Tag zu Tag mehr ab, bis er schließlich einschlief, um nie mehr aufzuwachen. Olek Kamusiewicz sieht auch aus wie eine Leiche, und das alles ist das schreckliche Werk der Zerstörung, das der Krieg vollbringt. Und ein Ende dieses schrecklichen Zustands ist und ist nicht abzusehen.

[...]

Montag, 25. August
In der Politik weiter nichts Neues. Die Deutschen rücken angeblich ständig vor. Ihre Gegner konferieren, verabreden sich für die Zeit nach dem Krieg, und unterdessen weichen sie dauernd zurück. Zum Teufel mit der ganzen Geschichte! Wie es scheint, werden wir nicht nur einen Winter im Ghetto verbringen, sondern einige. Die Chancen, den Krieg zu überstehen, werden immer geringer.

[...]

Montag, 1. September
Der erste Tag des dritten Kriegsjahres. Wenn man sich bewußtmacht, daß dieser furchtbare Zustand schon zwei Jahre, volle zwei Jahre, dauert, kann man es fast nicht glauben. Was hat sich in dieser Zeit in der Welt alles verändert! Und dabei wissen wir von diesen Veränderungen eigentlich sehr wenig, ja beinahe nichts. Neuerdings ist alles so still geworden, daß keiner mehr weiß, ob es auch in Wahrheit so still ist oder ob nur nichts mehr bis zu uns dringt. Wieviel solcher Jahrestage werden wir wohl noch begehen? Sollten es viele sein, dann werden wir den letzten nicht mehr erleben. Das Ghetto wird uns den Garaus machen. Obwohl Kartoffeln eintreffen. Und trotz der vielen Arbeit, die auf das Ghetto zukommt.

[...]

Freitag, 26. September
Heute ist letzter Schultag. Mein letzter Tag im Gymnasium. Das Ende einer Etappe in meinem Leben. Wie seltsam, wenn man sich vor Augen hält, daß man eben noch Schüler des Gymnasiums war und es nun nie mehr sein wird! Wieder ergreift mich die »Melancholie«! Verdammt, so viele Dinge macht die Welt durch, und solch eine Lappalie rührt einen. Und trotzdem, ja, ich bin gerührt, denn es betrifft mich selbst, ein neuer Abschnitt in meinem Leben beginnt. Der eines Lyzeumsschülers – ich weiß es nicht. Es hat jedoch den Anschein – ach, wäre es so!

[...]

Donnerstag, 23. Oktober
Morgen gehe ich ins Sattler-Ressort*. Rysiek Podlaski hat mich und die anderen Jungen, die er dort einschleust, heute benachrichtigt. Aus unserer Klasse fünf oder sechs, glaube ich. So werde ich mein neues Heft nun als Sattlerlehrling beginnen. Meine »Schülerkarriere« ist zumindest ausgesetzt. Ob ich wieder Schüler sein werde – ich weiß es nicht. Ich wage es sogar zu bezweifeln. Vielleicht doch? Aber jetzt ist die Hauptsache, zu verdienen und sein Päckchen Elend weiterzutragen. Nur durchhalten, sich nur weiter durchschlagen. Die Deutschen melden zwar, die englischen Truppen seien schon in Rußland, aber das ändert nichts an der Tatsache, daß der Krieg noch lange dauern wird und es jetzt unsere Aufgabe ist, mit allen Kräften um unseren Lebensunterhalt zu kämpfen. Das allernächste Ziel – den Winter hinter uns zu bringen. Denn ich bin sicher, daß uns noch ein herrliches, strahlendes Leben erwartet.

---

* In den »Arbeitsressorts« genannten Fabriken und Werkstätten fanden die Ghettobewohner für einen Hungerlohn Arbeit. (HR)

[...]

1942

Sonnabend, 20. Juni

Endlich haben wir unsere Ration. Heute erhielt ich auch das Foto, das wir vor einer Woche machen ließen. Wir sind nicht schlecht getroffen, wie wir so treuherzig die nimmersatten Ghettophysiognomien vorzeigen. Auf diesem Bild sehe ich erst, in was für einem Zustand ich mich befinde. Die Todesanzeige schon in der Visage, wie es unverblümt im Ghetto heißt.
In der Werkstatt gab es heute, wie angekündigt, Brot mit Butter (für 20 Pf). Die Butter war kaum zu sehen. Morgen soll es wieder Wurst geben. Zum Teufel! Und so lebt man nun von einem Tag zum andern. Von Minute zu Minute, von Mahlzeit zu Mahlzeit. Wie lange noch, wie lange?

Sonntag, 21. Juni

Heute haben wir drei Arbeiterrationen auf die Talons und außerdem Salat und Quark für drei Personen in Empfang genommen. Mama hat noch keine Talons bekommen. Angeblich soll sie auch keine kriegen. Vater verlangte, daß die ihm zustehende Portion Zucker und Butter abgewogen würde, aber ich und Nadzia teilten es natürlich mit Mutter. Was das Abwiegen und Aufteilen betrifft, geht es in der Wohnung immer härter zu. Den meisten Ärger gibt es natürlich mit Vater, der nach Möglichkeit alle betrügt und sich selbst für den am schlimmsten Betrogenen hält. Ich träume vom Ende des Krieges auch noch aus dem einen Grund: endlich selbständig zu sein und ein eigenes, neues Leben ohne das Gezänk und Geschrei im Elternhaus zu beginnen. Aber bis zu unserer Trennung ist es wohl noch weit. Vorher krepieren wir hier alle zusammen im Ghetto.
Im Ressort gab es heute wieder Wurst.

[...]

Donnerstag, 25. Juni

Es ist wieder kühl. Zwei Tage lang war die Sonne »menschlich«, und schon ist sie abgekühlt. Die Ernte wird in diesem Jahr vermutlich miserabel sein. Es kommt nichts ins Ghetto. Keinerlei Gemüse, nicht das kümmerlichste Grünzeug. Von den Ressorts verlangt man, daß sie immer mehr produzieren. Instrukteure, Polizei und diverse Nichtstuerbanden bekommen immer bessere Talons, und der Rest der Bevölkerung krepiert vor Hunger. Wieder nimmt die Tuberkulose enorm zu. Viele Leute beginnen zu fiebern, spucken Blut, also ab ins Spital, eventuell gleich nach Marysin.

An den Fronten siegen die Deutschen angeblich wieder. Wie man aus den Aufträgen an das Ghetto ersieht, rüsten sie sich gründlich für den Winter. Im Ghetto näht man jetzt mit Watte oder mit Daunen gefütterte Kleidung und weiße Tarnuniformen für den Schnee. Das Ghetto liefert den Deutschen immer mehr, aber Essen kommt immer weniger herein. Man saugt uns die letzten Lebenssäfte aus, ohne auf längere Sicht für uns zu sorgen. Dabei wird der Krieg noch lange dauern.

[...]

Sonnabend, 4. Juli

Mutter hat heute von der Arbeit Rettichblätter mitgebracht, die neuerdings im Ghetto als kochbares Produkt in Mode gekommen sind. Auf der Straße kosten sie 3 Rm das Kilo. Die Suppe war gar nicht so übel, wenngleich ich ihren Nährwert bezweifle. Ich bin so geschwächt, daß ich mich gleich nach der Arbeit hinlege und schlafe, was mir bislang noch nie passiert ist. Ich lese überhaupt nichts mehr. Morgen gehe ich zum Arzt, der mich untersuchen und eventuell den kranken Zahn ziehen wird. Die Deutschen rücken weiter vor.

Sonntag, 5. Juli

Endlich bin ich den Zahn los. Das ist die erste Lücke in meinem Gebiß. Der Arzt entfernte ihn mir im Spital »fachgerecht«, ohne Betäubung und, was die Hauptsache ist, kostenlos.

Zu Hause haben wir fast nichts mehr zum Kochen. Grundlage für alles sind die Blätter. Ich bin so geschwächt, daß ich ganze Tage lang daliege wie tot. Ich lese nichts und habe zu nichts Lust. Das langsame Sterben beginnt.

[...]

Freitag, 10. Juli

Erst heute haben wir unsere Kochration abgeholt. Nichts, womit man sich wenigstens am ersten Tag ein bißchen aufpäppeln könnte. Mamas Aussehen bekümmert mich immer mehr, der weite Weg zur Arbeit hat sie völlig ausgedörrt. Selbst mit Vater geht es in letzter Zeit bergab. Alle Gespräche über Politik sind vollständig verstummt. Vergangene Woche habe ich mich mit der Deutschowa getroffen, die auch sehr elend aussieht. Die Zahl der wirklich lebendigen Menschen im Ghetto ist minimal. Alles nur noch Tote, wandelnde Schatten. Die Hoffnung auf ein Kriegsende noch 1942, die zu Beginn des Sommers so groß war, existiert nicht mehr. Jetzt nennt man einen Zeitpunkt, der sich immer weiter entfernt, den wir wohl nicht mehr erleben.

[...]

Dienstag, 11. August

Nichts. Tag um Tag verstreicht, die Rationen werden ausgegeben, man kauft sie, ißt sie auf, ist hungrig während des Essens und danach und wartet trotzig, beharrlich und unerschütterlich auf das Ende dieses verdammten, teuflischen Krieges. Werkstatt, Haus, Mahlzeiten, Lesen, die Nacht mit Wanzen und Schaben – und so ohne Ende, während die Kräfte zusehends schwinden, die Leistungsfähigkeit von Körper und Geist nachläßt. Man träumt, wartet, kalkuliert, doch immer mit demselben negativen Ergebnis, das allen Berechnungen und Vermutungen hohnspricht.

Wir kämpfen für die Erreichung eines Zieles, das [. . .]* ist und trügerisch wie ein Spuk.

* Unleserliche Stelle.

Am 24. Juni 1941 marschierte die deutsche Wehrmacht in Wilna, der Hauptstadt Litauens, ein. Bereits zehn Tage später erfolgten im nahe gelegenen Wald Ponar die ersten Massenerschießungen von Juden. Am 6. September 1941 wurden die Juden Wilnas ins Ghetto getrieben. RIKLE GLESER, die das Lied »Ess is gewen a sumer-tog« zur Melodie eines populären jiddischen Theaterliedes schrieb, konnte von einem Deportationszug flüchten und überlebte als jüngstes Mitglied der Partisanen den Krieg.

RIKLE GLESER

Ess is gewen a sumer-tog

1. Ess is gewen a sumer-tog,
wi schtendik sunik-schejn,
un di natur hot dan gehat
in sich asojfil chejn,
ess hohn fejgelech gesungen,
freijlech sich arumgeschprungen,
in geto hot men unds geheijssn gejn.
Ach schtelt sich for woss ’ss is fun unds geworn!
Farschtanen hobn mir: ’ss is alz farlorn.
Nit geholfn undser betn,
as ’ss sol emizer unds retn –
farlosn hobn mir doch undser hejm.

2. Gezojgn hot der weg sich lang.
’ss is schwer gewen zu gejn.
Mir ducht, as kukndik ojf unds
zewejnt wolt sich a schtejn.
Gegangen sajnen sskejnim, kinder,
wi zu der akejde rinder,
mentschnss blut geflossn is in gass.

1. Es war an einem Sommertag,
wie immer war es sonnig schön,
und die Natur hat dann
soviel Liebreiz gehabt,
Vögel haben gesungen
und sind fröhlich umhergeflattert,
da hat man uns befohlen, ins Ghetto zu gehen.
Ach, stellt euch vor, was mit uns geschehen ist!
Wir haben verstanden: Alles ist verloren.
Unser Beten, daß uns jemand retten soll,
hat uns nicht geholfen –
wir mußten doch unser Zuhause verlassen.

2. Lang hat sich der Weg gezogen,
es war schwer, ihn zu gehen.
Wir dachten, bei unserem Anblick
würde sich ein Stein erweichen.
Alte und Kinder sind wie Rinder
zur Schlachtbank gegangen.
In den Gassen ist Menschenblut geflossen.

Izt sajnen ale mir farschparte,
farpajnigte, fun lebn opgenarte.
Wer on a tatn, ona mamen,
selten wer ess is zusamen.
Der ssojne hot dergrejcht sajn grojssn zil.

3. Gewesn sajnen mir zufil –
bafoiln hot der har
zu brengen jidn fun arum
un schissn ojf Ponar.
Pusst sajnen geworn schtiber,
ober ful derfar di griber.
Der ssojne hot dergrejcht sajn grojssn zil.
Ojf Ponar izt set men ojf di wegn
sachn, hitlen durchgenezt fun regn,
doss sajnen sachn fun korboness,
fun di hejlike neschomess,
di erd hot sej ojf ejbik zugedekt.

4. Un izt is wider sunik-schejn,
schmekt prachtful alz arum,
un mir sajnen farpajnikte
un lajd ale schtum.
Opgeschnitn fun der welt,
mit hojche mojern farschtelt,
a schtral fun hofnung derwekt sich kojm.

Jetzt sind wir alle eingesperrt,
gepeinigt und vom Leben genarrt.
Der eine ohne Vater, der andere ohne Mutter,
selten sind welche beisammen.
Der Feind hat sein großes Ziel erreicht.

3. Wir sind zu viele gewesen –
der Herrscher hat befohlen,
Juden aus der Umgebung zu holen
und in Ponar zu erschießen.
Leer sind die Häuser geworden,
dafür aber voll die Gruben.
Der Feind hat sein großes Ziel erreicht.
In Ponar sieht man jetzt auf den Wegen
vom Regen durchnäßte Dinge und Hüte liegen.
Das sind die Habseligkeiten der Opfer,
der heiligen Seelen.
Die Erde hat sie für immer zugedeckt.

4. Und jetzt ist es wieder sonnig schön,
alles umher riecht prachtvoll,
und wir sind gepeinigt
und leiden stumm.
Abgeschnitten von der Welt,
hinter hohen Mauern eingesperrt,
erweckt sich kaum ein Hoffnungsstrahl.

Alicia Appleman

Der kleine Schmuel

Wir begannen ein neues Versteck auszubauen. Solche Zufluchtsorte nannten wir »Bunker«. Der Winter stand vor der Tür, und es wäre nicht ratsam gewesen, das Loch in der Hinterhofmauer noch einmal zu benutzen. Starke Regenfälle konnten die Erde wegspülen, die wir zwischen die beweglichen Steine stopften, und dann wäre jedem die Unregelmäßigkeit zwischen den Steinen aufgefallen. Außerdem brauchten wir einen größeren Unterschlupf. Sarah, die älteste Tochter des Hausbesitzers, erwartete nämlich ein Kind.

Viele Nächte arbeiteten wir an

unserem neuen Bunker. Er lag unter dem Flur, von dem auf jeder Seite zwei Zimmer abgingen. Der Zugang zum Bunker befand sich in der Küche, die von der werdenden Mutter und ihrem Mann bewohnt wurde. Die Bunkeröffnung selbst lag unter dem großen Backofen, wo sich zwei kleine Türen befanden, die normalerweise zum Holzkeller führten. Wir hoben den Boden des Kellers gut drei Meter tief aus, und damit kein hohles Geräusch entstand, stellten wir eine mit Erde gefüllte Holzkiste auf den Einstieg. Sie riegelte den Bunker vollständig ab.

Das Graben war sehr mühsam. Der Hausbesitzer, seine beiden Schwiegersöhne und Zacharias arbeiteten viele Nächte. Wir übrigen trugen die ausgehobene Erde auf die Baszta und verteilten sie auf der ganzen Fläche bis hinunter zum Fluß. Zum Glück war die Arbeit getan, bevor der erste Schnee fiel, denn es wäre sehr gefährlich gewesen, frische Erde auf der verschneiten Wiese zu verteilen.

Inmitten all dieses Sterbens und Leidens wurde neues Leben geboren. Sarah brachte einen Sohn zur Welt.

»Alicia! Komm und schau dir das Baby an«, rief Herzl aufgeregt durch die offene Tür der Küche, wo das Baby in seiner Wiege lag. »Es ist so ein winziges Kerlchen, aber es kann furchtbar schreien!«

»Ich weiß, daß es schreien kann. Ich kann es durch die Wand hören, vor allem nachts«, sagte ich. »Ich schaue es mir später an. Jetzt nicht, Herzl, ich bin zu müde.« Aber die Wahrheit war, daß ich so kurz nach Bunios Tod noch nicht bereit war, wieder Freude zu zeigen.

Obwohl ich das Baby noch nicht gesehen hatte, glaubte ich, etwas mit ihm gemeinsam zu haben: Wir hatten beide viel Grund zum Weinen. Er, weil er hungrig war, und ich, weil ich um meinen Bruder, meine Angehörigen und um meine Freunde trauerte, die in der ersten Aktion getötet worden waren. So weinten das Baby und ich uns jeden Abend in den Schlaf.

Da Herzl mir keine Ruhe ließ, besuchte ich schließlich den Neugeborenen, der Schmuel hieß – und Schmuel eroberte sofort mein Herz.

Er war wunderschön, hatte braune Haare und eine weiche rosarote Haut, und als er die Augen aufschlug, konnte ich sehen, daß sie hellbraun waren. Ich wurde seine Sklavin. Bei jeder sich bietenden Gelegenheit sah ich fortan nach ihm. Selbst wenn es eiskalt war, zögerte ich nicht, zum Brunnen zu gehen und Wasser für Schmuels Bad zu holen. Wann immer ich ein Stück Holz finden konnte, brachte ich es Sarah, damit Schmuel es warm hatte. Wenn seine Mutter ein Nickerchen machte, schaukelte ich Schmuels Wiege. Ich bildete mir sogar ein, daß mein Bruder Bunio in Schmuel wiedergeboren sei.
Ich war nicht die einzige, die sich in Schmuel verliebte; alle im Haus liebten ihn. Der kleine Schmuel verkörperte für uns das Leben.
Eines Nachts wachte ich von seinem Weinen auf und hörte gleich darauf meine Mutter rufen: »Alicia, beeile dich, zieh dich an, schnell, schnell!«
Das habe ich doch schon mal gehört, dachte ich und sprang sofort aus dem Bett. Irgend etwas war wieder los. Ich tastete in der Dunkelheit nach meinen Kleidern und ging in die Küche, wo die anderen schon in den Bunker krochen.
Als wir alle unten waren, zog Zacharias die Kiste wieder auf ihren Platz, wobei er darauf achtete, daß die auf ihr liegenden Holzscheite nicht verrutschten, und verschloß damit den Zugang zum Bunker. Er hielt eine Kerze in die Höhe, sah sich um, blies sie aus und setzte sich dann neben mich. Erst als wir in völlige Dunkelheit getaucht waren, wurde mir plötzlich klar, daß ich das Baby weder gesehen noch gehört hatte.
»Zacharias, wo ist das Baby?« flüsterte ich. Er gab mir keine Antwort. »Bitte sag mir, was sie mit Schmuel gemacht haben! Wo ist er?« Ich war so aufgeregt, daß ich beinahe schrie.
»Sei still, Alicia«, sagte Zacharias streng auf hebräisch. »Das Baby ist hinter dem Bett in der Küche versteckt. Sein Vater hat sich um alles gekümmert. Er hat Schmuel einen starken Kamillentee gegeben, damit er fest schläft. Er konnte nicht mit uns in den Bunker. Wenn er aufwacht und zu weinen anfängt, würde das unser Versteck

verraten. Mach dir keine Sorgen, Schmuel ist dort oben sicher«, setzte er in nicht sehr überzeugendem Ton hinzu.
Aber ich machte mir Sorgen und spürte kalte Angst in mir aufsteigen. Ich hatte Bauchschmerzen und fühlte mich ganz elend.
Plötzlich erbebte alles um uns herum. Es kam von oben, und dann waren schwere Schritte über unseren Köpfen und Stimmen, die auf deutsch und ukrainisch brüllten: »Raus, ihr verdammten Juden! Alle rauskommen!«
Mein Herz hämmerte; ich wagte nicht zu atmen. Dann hörte ich einen Schuß, der mir durch Mark und Bein ging. Nochmals wurden Türen zugeknallt, und dann war alles still.
Ich weiß nicht, wie lange wir starr vor Angst dagesessen hatten, als Zacharias flüsterte: »Sie scheinen weg zu sein, aber wir müssen uns trotzdem noch still verhalten. Vielleicht horchen sie auf Geräusche, die aus einem Versteck kommen. Wir müssen ganz still sein.«
Etwas später wandte sich Zacharias an mich: »Alicia, wenn du deine Blase entleeren mußt, dann kannst du das jetzt tun.« Er reichte mir einen Nachttopf. Aber es war zu spät. Ich hatte mir bereits in die Hose gemacht.
Der Rest des Tages verstrich in absoluter Stille, während wir auf die Nacht warteten und hofften, den Bunker verlassen zu können. Aber Zacharias sagte uns, daß die Leute, die Wache hielten, viele SS-Männer gesehen hätten und daß wir vorsichtig sein und abwarten müßten. Aber wie können wir hier unten warten, dachte ich, wo doch das Baby gefüttert werden muß. Seine Mutter ist bei uns. Ich hatte sie kurz zuvor flüstern hören, aber jetzt schwieg sie. Plötzlich hatte ich eine Idee.
»Zacharias«, flüsterte ich, »ich gehe raus und füttere Schmuel. Ich weiß, wo seine Mutter die Teefläschchen aufbewahrt. Ich füttere ihn und gehe dann auf den Dachboden hinauf und bleibe in dem Versteck, das du mir neulich gezeigt hast. Du weißt schon, dort, wo du deine alte Geige aufhebst. Ich könnte rausschauen und feststellen, ob irgend jemand von unseren Nachbarn draußen ist. Wenn sie auf der

Straße sind, komme ich runter und klopfe dreimal. Ich bin auch ganz vorsichtig«, versicherte ich ihm. »Das ist die einzige Möglichkeit. Bitte, Zacharias, sprich mit Mama«, bettelte ich, »und sag ihr, daß ich auf dem Dachboden sicher bin.«

Zacharias brauchte geraume Zeit, um Mama zu überreden, aber schließlich ließ sie mich gehen. Zacharias drückte mich einen Moment lang fest an sich und half mir dann aus dem Bunker. In der Küche waren von der vergangenen Nacht noch die Vorhänge geschlossen. Ich hatte furchtbare Angst und bereute einen Augenblick lang, die Sicherheit des Bunkers verlassen zu haben. Schritt für Schritt tastete ich mich zum Bett. Ich wunderte mich, daß es nicht genau an seinem Platz stand. Zwischen der Wand und dem Bett stand die Wiege des Babys. Schmuel schien friedlich zu schlafen. Ich bückte mich, um ihn herauszuholen. Meine Hände berührten seinen Kopf, und dann schrie ich und schrie, bis alles um mich herum versank.

Als ich zu mir kam, wußte ich nicht, wo ich war. Es war nur heller in der Küche. Dann fiel mir ein, was passiert war, daß ich ohnmächtig geworden war und warum. Schmuel war tot. Der Schuß, den wir gehört hatten, als die Mörder unser Haus betraten, hatte das Kind getötet. Beim Hinfallen hatte ich mir am Bett den Rücken angeschlagen, der mir nun sehr weh tat. Ich konnte mich kaum bewegen, aber ich erinnerte mich an meine Aufgabe: daß ich herausfinden mußte, was draußen vor sich ging.

Ich weiß nicht mehr, wie ich in das winzige Dachbodenversteck gekommen bin, nur daß ich dabei beinahe auf Zacharias' Geige getreten wäre. Ich hob sie auf und drückte sie an mich, als könnte ich aus dem vertrauten Gegenstand Trost schöpfen. Dies war seine alte Geige. Die neue hatte er vor geraumer Zeit verkauft, um von dem Geld Lebensmittel für uns zu kaufen. Durch die Dachluke fiel Tageslicht. Ich beugte mich vor, um nachzusehen, was draußen los war.

Ich sah etwa ein Dutzend SS-Männer und Ukrainer. Sie gingen auf ein nahes Haus zu und umstellten es. Gleich darauf das entsetzliche Krachen eingeschlagener Türen und lautes Brüllen. »Raus, ihr verdammten Juden!« Ich hörte Kinder weinen, und gleich darauf sah ich sie: Die plötzliche Helligkeit schien sie zu blenden, und beim Gehen taumelten sie. Männer, Frauen und Kinder. Sie wurden von Gewehren gestoßen und auf Kopf und Rücken geschlagen. Dann hörte ich plötzlich einen entsetzlichen Schrei, gefolgt von einem Schuß, und sah ein Mädchen aus einem Dachbodenfenster fallen. Es fiel in den Schnee wie ein abgeschossener Vogel. Die ausgestreckten Beine waren entblößt, und das Blut, das aus ihrem Kopf rann, sickerte in den weißen Schnee.

Den ganzen Tag über hörte ich Schreie und Schüsse, Kinder weinen und Hunde bellen. Ich sah aber nicht wieder hinaus, merkte nicht einmal, daß es Nacht wurde. Später hörte ich eine Stimme. Sie schien meinen Namen zu rufen. Die Stimme drang in mein Bewußtsein ein, und dann hörte ich sie ganz deutlich. Ich glaubte, Papa riefe mich; ich wollte Papa rufen, daß ich hier sei, aber ich konnte nicht.

»Hab keine Angst, Alicia«, sagte jemand auf hebräisch. »Ich bin's, Zacharias. Ich bringe dich jetzt runter.«

Ich wollte etwas sagen, aber ich konnte nicht. Ich war so froh, Zacharias zu sehen, daß ich zu weinen anfing. Er half mir, wieder in den Bunker zu kriechen. Dort nahm mich meine Mutter auf den Schoß und hielt mich ganz fest. Ich fühlte, daß sie am ganzen Leibe zitterte. Arme Mama, wie mußte sie sich um mich gesorgt haben. Sie hatte mich vermutlich schreien hören, als ich das Baby entdeckte. Es gab so viel, was ich meiner Mutter erzählen wollte, aber ich brachte keinen Ton heraus. Ich hatte meine Stimme verloren.

Zacharias hielt mir etwas an die Lippen. »Trink das, Alicia. Das hilft, damit das Zittern aufhört.«

Ich gehorchte. Die Flüssigkeit brannte in meinem Hals, aber ich schluckte sie hinunter. Ich fühlte Wärme in mir aufsteigen. Mein Kopf wurde schwer.

Ich muß eingeschlafen sein, denn als ich erwachte, konnte ich die

Menschen um mich herum flüstern hören. Jemand trat mir auf den Fuß. Die Leute verließen den Bunker. Ich will noch ein bißchen warten, dachte ich. Mir war so warm unter der Decke, die Zacharias über mich gelegt haben mußte.
Plötzlich schrie jemand. Mein erster Gedanke war, daß die Deutschen wiederkämen und unseren Bunker schließlich doch entdeckt hätten. Dann müssen sie mich eben hier erschießen, dachte ich, denn ich gehe nicht hinaus. Das Schreien hörte ebenso plötzlich auf, wie es begonnen hatte, und ich hörte nur noch Schluchzen. Sie mußten das Baby gefunden haben. Arme Sarah, armer Schmuel. Warum, um Gottes willen, haben sie ihn umbringen müssen? Ich fühlte, wie eine unbändige Wut sich meiner bemächtigte, eine Wut, wie ich sie noch nie zuvor verspürt hatte. Sie wurde dort, tief unter der Erde, geboren. Sie brannte fortan wie ein Feuer in mir.

Tausende von Juden wurden auf dieser Aktion ermordet. Die Entdeckung zahlreicher Bunker war einem ukrainischen Hundefänger zuzuschreiben, der seine Hunde einsetzte, um Verstecke aufzuspüren. Er wurde später von einem Unbekannten getötet. Die meisten wurden vor den Massengräbern auf dem Fador und auf der Baszta nahe dem jüdischen Friedhof ermordet. Einige wurden verscharrt, wo man sie getötet hatte, wie jene, die es in der Nähe des Brunnens am Ende der Podhajecka-Straße traf: Ihr Blut sickerte in den Brunnen, so daß das Wasser tagelang rot gefärbt war. Auf den Straßen nahm der Schnee eine rötlichbraune Farbe an, wo jüdisches Blut vergossen worden war. Überall lag Spielzeug auf den Straßen des Ghettos herum, das Kinder verloren hatten oder das ihnen aus der Hand geschlagen worden war, als sie in den Tod geführt wurden. Das Ghetto war halb leer. Nachts machten die Häuser an den Straßen einen geisterhaften Eindruck, und die Menschen, die überlebt hatten, sahen wie Gespenster aus.

EVA PICKOVÁ, geboren 1929 in Nymburk, kam im April 1942 nach Theresienstadt. 1943 fand die junge Tschechin in Auschwitz den Tod.

EVA PICKOVÁ

Die Angst

Durch unser Ghetto zieht ein neuer Schrecken,
bedroht mit böser Krankheit groß und klein.
Man sieht den Tod die Sense vor sich strecken,
so lechzt nach Opfern er in arger Pein.

Den Vätern schlägt das Herz im Leib geschwinder,
voll Trauer hüll'n die Mütter ein ihr Haupt,
die Typhusotter würgt ihnen die Kinder
zu Tod, bevor sie es geglaubt.

Ich bin noch da, bin noch ein lebend Wesen,
indes die Freundin schon im Jenseits weilt,
ich weiß nicht, ob's nicht besser wär' gewesen,
hätt' mich der Tod mit ihr zugleich ereilt.

Nein, nein, mein Gott – wir woll'n doch leben,
du darfst nicht lichten unsre Reih'n,
wir woll'n nach besserem Morgen streben,
es wird ja so viel Arbeit sein.

Mary Berg

Zwei Jahre im Warschauer Ghetto

12. Juli 1940

Letzte Woche wurden in Warschau Volksküchen eröffnet. Eine ist ganz in unserer Nähe, Sienna-Straße 16. Eine Mahlzeit in diesen Küchen besteht aus Kartoffel- oder Kohlsuppe und einer winzigen Portion Gemüse. Zweimal in der Woche bekommt man ein kleines Stück Fleisch für einen Zloty und zwanzig Groszy.

Es gibt jetzt eine große Zahl illegaler Schulen, und ihre Zahl vermehrt sich mit jedem Tag. Die Schüler lernen in Dachstuben und Kellern. Auf den Lehrplänen stehen alle Fächer, sogar Latein und Griechisch. Zwei dieser Schulen wurden im Juni von den Deutschen entdeckt. Wie wir später erfuhren, sind die Lehrer auf der Stelle erschossen und die Schüler in ein Konzentrationslager in der Nähe von Lublin verschleppt worden.

Auch unser Lodzer Gymnasium hat mit dem Unterricht begonnen. Die meisten der Lehrer sind hier in Warschau. Zweimal in der Woche wird der Unterricht in unserer Wohnung abgehalten, die verhältnismäßig sicher ist, weil meine Mutter die amerikanische Staatsbürgerschaft besitzt. Wir lernen alle planmäßigen Fächer und machen sogar chemische und physikalische Versuche, bei denen Gläser und Töpfe aus unserer Küche die Retorten und Reagenzgläser ersetzen müssen. Besonderer Wert wird auf Fremdsprachen gelegt, vor allem Englisch und Hebräisch. Wir diskutieren leidenschaftlich über polnische Literatur. Unsere Lehrer versuchen zu beweisen, daß die großen polnischen Dichter Mickiewicz, Slowacki und Wyspianski das jetzige Unheil vorausgesagt haben.

Die Lehrer sind mit ganzem Herzen bei ihrer Aufgabe, und die Schüler lernen mit vorbildlichem Fleiß. Die Tatsache, daß unsere Schule illegal ist, und die Gefahr, in der wir ständig schweben, erfüllt uns alle mit einem seltsamen Ernst. Der alte Abstand zwischen Lehrern und Schülern ist verschwunden. Wir fühlen uns wie Waffenbrüder, die füreinander verantwortlich sind.

Es ist schwierig, die Lehrbücher zu beschaffen; ihr Verkauf ist offiziell verboten worden. Wir machen Notizen von den Vorträgen unserer Lehrer und repetieren sie. Trotz dieser außerordentlichen Schwierigkeiten hat unser Gymnasium sogar Reifezeugnisse ausgegeben. Die Examen und die Abschlußfeier fanden in der Wohnung unseres Direktors, Dr. Michael Brandstetter, statt. Es war Nachmittag, alle Vorhänge waren zugezogen, und einige Schüler standen vor dem Haus Wache. Die Kandidaten wurden einzeln geprüft. Die Lehrer saßen dabei um einen runden, mit grünem Tuch bespannten Tisch. Alle bestanden die Prüfung. Die Diplome wurden nicht wie in alten Tagen vom Erziehungsministerium ausgestellt, sondern vom Vorstand unseres illegalen Gymnasiums. Sie waren auf normalem Papier getippt und trugen die Unterschrift aller Lehrer. Mit Tränen in den Augen hielt der Direktor die übliche Ansprache an die Abiturienten, die – wie alle jungen Polen und besonders die jüdische Jugend – die Schule ohne irgendeine Aussicht für die Zukunft verlassen, außer der, Sklaven in einem Nazi-Arbeitslager zu werden.

15. November 1940

Heute wurde das jüdische Ghetto offiziell eingerichtet. Es ist den Juden verboten, sich außerhalb seiner Grenzen zu bewegen, die von bestimmten Straßen gebildet werden. Es herrscht große Aufregung. Die Menschen eilen nervös in den Straßen hin und her und geben flüsternd Gerüchte weiter, eines phantastischer als das andere.

Die Arbeit an den Mauern, die fast drei Meter hoch werden sollen, hat schon begonnen. Von Nazi-Soldaten bewacht, schichten jüdische Maurer Ziegel auf Ziegel. Wenn einer nicht schnell genug arbeitet, wird er von den Aufsehern geschlagen. Ich muß an unsere Sklaverei in Ägypten denken, wie sie in der Bibel beschrieben ist. Aber wo ist der Moses, der uns aus dieser neuen Knechtschaft führen wird?

Am Ende der Straßen, die noch nicht völlig für den Verkehr gesperrt sind, stehen deutsche Wachen. Deutsche und Polen dürfen das abgesperrte Viertel betreten, aber keine Pakete bei sich tragen. Das Gespenst des Hungertodes steht uns allen vor Augen.

20. November 1940

Die Straßen sind leer. In jedem Haus finden Zusammenkünfte statt. Die Spannung ist fast unerträglich. Einige verlangen, daß wir protestieren sollen. Das ist die Stimme der Jungen, die Älteren halten das für eine gefährliche Idee. Wir sind von der Welt abgeschnitten. Es gibt keine Radios, kein Telefon, keine Zeitungen. Nur die Krankenhäuser und die polnischen Polizeistationen im Ghetto dürfen Telefon haben.

Den Juden, die bisher in den »arischen« Stadtteilen wohnten, war mitgeteilt worden, daß sie bis zum 12. November ausziehen müßten. Viele haben bis zum letzten Augenblick gewartet, weil sie hofften, daß die Deutschen durch Proteste oder Bestechung dazu gebracht werden könnten, den Befehl zur Einrichtung des Ghettos zu widerrufen. Aber diese Hoffnung erfüllte sich nicht, und viele unserer Leute mußten ihre schön möblierten Wohnungen von einer Minute zur anderen verlassen. Nur mit ein paar Bündeln in der Hand kamen sie im Ghetto an.

4. Januar 1941

Das Ghetto liegt in tiefem Schnee. Es ist schrecklich kalt, und keine Wohnung ist geheizt. Wo ich auch hingehe, finde ich die Menschen in Decken gehüllt oder unter Federbetten zusammengekauert, soweit diese warmen Sachen nicht schon von den Deutschen für ihre Soldaten beschlagnahmt worden sind. Die bittere Kälte macht die deutschen Posten, die an den Ghettotoren Wache stehen, noch grausamer als sonst. Wenn sie durch den tiefen Schnee auf und ab stapfen, schießen sie von Zeit zu Zeit. Nur so, um sich aufzuwärmen; viele Passanten werden ihre Opfer. Andere Wachen, die sich während ihres Dienstes langweilen, organisieren sich eine besondere Unterhaltung. Sie wählen sich zum Beispiel ein Opfer unter den zufällig Vorübergehenden und befehlen ihm, sich mit dem Gesicht in den Schnee zu werfen. Wenn er einen Bart trägt, reißen sie ihn aus, bis der Schnee sich vom Blut rot färbt. Falls so ein Nazi schlechter Laune ist, kann auch der jüdische Polizist, der mit ihm Wache steht, das Opfer sein.

Gestern beobachtete ich, wie ein deutscher Gendarm einen jüdischen Polizisten auf der Chlodna-Straße, in der Nähe des Durchgangs vom großen zum kleinen Ghetto, »exerzieren« ließ. Der junge Mann war zum Schluß völlig außer Atem, aber der Nazi zwang ihn weiter auf und nieder, bis er in einer Blutlache zusammenbrach. Jemand rief nach einem Krankenwagen, und der jüdische Polizist wurde auf eine

Bahre gelegt und mit einem Handwagen fortgebracht. Im ganzen Ghetto gibt es nur drei Krankenwagen, deswegen werden meistens Handwagen benutzt. Wir nennen sie Rikschas.

10. Januar 1941

In der vergangenen Nacht durchlebten wir mehrere Stunden tödlicher Angst. Gegen elf Uhr nachts drangen deutsche Gendarmen in das Zimmer ein, in dem unser Haus-Komitee tagte, tasteten die Männer ab und beschlagnahmten alles Geld, das sie fanden. Dann befahlen sie den Frauen, sich auszuziehen, in der Hoffnung, verborgene Diamanten zu finden. Unsere Untermieterin Frau R., die zufällig im Zimmer war, protestierte mutig und erklärte, sie würde sich nicht in Gegenwart von Männern ausziehen. Dafür erhielt sie einen heftigen Schlag ins Gesicht und wurde noch brutaler abgesucht als die anderen. Die Frauen mußten ungefähr zwei Stunden nackt bleiben, während die Nazis Revolver gegen ihre Brüste und ihren Unterleib richteten und drohten, alle zu erschießen, wenn sie nicht Dollars oder Diamanten herausgäben. Endlich, gegen zwei Uhr morgens, gingen sie mit einer spärlichen Beute von ein paar Uhren, armseligen Ringen und einem kleinen Betrag polnischer Zlotys. Sie hatten weder Diamanten noch Dollars gefunden. Die Einwohner des Ghettos erwarten jede Nacht solche Überfälle, aber die Sitzungen der Haus-Komitees werden trotzdem weitergeführt.

5. Februar 1941

Durch das Schaufenster eines Ladens kann ich die Menschen beobachten. Der Anblick ist mir schon vertraut; ein armer Mann kommt herein, kauft ein viertel Pfund Brot und geht wieder hinaus. Kaum auf der Straße, bricht er gierig ein Stück von der klebrigen Masse ab und steckt es in den Mund. Ein Ausdruck der Zufriedenheit breitet sich auf seinem Gesicht aus, und im Umsehen ist das ganze Stück Brot verschwunden. Jetzt zeigt sein Gesicht Enttäuschung. Er wühlt in seinen Taschen und zieht seine letzten Kupfermünzen heraus – zu

wenig, um irgend etwas zu kaufen. Er kann sich nur noch in den Schnee legen und auf den Tod warten. Oder soll er zur Gemeindeverwaltung gehen? Es hat keinen Zweck. Dort sind schon Hunderte wie er. Die Frau hinter dem Schreibtisch, die sie empfängt und ihre Geschichte anhört, hat Mitgefühl; sie lächelt höflich und sagt ihnen, sie sollten in einer Woche wiederkommen. Jeder muß abwarten, bis er an die Reihe kommt. Aber nur wenige werden die Woche überleben. Der Hunger wird sie zerstören, und eines Morgens wird wieder ein alter Mann mehr im Schnee gefunden werden, mit blauem Gesicht und geballten Fäusten.
Was sind die letzten Gedanken dieser Menschen, was läßt sie ihre Fäuste so fest ballen? Sicherlich fiel ihr letzter Blick in das Schaufenster gegenüber der Straßenseite, auf der sie sich zum Sterben niedergelegt haben. In diesem Schaufenster sehen sie weißes Brot, Käse und sogar Kuchen, und während sie in ihren letzten Schlaf fallen, träumen sie noch, daß sie in einen Laib Brot beißen.
Jeden Tag werden mehr solcher »Träumer vom Brot« in den Straßen des Ghettos gefunden. Ihre Augen sind von einem Nebel verschleiert, der zu einer andern Welt gehört. Gewöhnlich sitzen sie gegenüber den Schaufenstern von Lebensmittelgeschäften, aber sie sehen das Brot nicht mehr, das hinter dem Glas liegt, wie in einem fernen, unzugänglichen Paradies.
Wenn ich all dies gründlich gesehen habe und mein Herz sich vor Trauer zusammenzieht, kehre ich in mein warmes Zimmer zurück. Ich habe Hunger. Mein einziger Wunsch ist jetzt, mich satt zu essen.

15. Februar 1941

Die Straßen des Ghettos sind eine nach der andern abgeriegelt worden. Jetzt werden nur noch Polen zu dieser Arbeit herangezogen. Die Nazis trauen den jüdischen Maurern nicht mehr, die absichtlich an vielen Stellen die Ziegel lose ließen, um nachts durch die Löcher Nahrung einzuschmuggeln oder auf die »andere Seite« entkommen zu können.

Jetzt werden die Mauern höher und höher, und es gibt keine losen Ziegel mehr. Oben sind Glasscherben in einer dicken Mörtelschicht eingelassen, damit jene, die zu flüchten versuchen, sich die Hände zerschneiden.
Aber die Juden finden immer noch Wege. Die Abwässerkanäle sind noch nicht blockiert, und durch die Öffnungen werden kleine Säcke mit Mehl, Zucker, Getreide und anderen Artikeln hereingebracht. In dunklen Nächten werden auch durch die Löcher in den Mauern Lebensmittel geschmuggelt. Es genügt, einen Ziegel zu lockern. Besondere Päckchen werden gemacht, die durch diese Löcher geschoben werden können.

12. Juni 1941

[. . .]

Eine der Plagen des Ghettos sind die Bettler, die sich ständig vermehren. Es sind Flüchtlinge, die hier weder Freunde noch Verwandte haben und die selbst in den schrecklichen »Heimen« der Gemeinde keinen Platz mehr gefunden haben. In den ersten Tagen nach ihrer Ankunft suchen sie Arbeit. Nachts schlafen sie in den Hauseingängen, das heißt praktisch auf der Straße. Wenn sie erschöpft sind und ihre geschwollenen Füße sie nicht weitertragen, setzen sie sich auf den Rand des Bürgersteiges oder an eine Mauer. Sie machen die Augen zu und strecken schüchtern, zum erstenmal bettelnd, ihre Hand aus. Nach ein paar Tagen bitten sie mit offenen Augen um Mildtätigkeit. Und wenn der Hunger sie noch heftiger quält, beginnen sie zu schreien. So entsteht der Typ des sogenannten »wütenden Bettlers« . . . Vielleicht wirft ihm irgend jemand zwanzig Groszy oder sogar einen halben Zloty hin, aber für eine so kleine Summe kann er sich nichts kaufen.
Als ich heute in den Hof ging, sah ich einen großen, gut angezogenen jungen Mann in der Nähe des Müllkübels. Er war einer von jenen, die vor dem Krieg in Polen Geisteswissenschaften studierten, ohne sich um das tägliche Brot sorgen zu müssen. Als hätte er gemerkt,

daß er beobachtet wurde, drehte er sich plötzlich um, und da sah ich, daß sein Mantel völlig zerrissen war. Durch sein offenes Hemd sah ich seine magere Brust. Er bückte sich, um die Papiertüte aufzuheben, die neben ihm lag, und rannte schnell davon. Der junge Mann hatte im Müll nach etwas Eßbarem gewühlt. Ich hatte ihn überrascht, und so lief er beschämt fort.

Horden von Kindern kriechen zwischen den Beinen der Ghettoeinwohner herum und bitten um ein Stück Brot. Es ist wahr, nicht alle Kinder betteln. Viele verdienen sich ihren Lebensunterhalt oft viel leichter als die Erwachsenen. Ganze Banden kleiner Jungen und Mädchen zwischen fünf und zehn Jahren haben sich organisiert. Die Kleinsten und Dünnsten unter ihnen wickeln Säcke um ihre winzigen, ausgemergelten Körper. Dann schlüpfen sie in den Straßen, die nur mit Stacheldraht abgezäunt sind, hinüber auf die »arische« Seite. Die größeren Kinder ziehen den Draht auseinander und stoßen die kleineren hindurch. Die anderen halten nach deutschen Wächtern oder polnischen Polizisten Ausschau.

Einige Stunden später kommen die Kleinen zurück, mit Kartoffeln und Mehl beladen. Gewöhnlich gehen sie in die Vororte, wo Lebensmittel billiger sind als im Stadtzentrum. Oft geben die Bauern ihnen Kartoffeln umsonst – ihr schreckliches Aussehen erweckt Mitleid. Außer Kartoffeln bringen sie oft dunkles Bauernbrot mit. Mit einem glücklichen Lächeln auf ihren schmalen grünen Gesichtern schlüpfen sie ins Ghetto zurück. Auf dieser Seite des Stacheldrahts warten ihre älteren Partner. Oft stehen sie dort stundenlang und warten, bis der Posten einmal damit beschäftigt ist, den Paß eines Ausländers oder eines Polen, der das Ghetto besucht, zu kontrollieren. Das ist der Augenblick, in dem sie ihre Eßwaren einschmuggeln können. Manchmal bemerkt der Deutsche sie nicht. Manchmal bemerkt er sie, aber er tut so, als ob er sie nicht sähe. Das kommt seltener vor, aber es gibt Deutsche, besonders unter den Älteren, die vielleicht eigene Kinder zu Hause haben und deshalb einen Funken Mitleid für diese Kerlchen zeigen, die wie wandelnde kleine Skelette aussehen.

Aber die meisten der deutschen Posten feuern kaltblütig auf die rennenden Kinder, und die jüdischen Polizisten müssen die blutenden Opfer aufheben, die wie verwundete Vögel niederfallen, und sie auf vorüberfahrende Rikschas werfen. Kehren die Kinder jedoch mit ihrer Beute heil und gesund zu ihren verhungernden Eltern zurück, herrscht grenzenlose Freude in der Familie. Die mehligen Kartoffeln und das dunkle Brot schmecken wundervoll. Am nächsten Morgen versuchen die kleinen Schmuggler wieder, die Ghettogrenze an der Ecke Sienna- und Zelazna-Straße zu überqueren; vielleicht wird derselbe Wächter da sein, der sie schon einmal hat durchkommen lassen.

[...]

29. Juli 1941

Die Typhusepidemie wütet im Ghetto. Allein gestern sind mehr als zweihundert Menschen der Krankheit erlegen. Die Ärzte heben nur noch verzweifelt die Hände. Es gibt keine Arzneien, und die Hospitäler sind überfüllt. Ständig werden in den Krankensälen und den Korridoren neue Betten aufgestellt, aber das löst das Problem nicht, und die Zahl der Todesopfer steigt von Tag zu Tag.

Das Krankenhaus Ecke Leszno- und Rymarska-Straße hat im Fenster seines Büros ein Schild: »Keine Betten frei«. Das Berson-Kinderkrankenhaus in der Sienna-Straße ist mit Kindern jeden Alters überfüllt, alle typhuskrank. Das Krankenhaus Ecke Leszno- und Zelazna-Straße hat seine Türen geschlossen; es ist für keinen einzigen Patienten mehr Platz.

Vor einigen Tagen sah ich in der Leszno-Straße einen Vater, der seinen schon fast erwachsenen Sohn in den Armen trug. Beide waren in Lumpen gehüllt. Das Gesicht des kranken Jungen war feuerrot, und er tobte im Delirium. Zögernd blieb der Vater vor dem Eingang des Krankenhauses stehen. Er stand dort eine Zeitlang und überlegte anscheinend, was er tun sollte. Schließlich legte der Unglückliche

seinen Sohn auf den Stufen vor dem Empfangsbüro nieder und zog sich mehrere Schritte zurück. Der erschöpfte Junge wand sich in Krämpfen am Boden und stöhnte laut. Plötzlich kam eine Krankenschwester im weißen Kittel heran und beschimpfte den vergrämten Vater, der mit hängendem Kopf dastand und bitterlich weinte. Nach einiger Zeit bemerkte ich, daß der kranke Junge aufgehört hatte zu zucken, als wäre er eingeschlafen. Seine Augen waren geschlossen, und auf seinem Gesicht lag ein Ausdruck stiller Zufriedenheit.
Einige Augenblicke später warf der weinende Vater einen Blick auf seinen Sohn. Herzzerreißend schluchzend, beugte er sich über sein Kind und sah lange auf dessen Gesicht, als suche er darin noch eine Spur von Leben. Aber es war vorbei. Schon bald erschien ein kleiner schwarzer Wagen, eine kostenlose Einrichtung der Gemeinde, und der noch warme Körper des Jungen wurde zu den anderen Toten gelegt, die in den benachbarten Straßen aufgelesen worden waren. Eine Zeitlang starrte der Vater dem sich entfernenden Wagen nach. Dann verschwand er.
Täglich werden Kranke vor den Hospitälern ausgesetzt. Mütter, die es nicht mehr ertragen können, ihre Kinder ohne ärztliche Hilfe leiden zu sehen, hoffen, daß es ihnen auf diese Art gelingt, sie in einem Krankenhaus unterzubringen.

[...]

23. September 1941

Ach, unsere Befürchtungen vor den Feiertagen waren nur zu berechtigt. Gestern, am Vorabend zum jüdischen Neujahr, riefen die Deutschen den Gemeindevorstand mit Ingenieur Czerniakow an der Spitze zu sich und forderten von ihm die sofortige Auslieferung von fünftausend Mann für die Arbeitslager. Der Vorstand weigerte sich, diesen Befehl zu befolgen. Daraufhin brachen die Deutschen ins Ghetto ein und organisierten einen richtigen Pogrom. Die Menschenjagd dauerte den ganzen gestrigen Tag bis heute morgen an. Von allen Seiten hörte man Schüsse. Ich war zufällig auf der Straße, als die Jagd begann. Ich konnte gerade noch in einen Hauseingang flüchten, in dem sich schon viele Menschen drängten, und wartete dort zwei Stunden. Um Viertel neun entschloß ich mich, nach Hause zu gehen, denn man braucht eine halbe Stunde von der Leszno-Straße zur Sienna-Straße. Um neun ist Polizeistunde, und danach darf niemand mehr auf der Straße sein.

An der Ecke Leszno-Zelazna-Straße vor dem Arbeitsamt stand eine riesige Menschenmenge, militärisch in Reihen aufgestellt. Die meisten waren junge Männer zwischen achtzehn und fünfundzwanzig Jahren. Die jüdischen Polizisten mußten darauf achten, daß keiner weglief. Die jungen Männer standen mit gesenkten Köpfen, als ob sie zur Schlachtbank geführt würden. Tatsächlich haben sie kaum andere Aussichten, als abgeschlachtet zu werden. Die Tausende, die bisher in die Arbeitslager geschickt wurden, sind spurlos verschwunden.

Ich sah viele Bekannte unter den Unglücklichen und war froh, daß Romek mich an diesem Abend nicht nach Hause gebracht hatte. Plötzlich öffnete sich die Tür eines Papiergeschäfts, vor dem ich wie versteinert stand und die Kolonne der Verdammten anstarrte. Eine Hand legte sich auf meine Schulter, es war ein jüdischer Polizist, der mich rasch hineinzog.

Einen Augenblick später fiel an der Stelle, wo ich gestanden hatte, ein Mann von einer Kugel getroffen zu Boden. Ein Aufschrei ging durch die Menge wie ein elektrischer Schlag und drang durch die geschlossene Ladentür. Der Mann stöhnte eine Weile, aber bald wurde er auf einem Handwagen fortgeschafft. Der Hausmeister ging sofort daran, das noch warme Blut vom Bürgersteig zu waschen.

Zitternd schaute ich auf meine Uhr. Die Sperrstunde, die Stunde des sicheren Todes auf den Ghettostraßen, kam heran. Instinktiv machte ich eine Bewegung zur Tür, aber der Polizist wollte mich nicht gehen lassen. Als ich ihm sagte, wie weit ich wohnte und daß es mir gleichgültig sei, ob ich heute oder morgen erschossen würde, versprach er, mich nach Hause zu bringen. Ich verließ den Laden zusammen mit einigen anderen, die auch nach Hause wollten. Es war fünf Minuten vor neun. Der Polizist begleitete mich bis zu unserer Haustür. Als ich unsere Wohnung betrat, war es halb zehn. Meine Eltern hatten fast die Hoffnung aufgegeben, daß ich noch am Leben wäre, und überschütteten mich mit Fragen. Aber ich war nicht fähig, ihnen zu antworten, und fiel sofort auf mein Bett. Selbst jetzt, während ich diese Zeilen schreibe, bin ich noch völlig aufgewühlt. Ich sehe die vielen tausend jungen Juden wie Schafe vor der Schlachtbank stehen. So viele Söhne, Brüder und Männer wurden von ihren Liebsten fortgerissen, die sie wahrscheinlich nie wiedersehen werden und von denen sie nicht einmal Abschied nehmen dürfen.

In einigen Monaten werden die Mütter, Frauen und Schwestern dieser Männer durch eine amtliche Postkarte benachrichtigt werden, daß Nummer soundso gestorben ist. Es ist unverständlich, daß wir die Kraft haben, das alles zu ertragen . . .

25. September 1941

Die Seuche fordert mehr und mehr Opfer. Die Sterblichkeit ist jetzt auf fünfhundert am Tag angestiegen. Jede Wohnung, in der jemand an Typhus erkrankt, wird desinfiziert. Wenn einer stirbt, wird sein Zimmer oder seine Wohnung mit Desinfektionsmitteln überschwemmt. Die Gesundheitsabteilung der Gemeinde tut alles, was in ihrer Macht steht, um die Epidemie zu bekämpfen. Aber der Mangel an Arzneien und an Hospitalräumen sind die Hauptursachen für die hohe Sterblichkeit, und die Nazis erschweren die Organisation ärztlicher Hilfe immer mehr.

[. . .]

22. November 1941

Immer öfter sieht man die Leichen Erfrorener in den Straßen liegen.

In der Leszno-Straße, vor dem Gericht, sitzen oft Mütter mit Kindern. Unter den alten Fetzen, in die sie gewickelt sind, schauen frostrote Füßchen hervor. Manchmal preßt eine Mutter ihr erfrorenes Kind an sich und versucht, den leblosen kleinen Körper zu erwärmen. Oft drückt sich ein Kind an seine Mutter und versucht sie zu wecken, weil es glaubt, sie sei eingeschlafen. Aber die Mutter ist tot. Die Zahl dieser obdachlosen Mütter und Kinder wächst von Tag zu Tag. Oft bleiben sie nach ihrem Tode noch viele Stunden auf der Straße liegen, da sich keiner um sie kümmert.
Die kleinen Karren von Pinkerts Beerdigungsinstitut sind ständig unterwegs. Entdeckt ein Bettler ein brauchbares Kleidungsstück an einer Leiche, so nimmt er es sich, deckt den nackten Körper mit einer Zeitung zu und beschwert sie mit ein paar Ziegeln oder Steinen, damit der Wind das Papier nicht fortbläst. In der Komitee- und Grzybowska-Straße sieht man jetzt weniger Bettler als im vergangenen Jahr; sie sind einfach weggestorben. Der Hunger nimmt immer schrecklichere Formen an. Die Preise für Lebensmittel steigen.
Es ist nicht leicht, mit einem Päckchen in der Hand durch die Straßen zu gehen. Wenn ein Hungriger jemanden mit einem Päckchen erblickt, geht er ihm nach und entreißt es ihm in einem günstigen Moment. Im Davonrennen öffnet er es rasch und schlingt den Inhalt hinunter. Wenn in dem Päckchen nichts zu essen ist, wirft er es weg. Nein, das sind keine Diebe; es sind nur Menschen, die der Hunger wahnsinnig macht . . .

1. Dezember 1941

Die Deutschen haben dem Ghetto eine große Ladung Kartoffeln zur Verfügung gestellt. Zuerst waren die Leute von dieser plötzlichen Großzügigkeit überrascht, aber die Überraschung hielt nicht lange an. Es stellte sich heraus, daß die Kartoffeln ursprünglich für die deutschen Soldaten an der Ostfront bestimmt waren, aber unterwegs erfroren sind. Da öffneten die Deutschen ihr Herz und schickten den Juden im Ghetto die erfrorenen Kartoffeln. Jetzt stehen lange Schlangen vor den Lebensmittelgeschäften. Die sanitären Zustände verschlechtern sich ständig. Die meisten Abwässerrohre sind zugefroren, und in vielen Häusern können die Toiletten nicht mehr benutzt werden. Oft werden menschliche Exkremente zusammen mit dem Abfall auf die Straße geworfen. Die Wagen, die früher regelmäßig den Müll aus den Höfen abholten, kommen jetzt selten oder gar nicht mehr. Im Augenblick wird der ganze Schmutz vom Frost desinfiziert. Aber was wird geschehen, wenn der erste Frühlingswind kommt? Im Ghetto wird ernsthaft befürchtet, daß eine Cholera-Epidemie ausbrechen und den Becher unseres Unglücks zum Überlaufen bringen könnte.

24. Dezember 1941

Eben haben alle Nazis befohlen, daß die Ghettoeinwohner bis zum 1. Januar 1942 alle Pelze, Pelzmäntel, -krägen, -muffs und selbst kleine Pelzstückchen abgeben müssen – ein schönes Weihnachtsgeschenk. Die Gemeinde hat zu diesem Zweck mehrere Sammelstellen eingerichtet. Der Befehl ist vom Kommissar Auerswald unterzeichnet.

Wer auch nur das kleinste Stückchen Pelz verbirgt, wird mit dem Tode bestraft.

16. Januar 1942

Wir wohnen jetzt in der Chlodna-Straße. Als Portiersfamilie bekamen wir zwei kleine dunkle Räume für uns allein. Eine Toilette gibt es nicht. Wir kochen auf einem kleinen, eisernen Ofen. Die Wände sind mit Eis bedeckt, und wenn das Öfchen sich erwärmt, rinnt das Wasser von den Wänden.

20. Februar 1942

Der Winter wird immer strenger. Man sieht mehr und mehr Erfrorene in den Straßen, sie liegen vor den Hauseingängen, mit angezogenen Knien, versteinert in der Geste ihrer letzten Abwehr gegen den Tod.

Es ist ein haarsträubender Anblick, aber die Vorübergehenden sind schon daran gewöhnt.

[. . .]

28. April 1942

Seit dem Siebzehnten dieses Monats lebt das Ghetto in ständiger Angst. In der Nacht vom Siebzehnten zum Achtzehnten wurden zweiundfünfzig Personen getötet, vor allem Bäcker und Schmuggler. Alle Bäcker sind verängstigt. Epstein und Wagner, die Besitzer der Bäckerei in unserm Haus, schlafen nicht mehr in ihrer Wohnung. Die Deutschen kommen mit vorbereiteten Namenslisten in die Häuser; wenn sie den Gesuchten nicht finden, nehmen sie statt dessen einen anderen aus der Familie mit. Sie führen ihn ein paar Schritt vor das Haus, lassen ihm höflich den Vortritt und schießen ihn von hinten nieder. Am nächsten Morgen findet man die Menschen tot auf der Straße. Wenn ein Hauswart den Deutschen nicht schnell genug die Tür öffnet, wird er auf der Stelle erschossen.

8. Mai 1942

Leutnant Hertz, der oft mit uns im Hof sitzt, ist sehr pessimistisch. Er erzählt immer makabre Geschichten; heute zum Beispiel hat er uns von einem Polizisten berichtet, der wegen ein paar Erdbeeren erschossen wurde. Der Polizist saß auf einem Karren mit Heu, der ins Ghetto gefahren wurde. Der deutsche Posten fragte ihn, ob im Karren noch irgend etwas anderes sei. Der Polizist tat so, als ob er nicht verstünde. Der Posten befahl dem Kutscher anzuhalten. Er hob das Heu hoch und fand Erdbeeren darunter versteckt. Kutscher und Polizist wurden sofort erschossen. Hertz sagt: »Bald ist alles vorbei, und wir alle werden getötet.«

3. Juni 1942

Eben wurden hundert Zivilpersonen und zehn Polizisten im Gefängnis in der Gesia-Straße erschossen. Es ist eine Maßnahme der Deutschen, um die Schmuggler einzuschüchtern. Aber nur einige der Hingerichteten waren tatsächlich »Schmuggler«. Die übrigen werden wegen Betretens des »arischen« Stadtteils, unbezahlter Strafgebühren oder öffentlicher Bettelei verhaftet. Alle Anstrengungen, sie zu retten oder eine Begnadigung zu erwirken, waren vergeblich. Die Nazis haben riesige rote Plakate mit den Namen ihrer jüngsten Opfer anschlagen lassen.

5. Juli 1942

Der Terror im Ghetto hält an. Es gibt auch Gerüchte, die von einer unmittelbar bevorstehenden Deportation des gesamten Ghettos sprechen. Ich weiß nicht, woher die ungeheuerliche Nachricht kommt, daß die Warschauer Juden nur noch vierzig Tage zu leben haben. Aber man erzählt es sich überall.

Halina Birenbaum

Die Hoffnung stirbt zuletzt

HALINA BIRENBAUM, geboren 1929 in Warschau, war eine von 400 000 Juden, die 1940 ins Warschauer Ghetto gepfercht wurden. Als im Juli 1942 die Deportationen in die Gaskammern von Treblinka begannen, konnte sich die Familie Birenbaum immer wieder den »Aktionen« der Besatzer entziehen. Im Frühjahr 1943, nach dem gescheiterten Ghetto-Aufstand, mußte Halina zusammen mit ihrem neunzehnjährigen Bruder Chilek und ihrer Mutter – der Vater war bereits deportiert – den Weg ins KZ Majdanek antreten. Im Sommer 1943 kam das dreizehnjährige Mädchen nach Auschwitz. Dort mußte es Gleise verlegen und die Kleidungsstücke der im Gas Erstickten sortieren. Halina Birenbaum, die die Todesmärsche nach der »Evakuierung« des Lagers Anfang 1945 überlebte, verlor fast alle Verwandten: ihren Vater, ihre Mutter, ihren Bruder Chilek, ihre Schwägerin Hela und ihre Cousine Halina; nur ihren ältesten Bruder Marek traf sie nach dem Krieg wieder. 1947 ging sie nach Palästina.

Von Tag zu Tag wurde das Ghetto leerer. Um dem Tod zu entgehen, versteckten wir uns auf verschiedenen Speichern in den verschiedensten dunklen Schlupfwinkeln, an Stellen, von denen ich früher nie geglaubt hätte, daß sie als Versteck dienen könnten. Unser Leben hing jetzt von der Flucht ab und von der Möglichkeit, immer neue Verstecke zu finden. Meine Großeltern, Tante, Onkel und ihre beiden Kinder waren nicht mehr bei uns. Schon nach wenigen Tagen waren sie den Häschern in die Hände gefallen.

Wir beweinten unsere Angehörigen und viele unserer Bekannten und Freunde. Wir mieden das Licht, offenen Raum und Wohnungen. Unsere Verbündeten waren jetzt unzugängliche Verschläge, Dunkelheit, stinkende Dachböden, tiefe, feuchte Keller. Aber auch dorthin drangen die Henker vor – systematisch und genau, unterstützt von ihren Schergen, die sich aus Judenrat und jüdischer Polizei rekrutierten.

Wir wurden gefaßt! Es geschah gegen Abend, nachdem den ganzen Tag über eine Aktion durchgeführt worden war. Wie jeden Abend verließen wir den Dachboden, um auf der Straße ein wenig Luft zu schnappen, mit anderen zu reden, zu erfahren, wer im Lauf des Tages zum Umschlagplatz abtransportiert worden war, was für den nächsten Tag zu erwarten sei und wo man ein Stück Brot oder ein paar Kartoffeln bekommen konnte – solche Lebensmittel wurden von den »Außenarbeitern« zu sehr hohen Preisen verkauft. Wir gingen zusammen: mein Vater, der gerade von seiner Arbeit in den Baracken zurückgekehrt war, meine Mutter und Chilek, der auch eben erst von der Schinderei auf dem Umschlagplatz gekommen war. Von der stickigen Luft auf dem Dachboden, der Hitze und dem Nahrungsmangel war mir ganz schwindlig.

Langsam senkte sich die Dämmerung. Nachdem ich so lange regungslos in der Enge des brütendheißen Dachbodens gelegen hatte, kam mir der Sommerwind kühl und aufregend vor. Meine Mutter hatte sich meine Wolljacke lässig über die Schulter geworfen, wir verließen das Haus ja nur für einen Augenblick und wollten nicht weiter weg. Es gab ja auch nichts und niemanden mehr, zu dem wir hätten gehen können. Die Bekannten und Verwandten, die noch nicht gefangen worden waren, ließen sich kaum ausfindig machen, und ihre Verstecke waren nicht zu erraten.

Ganz plötzlich und unerwartet kamen ein paar Rikschas in die Straße gefahren – diese von einem Fahrrad gezogenen Wagen waren seit Bestehen des Ghettos die häufigsten Fahrzeuge hier. In den Rikschas drängten sich Nazis, Ukrainer und Litauer, »Spezialisten« für die Judenjagd. Wir erstarrten vor Angst. Das Kesseltreiben erstreckte sich auf unsere Straße, die Stawkistraße und die umliegende Gegend. Noch nie zuvor war eine solche Falle zu so später Tageszeit gestellt worden. An eine Flucht auf den Dachboden war unter diesen Umständen nicht zu denken. Die bewaffneten Faschisten sprangen aus den Rikschas, schwärmten auseinander und versperrten uns alle Auswege – bis auf den einen, der zum Umschlagplatz führte. Wir waren in die Falle gegangen. Mit einer Handbewegung befahlen sie uns, in die Mitte der Fahrbahn zu gehen. Wir waren die ersten vier in einer Kolonne, die von Minute zu Minute länger wurde. Meine Eltern, Chilek und ich standen gehorsam da und protestierten mit keinem Wort und keiner Geste, um die Nazis nicht zu erzürnen und Prügel oder den Tod dafür zu ernten. Wir hatten noch die Hoffnung, durch den Ausweis meines Vaters von der Toebbensbaracke oder durch Chileks Beziehungen zu einigen jüdischen Polizisten, dem Umschlagplatz irgendwie zu entkommen. Chilek besaß einen Passierschein und als Mitglied des Aufräum- und Desinfektionspersonals eine Nummer. Die größte Sorge bereitete das Schicksal, das meine Mutter und mich erwartete, aber wir nahmen an, daß uns die Nazis, wenn es ihnen paßte, als Angehörige eines »produktiven« und für sie noch nützlichen Juden auf freien Fuß setzen würden. Das war allerdings nicht gewiß. Es kam selten vor, daß sie die Frauen und Kinder der Juden, die einen Passierschein oder eine Arbeitsbescheinigung hatten, wieder freiließen. »Im schlimmsten Fall«, so versuchte meine Mutter mich auf dem Weg zum Umschlagplatz zu beruhigen, »werden wir zur Feldarbeit deportiert. Und auf dem Land wird uns schon nichts Böses zustoßen . . .« Ich hörte ihr aufmerksam zu und versuchte, in ihrem Gesicht zu lesen, ob sie wirklich so dachte oder ob sie Befürchtungen hatte, die sie vor mir zu verbergen suchte. Nach der unerwarteten Entwicklung der vergangenen Minuten und dieser schlagartigen Veränderung unserer Lage war ich in einer ungeheuren Aufregung. Ich trauerte dem düsteren Versteck auf dem Dachboden nach, aber ich war weder niedergeschlagen noch in Panik. Meine Mutter hatte offensichtlich die wunderbare Gabe, uns

allen von ihrer Gelassenheit mitzugeben. Sie strahlte einfach innere Ruhe und Charakterfestigkeit aus.
Wir wurden zum Umschlagplatz geführt. Zu diesem hundertmal verfluchten Platz, der mit Blut und Tränen getränkt war und erfüllt vom Kreischen der Lokomotiven, die Hunderttausende Juden von hier aus zur Endstation ihres Lebens brachten.
Die verzweifelte und bis zum äußersten erregte Menge drängte sich auf dem weiten Platz. Die Grenze des Platzes bildete ein großes Gebäude, das vor dem Krieg eine Schule beherbergt hatte. Die hierher getriebenen Menschen waren zum größten Teil Arbeiter aus den Baracken und von auswärtigen Arbeitsplätzen auf der arischen Seite, alle Inhaber von Ausweisen, die bis vor kurzem noch das »Lebensrecht« garantiert hatten. Als sie heute zur gleichen Zeit, wie immer unter SS-Bewachung, in ihre Wohnungen zurückkehrten, aus denen schon vorher ihre Angehörigen und ihr Hab und Gut verschleppt worden waren, gerieten sie in die Falle. Eine hohe Mauer und eine lebende Sperre von Polizisten und Nazis, die nicht einmal so zahlreich, dafür aber bis an die Zähne bewaffnet waren, trennten uns vom Ghetto und seinen Schlupfwinkeln. Dort waren mein ältester Bruder und meine Tante mit ihrer Tochter zurückgeblieben, sie hatten heute nicht mit uns hinaus auf die Straße gehen wollen.
Angespannt warteten wir, was geschehen würde, und hielten Ausschau nach einem möglichen Fluchtweg. Mein Vater drückte uns an sich und küßte meine Mutter, meinen Bruder und mich. Er hielt uns krampfhaft mit der Hand fest und ließ uns keinen Schritt von ihm weichen, vor allem meine Mutter nicht, die sich unentwegt hin- und herwand, weil sie versuchen wollte, uns irgendwie aus diesem Gedränge herauszuschaffen und ins Innere des Schulgebäudes zu schmuggeln, wo die Ambulanz und ein Posten der jüdischen Polizei untergebracht waren. Dort wollte sie uns verstecken und auf keinen Fall zulassen, daß wir in die Waggons getrieben würden. Mein Vater war so aufgeregt und bestürzt, daß er an Rettung nicht einmal denken konnte. Er war nur noch dazu imstande, den Nazis seinen Passier-

schein vorzuweisen; bis zum letzten Moment glaubte er daran, daß dieser Schein uns allen die Rettung bringen würde. Er hatte Angst. Er meinte, daß Ungehorsam gegenüber den SS-Leuten unseren Untergang nur beschleunigen würde. Meine Mutter war anders. Deshalb hielt ich mich immer an sie, fest davon überzeugt, daß sie einen Ausweg aus jeder schlimmen Situation finden würde. In der Gegenwart meines Vaters empfand ich genau das Gegenteil. Und hier auf dem Umschlagplatz erging es mir ebenso.
Um diese Zeit standen nie Waggons bereit. Wir glaubten, die ganze Nacht dort zubringen zu müssen, bis in der Frühe ein Zug eintreffen würde. Das bot gewisse Chancen zur Flucht, zur Rückkehr ins Ghetto, auf unseren Dachboden . . .
Plötzlich bemerkten wir, daß sich die Nazis mitten auf dem Platz vor uns aufgestellt hatten und Maschinengewehre auf diese riesige, dicht zusammengedrängte Menschenmenge gerichtet hielten, die mit einem schreckerfüllten Raunen darauf reagierte. Allen war klar, was das zu bedeuten hatte, doch keiner wagte, aufzuschreien oder in lautes Weinen auszubrechen. Wieder herrschte diese unruhige, spannungsgeladene Stille. Wir umarmten uns; meine Eltern, Chilek und ich sahen uns an, als sollte es das allerletzte Mal sein; jeder wollte das Bild derer, die ihm am nächsten waren, mit in die völlige Finsternis nehmen. Alles andere, alles, was wir bisher erlebt und um was wir gekämpft hatten, war nicht mehr wichtig. Während mein Vater nur halb bei Besinnung war, wirkte meine Mutter ruhig wie immer. Sie lächelte mich sogar an. »Hab keine Angst!« flüsterte sie mir zu, »man stirbt nur einmal . . . und wir sterben jetzt alle miteinander, hab keine Angst, es wird nicht so schlimm!«
Nein, ich hatte keine Angst. Ich glaubte es einfach nicht. Ich verstand nicht, was das bedeutete – Tod. Ich konnte mir nicht vorstellen, daß wir irgendwann einmal nicht mehr auf der Welt sein würden, daß wir aufhören würden zu leben. Ich begriff es nicht. Ich wartete, was geschehen würde, voller Hoffnung und Glauben an das Leben – und voller Neugier. Eine merkwürdige, fast feierliche Stimmung ergriff

mich, dieser Augenblick erschien mir mit einem Mal so außergewöhnlich erhaben und wichtig, aber nicht deshalb, weil ihm der Tod folgen sollte . . .

Plötzlich ertönte der Pfiff einer Lokomotive. Waggons rollten heran. Die Maschinengewehre waren unnötig geworden. Offenbar hatten sich die Pläne geändert. Wir sollten nicht auf der Stelle erschossen werden, der Zug aus Treblinka war gekommen, um uns abzuholen! Die jüdischen Polizisten begannen, die Menschen mit ihren Stöcken zu prügeln und sie voller Wut in die Waggons zu treiben. Meine Mutter faßte mich an der Hand und begann langsam rückwärts, in die entgegengesetzte Richtung zu gehen. Chilek, meinen Vater und mich zog sie mit sich an den Polizisten vorbei, ohne ihren Hieben Beachtung zu schenken. Nur weg, so weit wie möglich weg von den Waggons!

Sie hatte vor, erst ein vorübergehendes Versteck auf dem Umschlagplatz zu suchen und dann ins Ghetto zurückzugelangen. Mein Vater und mein Bruder wollten lieber mit den anderen zum Zug gehen, sie hatten Angst zu fliehen, außerdem hofften sie, daß vor den Waggons die Ausweise kontrolliert und wir freigestellt würden. »Wenn sie uns nicht freilassen«, flehte Chilek meine Mutter an, »dann fahren wir wenigstens zusammen, dann teilen wir das Schicksal mit all den Juden hier! Ich will nicht zusehn, wie sie euch erschießen!« schrie er verzweifelt und riß sich von meiner Mutter los. Mit Tränen in den Augen versuchte er, sie davon zu überzeugen, daß die Verbrecher nach Abfahrt des Transportes alle Schlupfwinkel durchsuchen würden, die sie inzwischen schon in- und auswendig kannten. Er selbst hatte doch schon die Leichen mit hinausschaffen müssen! Aber er bat umsonst. Mama bestand darauf: man müsse bis zuletzt kämpfen, sich nicht in die Waggons treiben lassen. »Da kommen wir noch früh genug hin!« beharrte sie, »da kommen wir immer noch früh genug hin!« Hartnäckig drängte sie sich durch die Menge und zog uns in Richtung Schule. Mich und meinen Bruder hielt sie an der Hand, mein Vater schob sich unwillig hinter uns her. Dann geschah etwas

Schreckliches: eine Lawine von Schlägen prasselte plötzlich auf seinen schon leicht gebeugten Rücken herab. Jüdische Polizisten umringten ihn und trieben ihn unter Prügel zum Zug. Mein Vater versuchte sich zu wehren, zu bitten. Er wollte sich mit den Armen gegen die Stöcke schützen und ausweichen, aber gegen diese brutale Gewalt war er machtlos. Er beugte sich tiefer, krümmte sich, schließlich ging er gehorsam zu den Waggons. Bestimmt hatte er die Hoffnung, daß man dort seine Dokumente prüfen und ihn den Polizisten zum Trotz freilassen würde, die von seinen Papieren nichts hatten wissen wollen. Aber an den Waggons prüfte niemand mehr die Papiere, niemand interessierte sich dafür, so wie es wahrscheinlich auch niemanden dort kümmerte, daß all diese Menschen in den Tod geschickt wurden. Das war das letzte Mal, daß ich meinen Vater sah: wie er dort gebeugt, hilflos unter den Schlägen der Polizisten zu den Waggons ging . . . Er war damals siebenundvierzig Jahre alt.

Uns aber, meiner Mutter, Chilek und mir, gelang es, aus der vorwärtsgetriebenen Menge auszubrechen. Zuerst versteckten wir uns auf der Toilette im Polizeigebäude, dann flüchteten wir vor den Polizisten von einem Ort zum anderen, kaum hatten wir uns den Griffen der einen entwunden, fielen wir den nächsten in die Hände – bis der Zug abgefahren war. Endlich verstummte alles. Die Dämmerung wurde dichter. Der Platz lag verlassen da. In der Dunkelheit zeichneten sich zurückgelassene Gegenstände ab: Kinderwagen, Kissen, Kleidungsstücke, einzelne Schuhe. Wir waren ganz allein auf dieser großen, stummen, schrecklichen Todesstätte.

Jederzeit konnten Nazis und Polizisten auftauchen und uns wie Hunde erschießen! Chilek und ich konnten diese Grabesstille, die plötzliche Einsamkeit und völlige Ungewißheit nicht ertragen. Wir machten unserer Mutter Vorhaltungen, daß sie uns von den Waggons fortgerissen hatte. Wir wußten doch, daß es hier kein Versteck gab, das die Nazis nicht kannten. Und zu allem Überfluß standen wir auch noch mitten auf dem Platz und bildeten eine ausgezeichnete Zielscheibe für die Maschinengewehre der Nazis. Chilek weinte vor

Grauen. Er selbst konnte sich als Arbeiter des Umschlagplatzes retten. Sie würden ihm höchstens befehlen, unsere Leichen wegzuschaffen! Aber mein Bruder wollte nicht leben, wenn wir sterben mußten. Es war schon zu spät, um meine Mutter noch zu überreden – der Zug war fort. Der nächste würde erst am Morgen eingesetzt. Würden wir es schaffen, bis zum Morgen hier zu überleben? Alles wies darauf hin, daß uns das Schlimmste bevorstand, das, was Chilek so sehr befürchtet hatte.

Meine Mutter verriet indessen mit keinem Wort Angst oder Zaudern. Sie bedauerte es nicht, daß wir der Deportation entgangen waren. Ganz im Gegenteil, sie war froh, daß wir den Polizisten davongelaufen und nicht in die Waggons getrieben worden waren. Sie sah sich vorsichtig um und schenkte unseren Vorhaltungen keine Beachtung. Sie war klug und mutig. Sie beruhigte Chilek und mich, erklärte uns sanft und nachsichtig, daß die Waggons den Tod bedeuteten. (Es war das erste Mal, daß sie in diesem Zusammenhang das Wort »Tod« benutzte. Früher hatte sie mir immer gesagt, daß die Waggons die Menschen zur Arbeit abtransportierten.) Warum hätten wir also nicht die Flucht versuchen sollen, zum Sterben kämen wir noch früh genug, es brauchte uns um diesen Transport nicht leid zu tun! Wir sollten kämpfen, anstatt vor Angst zu zittern, alles tun, was nur irgend möglich war, um nicht mit dem nächsten Transport fortgebracht zu werden.

Sie sagte uns das alles so ruhig, als säßen wir in der Geborgenheit unseres eigenen Hauses. Dann rückte sie die Jacke zurecht, die sie sich über die Schultern geworfen hatte, nahm mich fest bei der Hand und machte sich mit uns zum Schulgebäude auf. Sie wollte bei den Polizisten die Erlaubnis erwirken, daß wir uns irgendwo im Gebäude verstecken konnten. Sie rechnete damit, daß uns einer gegen versprochene Bezahlung mit Geld oder Schmuck in der Nacht hinausführen würde. Gerade heute hatten wir keinen Groschen bei uns. Aber vergebens appellierte sie an das Gewissen der jüdischen Polizisten, die den Eingang zur Schule bewachten, vergebens flehte sie um

Gnade bei ihnen, die sie wie einen Ball hin und her schubsten und traten. Selbst als Chilek, den viele von ihnen doch von der Arbeit auf dem Umschlagplatz kannten, um Hilfe bat, schenkten sie ihm nicht einmal Gehör. Dabei konnten sie uns doch verstecken und in der Frühe ins Ghetto bringen, noch bevor die nächste Aktion begann und der Zug für den nächsten Menschentransport eintraf. Sie konnten es – und sie taten es, Tag für Tag, allerdings gegen beträchtliche Geldsummen. Sie hatten sogar einen festen Preis dafür, daß sie Personen nach Bestechung der Nazipolizei wieder ins Ghetto hinüberführten: 10 000 Zloty pro Kopf, wie sie sich ausdrückten. Meine Mutter sah allerdings in dem Kinderjäckchen, das sie sich über die Schultern geworfen hatte, nicht danach aus, daß sie über eine solche Summe verfügte. Dennoch hatten die Polizisten das Gefühl, in Chileks Gegenwart zu einer gewissen Großzügigkeit verpflichtet zu sein, was ihnen ganz und gar nicht behagte. Deshalb lehnten sie jede Hilfe ab und jagten meine Mutter fort wie einen lästigen Hund.

Schließlich gelang es uns trotz allem, einen von ihnen zu bestechen. Für Chileks Uhr erklärte er sich bereit, mich und meine Mutter in das Gebäude zu lassen. Wir sollten uns in einem Kanalloch im Hof verstecken. Während dieser Transaktion gab es einen geringfügigen Zwischenfall, der nichtsdestoweniger für die Niedertracht der Polizisten bezeichnend war. Als Chilek seine Uhr abgegeben hatte, bemerkte das ein anderer Polizist neben ihm, der sich sogleich mit den folgenden Worten einmischte: »Was, von einem Bekannten, von deinem Arbeitskollegen auf dem Umschlagplatz nimmst du ein Entgelt dafür, daß du seine Mutter und Schwester rettest? Daß du dich nicht schämst!« Der Angesprochene zögerte einen Moment, dann gab er Chilek die Uhr unwillig zurück. Wir gingen schon auf unser Versteck zu, als uns der »Wohltäter« hinterhergelaufen kam, der an die Ehrgefühle seines Kollegen appelliert hatte, und von uns die Uhr verlangte – für sich selbst!

Erschöpft und in einer unbequemen Haltung verkrampft, quälten wir uns mehrere Stunden in der engen Kanalöffnung. Ein fest verschlos-

sener Eisendeckel trennte uns von der Welt. Wir waren buchstäblich vom Ersticken bedroht. Chilek zitterte unterdessen vor Angst, daß uns die Nazis finden und erschießen würden. Aus diesem Kanalloch hatte er schon mehr als einmal Leichen beseitigen müssen!
Zum Glück stellte sich später heraus, daß an diesem Abend nicht genug Waggons für alle Gefangenen dagewesen waren, so daß ein Teil von ihnen in einer Kammer des dortigen Polizeibüros bis zum Morgen warten mußte. Sobald Chilek das erfuhr, nahm er den eisernen Deckel ab, den er zuvor selbst so fest geschlossen hatte. Wenn hier noch andere Leute waren, dann konnten wir auch herauskommen und uns ihnen anschließen, ohne befürchten zu müssen, daß uns die Deutschen erschießen würden. Sie erschossen nur Einzelpersonen, die sich durch irgendein Wunder vom Transport hatten absetzen können. Während dieser ganzen, unendlich langen Nacht schloß ich fast kein Auge. Und meine Mutter begann wieder von einem Polizisten zum anderen zu laufen, mit ihnen zu verhandeln, sie anzuflehen, uns aus dem Umschlagplatz zu führen, bevor der nächste Zug nach Treblinka eintraf.

Endlich gelang es ihr, mit dem Versprechen einer Bezahlung (ein Armreifen, zwei Kilogramm Reis und Chileks Anzug) einen Polizisten zu überreden. Ich konnte unserem Glück kaum glauben: Die Polizisten brachten meine Mutter und mich zu einer Gruppe von mehreren Personen, die sie vor den Toren des Umschlagplatzes aufgestellt hatten. Wir sollten ins Ghetto zurückkehren!
Den »normalen Betrag«, den man bezahlen mußte, um von hier wieder wegzukommen, nämlich 20 000 Zloty für uns beide, hätten wir niemals aufbringen können! Unser Glück hatte ich allein meiner mutigen und klugen Mutter zu verdanken. Ich war so stolz auf sie, darauf, daß sie sich nicht hatte in Panik bringen lassen und sich nichts aus meinen und Chileks Vorhaltungen und hysterischen Anfällen gemacht hatte; darauf, daß sie so viel Standhaftigkeit und Willenskraft gehabt hatte, so viel Hartnäckigkeit in den Verhandlungen mit den Polizisten!

Wir kehrten auf unseren Dachboden in der Stawkistraße zurück. Dort trafen wir meine Tante, Halina und Marek an. Die freudigen Umarmungen nahmen kein Ende, als hätten wir uns seit Jahren nicht gesehen, als seien wir aus dem Jenseits zurückgekehrt. Vielleicht waren wir wirklich im Jenseits gewesen? . . . Mit Sicherheit auf seiner Schwelle . . . Von meinem Vater gab es kein Lebenszeichen.

[. . .]

Ich betete meine Mutter an. Ich bewunderte sie wegen ihrer Ruhe, Beherrschtheit und Klugheit, wegen ihrer Fähigkeit, so beherzt um unser Leben zu kämpfen, die Angst zu überwinden und sich jeder Panik in diesen schweren, grausamen Zeiten zu widersetzen. Ich liebte sie wegen ihrer grenzenlosen Hingabe und Liebe, die sie für uns, ihre Familie und alle Menschen empfand, denen wir in dieser Zeit begegneten, wegen ihres Lächelns, das nie von ihren Lippen wich, auch im Angesicht des Todes nicht, wie damals auf dem Umschlagplatz, als die Nazis ihre Maschinengewehre auf uns gerichtet hielten, und in vielen späteren Situationen, die ebenso schrecklich waren.
In schwierigen, gefährlichen Augenblicken sagte sie immer folgendes zu uns: »Ich will so gerne leben und die Niederlage unserer Henker miterleben, daß ich alles nur Mögliche tue und tun werde, um ihren Krallen zu entgehen! Und wenn uns das nicht gelingt, dann haben wir Pech. Man stirbt nur einmal, und wenn es mir auch um mein Leben leid tut – vor dem Tod habe ich keine Angst!« Ich wußte, daß jedes ihrer Worte völlig der Wahrheit entsprach. Ich wollte ihr so gerne ähnlich sein. Aber das fiel mir nicht leicht. Ich hatte Angst. Ich hatte vor allem Angst: vor den Nazis, den ständigen Aktionen und den dauernden Schießereien, die sie begleiteten. Aber am meisten fürchtete ich mich davor, meine Mutter zu verlieren, ich zitterte bei dem bloßen Gedanken daran. Ein Leben ohne meine Mutter konnte ich mir nicht vorstellen. Seit der Deportation meines Vaters

war die Bindung zwischen meiner Mutter und mir noch enger. Wir trennten uns nicht für einen Augenblick, wir teilten jede Beobachtung, jedes Gefühl und jede Ahnung, jede kleinste Wahrnehmung. Meine Mutter behandelte mich jetzt wie eine Erwachsene, wie eine Freundin. In dieser Zeit lernte ich, vieles besser zu verstehen als in den vergangenen, guten alten Zeiten. Ich las und erriet in ihren Augen die geringste Befürchtung und ihre Sorgen und Wünsche in jeder kleinsten Bewegung. Sie mußte mir nichts erklären, nichts sagen, ich wußte selbst, was sie wollte, was sie mitmachte, was sie vorhatte oder wie sie über etwas dachte. Und ich versuchte, ihr in allem zu folgen und ihr so viel wie möglich abzunehmen. Wenn meine Mutter zufrieden war, erfüllte mich das mit Freude und unbeschreiblichem Stolz. Ein zufriedener oder anerkennender Blick von ihr, wenn ich mich ohne vorherige Anweisung richtig verhalten hatte, machte mich glücklich.

Vor dem Krieg hatte ich oft Unfug gemacht, dauernd hatte man mich ermahnen müssen, und ich war böse geworden, wenn meine Mutter mir, wie ich meinte, ungerechtfertigte Vorwürfe machte. Selbst im Ghetto, als schon die Aussiedlungsaktionen begannen, hatte ich mich nicht immer richtig benommen. Aber plötzlich hatte sich das geändert, ich begann, alles mit anderen Augen zu sehen, anders zu verstehen, und meine Mutter wurde für mich zum höchsten und vollendeten Vorbild, und ich war glücklich, wenn ich ihr nacheifern konnte.

[. . .]

Als meine Mutter und meine Brüder zur Arbeit gegangen waren, blieb ich mit meiner Tante und Halina zurück. Im Nachbarzimmer wohnte eine Frau mit zwei kleinen Kindern. Nach der gestrigen Aktion hatten wir die Hoffnung, daß dieser Tag ruhiger und unsere Straße von der Blockade verschont bleiben würde. Auf dem Dachboden war es zu hell, sie hätten uns dort ohne Mühe gefunden, und

einen Keller gab es in dem Haus nicht. Ein ums andere Mal schauten wir durchs Fenster auf die Straße. Nichts verriet eine nahende Bedrohung. Doch plötzlich erblickten wir Nazis, die die Lesznostraße heraufzogen. »Eine Aktion in unserer Straße!« schrie meine Tante verzweifelt und faßte Halina und mich an der Hand. Wir liefen auf den Dachboden. Unsere Beine zitterten, die Herzen hämmerten vor Angst wie verrückt. Die Nazis sperrten die ganze Lesznostraße und die angrenzenden Seitenstraßen ab. Ich stellte mir vor, mit welchem Entsetzen meine Mutter jetzt von ihrem Fenster aus hierherblickte, während sie Uniformen für die Mörder und Henker nähte.
Es war ein klarer Hochsommertag. Der ungeschützte Dachboden war von Sonnenlicht überflutet, und die Horden der Menschenfänger kamen unserem Haus immer näher und näher . . . Aber wir wollten doch leben! Hastig schob meine Tante die beiden Kinder der Nachbarin, Halina und mich in einen Wandschrank, der sich an einer unzerstörten Wand des Dachbodens befand. Halina und mich drückte sie auf das untere Brett, die beiden Kleinen auf das obere. Sie schloß den Wandschrank ab und stellte eine zerbrochene Tür davor. Danach ging sie mit der Nachbarin in die Wohnung zurück, und beide versteckten sich wie vereinbart zwischen den Bettzeugbündeln.
Wir Kinder saßen da mit angehaltenem Atem. Die Fänger liefen über die Treppen, brachen Türen auf, schrien, lachten, schossen. Von Zeit zu Zeit kam einer auf den Dachboden gestürzt, fluchte, ging an unserem Kämmerchen vorbei und suchte weiter. Eine Zeitlang waren zwei gleich neben uns. Sie unterhielten sich. Die kleinste Bewegung, ein Schlucken, ein lauter Atemzug – und wir waren verloren. Ich versuchte, überhaupt nicht zu atmen. Die Kinder über uns – eines war vier, das andere sechs Jahre alt – machten in die Hose vor Angst. Der Urin rann mir auf den Kopf, übers Gesicht. Aber ich spürte fast nichts davon. Ich zitterte nur bei dem Gedanken, daß die Kleinen unfreiwillig, zum Beispiel durch ein Husten oder Schluchzen, unser Versteck verraten könnten. Ich war schweißgebadet vor Angst und drückender Hitze, die in dem engen, finsteren Kämmerchen herrsch-

te. Die beiden Nazis verschwanden, aber die Aktion ging weiter. Fünf Stunden lang saßen wir in dem Schrank.

Nach Einbruch der Dämmerung kam niemand aus den Verstecken und Unterschlüpfen. Alle warteten, bis die Polizisten ihre Plünderung in den Wohnungen beendet hatten, die nun nach der Aktion leer standen. Wir wußten aber, daß wir von der Aktion verschont geblieben waren, und warteten ruhig ab, so gerne wir auch hinausgegangen wären. Doch weder die Tante noch die Nachbarin ließen sich blicken. Die schlimmsten Ahnungen ergriffen uns: Vielleicht waren sie abtransportiert worden, vielleicht war auch meine Mutter aus der Baracke verschleppt worden, und niemand würde kommen, um uns zu befreien? Was sollte dann werden?

Meine Mutter war es, die uns dann endlich die Türe des Schranks öffnete: sie riß uns an sich und küßte uns heftig. Es stellte sich heraus, daß meine Tante und die Nachbarin auf den Umschlagplatz gebracht worden waren. Halina war Waise geworden. Der Vater der beiden Kleinen tauchte am Abend mit einem Rucksack bei uns auf, um seine Kinder zu holen und mit ihnen zu seiner Frau auf den Umschlagplatz zu gehen . . . Chilek und Marek versuchten vergeblich, die Tante mit Hilfe jüdischer Polizisten zu retten.

Meine Mutter hatte den ganzen Tag über hilflos aus dem Werkstattfenster geblickt und Höllenqualen durchlitten. Als sie aus der Baracke zurückkehrte und erfahren mußte, daß ihre geliebte Schwester fortgebracht worden war, krümmte sie sich unter der Heftigkeit ihres Schmerzes und alterte plötzlich um viele Jahre. Zum ersten Mal in meinem Leben sah ich meine Mutter weinen.

Chaim Frimer

In Würde sterben

Beginn des Warschauer Ghettoaufstands

Vater und ich waren als einzige unserer ganzen Familie übriggeblieben. Seit der großen Aussiedlung war alles Leben zerstört und aufgelöst. Alle Verbindungen zwischen den Mitgliedern unseres Jugendverbandes waren seit Monaten unterbrochen. Jeder Tag brachte neue Sorgen. Jede Stunde, die man noch lebte, war ein Geschenk des Schicksals. Trauer und Einsamkeit waren unser tägliches Brot. Unser einziger Kontakt mit der Außenwelt waren die Briefe, die Vater und ich von meinen in Arbeitslager deportierten Brüdern bekamen oder doch zu bekommen hofften. Tag für Tag lief ich zum

Postamt, um nachzufragen. Allein die Tatsache, daß man ein Ziel vor Augen hatte, auch wenn es unerreichbar war, schien uns etwas Positives zu sein.

Eines Tages im November 1942 ging ich wieder zur Post, um nach Briefen zu fragen. Der Tag war dunkel und regnerisch. Es war nach der Arbeit, kurz vor Sonnenuntergang. Ich stellte mich in der Schlange an. Nachdem ich wie üblich eine negative Antwort bekommen hatte, wandte ich mich zum Ausgang, um nach Hause zu gehen. In diesem Augenblick öffnete sich die Tür, und herein kam ein Mann mit Vollbart und Brille. Trotz dieser Aufmachung erinnerte er mich irgendwie an Israel Kanal, ein Mitglied unseres Jugendverbandes.

Ich kannte Israel gut, er war früher oft bei uns zu Besuch, aber ich hatte ihn schon mehrere Monate nicht mehr gesehen. Seit einiger Zeit erzählte man sich von einer Untergrund-Organisation, die Rache an den Deutschen nehmen wolle und schon einige von ihnen getötet habe. Aber man hatte das schon so oft gehört, daß man kaum noch daran glaubte.

Ich war durchaus nicht sicher, daß es Israel war. Schließlich kannte ich ihn ohne Bart, aber plötzlich kam mir ein Gedanke. Vielleicht gehörte er zu dieser Organisation? Der Mann sah mich an, als ob er mir etwas Wichtiges mitteilen wollte. Nun war ich sicher, daß er es war. Ein Zittern durchlief mich.

Israel hielt sich einige Augenblicke in der Post auf, während ich hinausging und beschloß, auf der Straße auf ihn zu warten. Als ich sah, daß er herauskam und in meine Richtung schaute, ging ich ein Stück weiter und betrat einen Hof. Ich bemerkte, daß er mir folgte. Kurz darauf holte er mich ein und sagte im Vorübergehen. »Wir treffen uns morgen abend Mila-, Ecke Zamenhofstraße.«

Ich ging nach Hause. Ich konnte die ganze Nacht kein Auge schließen. Die Erregung machte mich ganz benommen. Mir schien, als hätte mein trauriges Leben einen neuen Sinn bekommen.

Den größten Teil des Tages blieben die Straßen leer, nur in der Zeit vom Fabrikschluß bis zur Polizeistunde war das Ghetto voller Menschen. Zwischen fünf und sechs Uhr fand ich mich am Treffpunkt ein. Israel wartete schon auf mich. Wir traten in einen Hof. Er gab mir einen ganz kurzen Bericht. Es existierte eine jüdische Kampforganisation, die nur über sehr bescheidene Mittel verfügte. Ihre Mitglieder waren nur mit Stöcken und Messern bewaffnet. Er gehörte auch dazu. Das war alles, was er von sich erzählte. Er sagte, daß er schon längere Zeit auf der Suche nach einem ehemaligen Mitglied unseres Jugendverbandes sei, das als Verbindungsmann zwischen den früheren Kameraden und der Kampforganisation dienen könnte. Er schlug mir vor, diese Funktion zu übernehmen. Zuvor hatte er im Laufe des Gesprächs verschiedene Fragen geklärt. Zunächst, ob ich imstande wäre, der Kampforganisation beizutreten. Das bedeutete, die Familie zu verlassen und die ganze Person ausschließlich in den Dienst der Sache zu stellen. Ob ich bereit wäre, mein Leben aufs Spiel zu setzen und, wenn nötig, Mann gegen Mann mit so primitiven Waffen wie einem Stock, einem Messer oder einer Flasche Schwefelsäure zu kämpfen.

Ich stand zitternd und aufgeregt da, wie ein Schüler vor seinem Lehrer. Aber ich fühlte, daß jemand, dem eine so wichtige Aufgabe anvertraut wird, sich nicht aufregen durfte. Ich versuchte daher, so gut ich konnte, meine Erregung zu verbergen, und willigte in alle Bedingungen ein. Ich sah keinerlei Schwierigkeiten darin; ich war zu allem bereit.

[...]

Ich hatte jetzt einen neuen Maßstab, mit dem ich die Dinge und Ereignisse um mich herum beurteilte. In meinem Herzen erwachte das Bewußtsein der Verantwortung für eine große Sache, deren Bedeutung ich noch nicht kannte.

Wir trafen uns zweimal in der Woche bei unserem Genossen Lutek Rotblatt in der Muranowskastraße 44, um uns an Waffen ausbilden zu lassen. Wir waren drei Jungen und fünf Mädchen. Eine von ihnen

war Krisia, meine Verlobte. Unser Instrukteur war ein Mitglied der Linkssozialistischen Jugend, der in der polnischen Armee Korporal gewesen war. Sein Deckname war »Koza«.
In der ersten Stunde lernten wir, aus welchen Teilen eine Pistole besteht und wie sie funktioniert. Wir nahmen die Waffe auseinander und setzten sie wieder zusammen. Diese Übungen wurden mehrere Stunden lang fortgesetzt, bis wir mit der Waffe vollkommen vertraut waren. Luteks Mutter stand Wache, um uns vor unangenehmen Überraschungen zu schützen.
Es bestand ein Verbindungsweg zwischen diesem Hause und der Zamenhofstraße 56, wo eine Kampfgruppe stationiert war. Man hatte uns bis jetzt noch nichts über die wirklichen Aktionen gesagt, und wir kannten keine Kämpfer außer den Mitgliedern unserer Gruppe. Wir wußten nicht einmal, daß unsere Waffen jedesmal über die Dachböden aus der Zamenhofstraße gebracht wurden.

Einmal ging ich zu Lutek, um neue Anweisungen für die weitere Arbeit zu erhalten. Ich erfuhr von ihm, daß die Ausbildungsgruppe aufgelöst und die Mitglieder auf die regulären Kampfgruppen verteilt werden sollten. Ich wurde der Gruppe Benjamin Wald in der Fabrik von Többens zugeteilt. Eines Abends nach der Arbeit sagte ich meinem Vater, daß ich am nächsten Tag fortgehen müsse. Seine Augen füllten sich mit Tränen. Mit erstickter Stimme fragte er, was aus Krisia werden sollte. Ich antwortete ihm, daß man ihr gleichfalls einen Platz zuteilen würde. Vater unterstützte den Gedanken der Selbstverteidigung und eines Vergeltungskampfes, denn es gab in unserer Familie viele Tote zu rächen.
Aber nun, da er sich von mir trennen mußte, dem letzten der ganzen Familie, der ihm noch geblieben war, konnte er nur mit Mühe seinen Schmerz beherrschen. Er fragte, ob ich innerhalb des Ghettos bleiben oder auf die »arische« Seite gehen würde. Aber ich durfte es ihm nicht sagen, sosehr ich es wünschte. Ich antwortete, daß ich nicht wüßte, wo man mich hinschicken würde. Krisia war unzufrieden,

weil sie noch keiner Gruppe zugeteilt war. Ich erklärte ihr, daß alles nach einem strengen Plan vor sich ginge und wir alle Anordnungen befolgen müßten wie Soldaten. Sie gab mir zweihundert Zloty und ein kleines Bündel Wäsche mit. Ich empfing den Abschiedssegen meiner Lieben und verließ das Haus am frühen Morgen.

[. . .]

Es war Sonntag, der 18. April. Ich hatte für ein paar Stunden Urlaub bekommen. Unsere Gruppe war jetzt in der Milastraße, ganz in der Nähe meiner alten Wohnung. Daher konnte ich öfter nach Hause gehen. Ich wusch dort meine Wäsche, sprach mit Krisia, die noch immer keiner Gruppe zugeteilt worden war, und traf Vater. So wußten sie wenigstens, daß ich noch am Leben war.
Als ich gegen Mittag nach Hause kam, traf ich nur Krisia an, denn Vater arbeitete um diese Zeit in der Fabrik. Ich hatte gerade begonnen, mich umzuziehen, als ein Kurier von Israel Kanal kam und mir mitteilte, daß ich sofort auf meinen Posten zurückkehren müßte. Ich fragte, ob irgend etwas Besonderes vorgefallen sei, aber er wußte es auch nicht. Ich verabschiedete mich wie immer, ohne zu ahnen, daß ich Krisia nie wiedersehen sollte.
Bei unserer Gruppe eingetroffen, ging ich zu Israel und fragte ihn, warum er mich zurückgerufen hätte. Ohne irgendeine Erklärung befahl er mir, Schuhe und Stahlhelme an die Kampfgruppen auszugeben. Ich bestimmte andere, den verschiedenen Gruppen die Sachen zu überbringen. Dann erhielt ich den Befehl, Munition zu verteilen. Wir packten Körbe mit Molotowcocktails und gaben sie an die einzelnen Stellungen aus. Jeder ahnte, daß bald etwas geschehen würde.
Mordechai Anielewicz erschien bei uns und verschwand in Israels Zimmer. Nach einer Besprechung gingen sie durch das Haus und legten die Stellungen fest. Kuriere von anderen Gruppen kamen, um die eiserne Ration entgegenzunehmen, die aus Zwieback, Zucker

und Gerstenkörnern bestand. Ein Teil der Männer bekam Zyankali, vor allem jene, die Streifengänge zu machen hatten und daher besonders der Gefahr ausgesetzt waren, den Deutschen in die Hände zu fallen und bei einem Verhör gefoltert zu werden.

Am Abend wurde der Alarmzustand erklärt. Alle Losungen wurden ungültig. Nun wußten wir, daß die Deutschen die Liquidierung des Ghettos vorbereiteten. Für die Kämpfer aller Gruppen wurde eine gemeinsame Parole ausgegeben: »Jan-Warszawa«. Wir begannen die Stellung zu verstärken. Wir versperrten den Eingang zum Hof mit einem umgestürzten Wagen, dessen Räder in die Luft standen. Wir schleppten Schränke und andere schwere Möbelstücke aus den Wohnungen herunter und verbarrikadierten damit die Toreinfahrt. Die Fenster befestigten wir mit Sandsäcken. Dann wurden den Männern ihre Plätze zugewiesen.

Die Straße lag still. Es war bereits Polizeistunde. Die Nacht war klar, wir hatten Vollmond. Ich lag auf einem Balkon hinter vielen Kisten und Polstern in Deckung. Es war ein Beobachtungsposten, von dem aus man die Zamenhofstraße und den Ghettoeingang genau übersehen konnte. Ich hatte Mordechai und Israel ständig darüber zu informieren, was draußen vor sich ging. Ich sollte, wenn es soweit war, eine Granate werfen und damit das Signal zum Kampf geben. Ich hatte ein Mausergewehr, zwei volle Magazine, ungefähr zwanzig Schuß, mehrere selbstgemachte Granaten und eine polnische Handgranate. Angespannt beobachtete ich den Eingang zur Straße, von wo die Deutschen kommen mußten. Um mich herum war die helle, kühle Frühlingsnacht. Ich wechselte mich jede Stunde mit einem Kameraden ab.

Gegen zwei Uhr früh bog ein großer Lastwagen in die Zamenhofstraße ein. Einige Dutzend Letten in schwarzen Uniformen stiegen aus. Sie verteilten sich über die Straßen und bezogen dort Posten. Einer von ihnen brachte an der Zamenhof-Ecke Muranowska ein Maschinengewehr in Stellung. Ich fragte unser Kommando, was ich tun sollte, und bekam den Befehl, liegenzubleiben und abzuwarten.

Um fünf Uhr hörte man ein lautes Rattern. Wenige Augenblicke später sah ich mehrere Autos in das Ghetto hineinfahren. Sie erreichten den Platz und hielten an. Soldaten stiegen aus und stellten sich auf der Seite auf. Dann erschien ein Lastauto, das mit Tischen und Bänken beladen war. Die Entfernung zwischen mir und den Autos betrug ungefähr zweihundert Meter. Ich hatte einen Feldstecher und konnte alles gut beobachten. Die Tische wurden aufgestellt, Drähte wurden gelegt und Telefone installiert. Offenbar wurde eine Befehlsstelle eingerichtet. Neue Wagen kamen angefahren, in denen Soldaten mit Maschinengewehren saßen. Dann erschien eine Motorradabteilung. Es wurden Vorbereitungen getroffen wie für eine große Schlacht. Mehrere Rote-Kreuz-Wagen und leichte Panzer waren am Ghettoeingang zu sehen. Die Letten, die während der ganzen Nacht Posten gestanden hatten, wurden nun zurückgezogen und marschierten in Richtung Umschlagplatz ab, vermutlich um die dortigen militärischen Depots zu bewachen.
Punkt sechs Uhr traf eine Kolonne Infanterie ein. Eine Abteilung bog in die Wolynskastraße ab; die übrigen blieben stehen, als ob sie auf einen Befehl warteten. Kurz darauf erschien jüdische Polizei am Ghettotor. Sie verteilte sich auf beide Straßenseiten und begann sich in Richtung auf unser Haus zu bewegen. Durch einen anderen Kämpfer, der hinter mir lag, gab ich meine Beobachtungen an die Kampfleitung weiter. Als die Polizisten unser Haus erreichten, fragte ich, ob ich jetzt meine Granate werfen sollte. Man ließ mir sagen, ich solle noch warten. Sicher würden die Deutschen bald folgen, und sie wollten wir treffen. Tatsächlich erschien gleich darauf eine motorisierte Kolonne schwerbewaffneter Infanterie. Ich bekam Befehl, meine Granate zu werfen, sobald die Mitte der Kolonne sich unter dem Balkon befände.
Die Granate mußte mit einem Streichholz gezündet werden. Es war windig. Ich riß ein Streichholz an, aber bevor ich es an die Granate halten konnte, verlöschte es. Mit dem zweiten ging es mir ebenso. Die Kolonne war sehr lang, so daß keine Gefahr bestand, die Gele-

genheit zu verpassen. Ich versuchte es noch einmal, aber ohne Erfolg. In der Stellung, in der ich lag, konnte ich mich nicht richtig bewegen. Ich machte Meldung, und ein anderer Kämpfer, der neben dem Fenster postiert war, wurde bestimmt, seine Granate zu werfen.

Eine gewaltige Explosion gab das Signal. Von allen Stellungen zu beiden Seiten der Straße flogen jetzt Granaten auf die Deutschen. Durch das Getöse der Explosionen und Schüsse hörten wir das Rattern eines deutschen MGs, das von einem unserer Genossen aus der Nachbargruppe bedient wurde. Ich schoß mit meiner Mauserpistole in die Kolonne. Von meinem Balkon aus konnte ich die Verwirrung und Hilflosigkeit der Soldaten beobachten. Die Luft war voller Rufe und Geschrei. Viele suchten in den Hauseingängen Deckung, aber alles war verbarrikadiert. Mitten im Lärm und dem Schreien der Verwundeten hörte ich die überraschte Stimme eines Deutschen: »Die Juden haben Waffen! Die Juden haben Waffen!« Lange noch klang dieser erschreckte Ausruf in mir nach und erfüllte mich mit Freude. Einige gingen in den Eingängen ausgebrannter Läden in Stellung und erwiderten das Feuer. Das Gefecht dauerte ungefähr eine halbe Stunde. Dann zogen die Deutschen ab. Ihre Toten und Verwundeten ließen sie zurück. Ich blieb weiter auf meinem Beobachtungsposten.

Jetzt fuhren zwei große Panzer ins Ghetto herein, gefolgt von einer Kolonne Infanterie. Als der erste Panzer sich unserem Haus näherte, flogen von verschiedenen Seiten Molotowcocktails und mehrere selbsthergestellte kleine Bomben auf ihn herunter. Er fing Feuer und fuhr, während die Flammen aus ihm schlugen, in Richtung Umschlagplatz weiter. Der zweite Panzer blieb brennend auf der Straße stehen. Kurz darauf wurde unser Häuserblock mit Artilleriefeuer belegt, und wir erhielten den Befehl, uns zurückzuziehen. Unsere Männer begannen, jeweils zu zweit, das Haus zu verlassen. Sie waren alle mit Kalk und Mörtel bedeckt, denn einige Granaten waren in das Gebäude eingeschlagen. Nun rief Mordechai auch mich: »Steh auf, wir gehen!«

Ich folgte ihm. Wir gingen die Treppe zum Hof hinunter. Als wir im Hausflur waren, sah ich, daß der Ausgang zur Straße, den wir am Vortag verbarrikadiert hatten, einen Spaltbreit offenstand. Wahrscheinlich hatte jemand versucht, ihn aufzubrechen. Gegen den Türpfosten gelehnt stand ein Deutscher. Ich dachte, daß er uns auflauere, und zog meine Pistole, um ihm zuvorzukommen. Aber bevor ich schießen konnte, brach er in die Knie und stürzte zu Boden. Wahrscheinlich war er verwundet worden und hatte hier Schutz gesucht. Mordechai mahnte mich zur Eile.

Wir gingen durch den Hof in einen Keller, wo sich der Eingang zu dem darunter gelegenen »Bunker« befand. Beim Appell stellte sich heraus, daß niemand verwundet oder getötet worden war. Von draußen hörte man vereinzelte Schüsse. Wir setzten uns und aßen etwas. Jeder begann zu berichten, was er erlebt hatte. Einer versuchte, die Verluste des Feindes zu schätzen. Obwohl wir am Rande des Grabes standen, erfüllte uns ein Siegesgefühl, das stärker war als alles, was uns in den kommenden Tagen erwartete.

Der Bunker, in den wir hinunterstiegen, war ein unterirdischer Keller. Er begann mit einem kleinen Raum, der als Küche diente. Wenn man eintrat, konnte man nicht ahnen, daß dahinter noch ein zweiter großer Raum lag. Der geheime Eingang zu ihm befand sich in einem großen Ofen. Man mußte die Platte abnehmen, in den Ofen hineinsteigen und durch ein Loch in der Mauer kriechen, um dorthin zu gelangen. Obwohl der Raum gut getarnt war, hatten wir außerdem einen unterirdischen Tunnel gegraben, der zu einer Baugrube im Hof führte.

Am Abend hörten wir die Nachrichten des Geheimsenders der Polnischen Widerstandsbewegung. Man schilderte den heutigen Kampf und beglückwünschte uns. Auch ein englischer Sender berichtete über den Aufstand. Wir waren glücklich, denn nun wußten wir, daß die Welt auf uns blickte – uns, die letzten Überlebenden in den Erdlöchern unter dem toten Ghetto.

Den Tag über konnten wir keine Verbindung zu anderen Kampfgruppen aufnehmen. Als es Abend wurde, befahl mir Mordechai, auf das Dach unseres Hauses zu klettern und auszukundschaften, was in der Straße vor sich ging. Ein Kamerad begleitete mich. Wir wickelten uns Lumpen um unsere Stiefel, setzten Stahlhelme auf und steckten uns einige Granaten in den Gürtel. Mit gezogener Pistole gingen wir hinaus. Der Torweg war noch immer verbarrikadiert, der umgestürzte Wagen lag an seinem Platz. Wir stiegen auf den Dachboden. Vorsichtig schauten wir auf die Straße hinunter. Alles war leer und verwüstet, und man konnte kein Lebenszeichen entdecken. Wir gingen in die Wohnung, und ich kroch auf den Balkon. Am Ghettotor standen die Posten wie immer. Unter uns lag der ausgebrannte Panzer, aus dem noch immer schwelender Rauch stieg. Die Deutschen hatten ihre Toten und Verwundeten fortgeschafft . . .

Dies ist die Hölle

Die 1922 geborene RUTH ELIAS wuchs in Ostrau auf. Als Böhmen und Mähren im März 1939 von den Deutschen besetzt wurde, konnte die tschechische Jüdin in einem Dorf untertauchen. Aufgrund einer Denunziation wurde sie am 2. April 1942 nach Theresienstadt deportiert. Dort heiratete sie ihren Freund Koni, um den gefürchteten »Osttransporten« zu entgehen. Mitte Dezember 1943 mußte sie doch den Weg nach Auschwitz antreten. Wie durch ein Wunder überlebte die im achten Monat Schwangere Anfang Juli 1944 die Selektion durch den Lagerarzt Dr. Mengele. Am 3. August 1944 schenkte Ruth Elias einem Mädchen das Leben. Sie durfte es jedoch nicht stillen, da Mengele herausfinden wollte, wie lange ein Neugeborenes ohne Muttermilch leben kann. Um das geliebte Kind von den Leiden zu befreien, tötete sie es nach einer Woche mit einer Überdosis Morphium. Im Oktober 1944 kam Ruth Elias ins Arbeitslager Tucha bei Leipzig, wo sie ihren zweiten Mann Kurt kennenlernte. – Nach der Befreiung kehrte sie in ihre tschechische Heimat zurück; 1949 wanderte sie nach Israel aus.

RUTH ELIAS

Ab heute besitze ich keinen Namen mehr

Wieder stand der Zug bereit. Eine große Anzahl von Viehwaggons. Die Jungen von der Transportleitung luden wieder die diversen Koffer auf, die SS patrouillierte vor diesem Zug, Gewehre mit aufgesetztem Bajonett über die Schulter geworfen. Ein Laufsteg wurde an die Öffnung des Waggons gebracht, und das Aufladen der Menschenfracht begann. Für Viehtransporte schüttete man im allgemeinen Stroh auf den Boden, aber für Menschen, noch dazu für Juden, war das überflüssig. Diese Juden konnten doch auf den rohen Brettern ohne Unterlage liegen. Liegen? Wo war denn Platz zum Liegen? Wir wurden in die Waggons gejagt. »Schneller, schneller, ihr Saujuden!« Das waren die feinen Worte des Herrenvolkes. Langsam füllte sich der Waggon. Waren es fünfzig, sechzig, oder siebzig Menschen? Endlich war er vollgeladen. Die große Schiebetür wurde von außen geschlossen und wahrscheinlich gut verkettet, damit wir von innen diese Tür nicht aufmachen konnten. Langsam gewöhnte sich das Auge an das Halbdunkel. Im Waggon waren zwei Eimer. Einer davon war mit Wasser gefüllt, der zweite sollte uns als Toilette dienen. Im Waggon befanden sich Alte, Kranke, Kinder und wir jüngeren Menschen. Wir fingen an, uns zu organisieren. Es war kaum Platz zu einem gedrängten Sitzen, geschweige denn zum Liegen. An den vier oberen Ecken des Waggons waren kleine Fensteröffnungen, von draußen mit Stacheldraht versehen, damit ja niemand hinausspringen konnte. Wer hätte schon durch so eine Öffnung kommen können? Doch diese Öffnungen erwiesen sich als sehr nützlich, aus zwei Gründen: Erstens mußte der Toiletteneimer, wenn er voll war, entleert werden. Wir Bewohner dieses Viehwaggons standen auf, drängten uns in die eine Hälfte des Waggons, und einer der jungen Männer versuchte, den Eimer durch das obere Fenster zu leeren. Wieviel von dessen Inhalt sich dabei in den Waggon ergoß, weiß ich nicht, jedenfalls stank es dort entsetzlich. Der zweite Nutzen dieses kleinen Fensters war, daß sich ein junger Mann einem anderen auf die Schultern schwingen und hinausblicken konnte, um sich und uns zu informieren, wo wir uns befanden. Ja, wir fuhren nach Osten.

Besonders schwer wurde es jedesmal, wenn wir an einem Ort vorbeifuhren und jemand im Waggon sagte: »Da bin ich geboren. Das ist mein Zuhause gewesen!« So erging es auch mir, als wir Ostrau passierten. Ganz in der Nähe des Oderfurter Bahnhofs ist Onkel

Hugos Haus. So nah und so weit entfernt. Ich konnte meine Tränen nicht länger zurückhalten.

Im Waggon weinten die Kinder, die Kranken stöhnten, und im Nu war der Wassereimer leer, und der Durst begann uns zu plagen. Für die Nacht organisierten wir uns, so gut wir konnten. Die eine Hälfte von uns streckte die Glieder aus und versuchte zu schlafen, während sich die zweite Hälfte stehend aneinanderdrängte. Es war bitter kalt in dieser Dezembernacht, einige Grad unter Null, und dieses Gedränge half uns wenigstens, einen Körper an dem anderen zu erwärmen. Wir versuchten, so gut wir konnten, den Kranken und Kindern zu helfen, aber mit leeren Händen und unter diesen Umständen ist das sehr schwierig. So blieben uns nur gute Worte, welche aber diesen Elendszustand nicht lindern konnten.

Die Kleinkinder klammerten sich an ihre Mütter, welche sie verzweifelt zu trösten suchten. In dieser Situation erklang plötzlich ein Lied, welches eine Mutter ihrer kleinen, etwa fünfjährigen Tochter sang: »Eine rosa Krinoline kauf ich dir, mein Kind, wenn wir zusammen auf deinen ersten Ball gehen werden . . .«

Ein ganz einfacher Schlager, aber für uns, in unserem Zustand, herzerschütternd. Mit Tränen in den Augen stimmten wir alle in dieses Lied ein. Später, sooft ich das Lied hörte, sah ich immer diese Szene vor mir. Beide, Mutter und Kind, wurden vergast.

War es eine Nacht? Oder vielleicht zwei Nächte, welche wir in diesem Viehwaggon zubrachten? Oder war es ein Jahr? Oder eine Ewigkeit? Unendlich zog sich die Zeit dahin. Der Zug kam irgendwann zum Stillstand. Es war ein Spätnachmittag. Die Türen wurden aufgerissen, und wir standen einem fürchterlichen Inferno gegenüber. Schreien. Hundegebell. Bei einem flüchtigen Blick hinaus sah ich unzählige Lichter in regelmäßigen Abständen, doch zu irgendwelchen näheren Betrachtungen war keine Zeit.

Ein unaufhörliches Gebrüll: »Hinaus, hinaus, alles liegenlassen! Hinaus, hinaus, schneller, ihr Schweinehunde! Aufstellen zu fünft! Aufstellen zu fünft! Schneller, schneller, hinaus!«

Dazwischen das schreckliche Hundegebell, immer lauter und lauter. Blindlings gehorchten wir. Wir konnten nur reagieren, zum Denken blieb keine Zeit. Wir sprangen von den hohen Waggons herunter. Alte und Kranke fielen hin, wurden von den SS-Männern, welche schrien und Hunde an der Leine führten, mit Knüppeln geschlagen. Kinder schrien und weinten. Zwischen den SS-Männern gingen so komische Gestalten in so komischen blaugrau gestreiften Anzügen und einer ebenso gestreiften Tellerkappe umher. Die Anzüge sahen wie Pyjamas aus. Diese Menschen schauten dem Schauspiel schweigend zu, wahrscheinlich war ihnen verboten, mit uns zu sprechen.
Ich faßte Mut und fragte eine dieser Gestalten: »Wo befinden wir uns?«
Und er antwortete, ohne aufzublicken: »Auschwitz.«
Doch dieser Name sagte mir absolut nichts. Für mich war das der Name einer der vielen Städte in Polen. Damals wußte ich noch nicht, wie tief sich dieser Name in mein Ich eingraben würde, um nie wieder dieses Ich zu verlassen.
Diese traurige Menschenschlange, in Fünferreihen gruppiert – denn Ordnung muß sein –, setzte sich, von SS mit schießbereiten Gewehren flankiert, in Bewegung. Kein Wort fiel, ganz eingeschüchtert schritten wir automatisch voran. Nur ein Gedanke leitete uns: Wir müssen zusammenbleiben, Koni und ich, wir dürfen uns nicht verlieren. Vor einem großen Gebäude kamen wir zum Stillstand und bekamen den Auftrag, uns nackt auszuziehen. Unmöglich, diesen Auftrag zu befolgen, wo doch Frauen, Männer und Kinder dabei waren. Erst nachdem einige Peitschenhiebe von der SS ausgeteilt worden waren, folgten wir diesem Befehl. Dies alles bei 10 bis 15 Grad unter Null. Es war ganz kurz vor Weihnachten. Wir wurden in einen großen Raum mit vielen Duschen geführt, welche an der Decke angebracht waren. Eiskaltes Wasser wurde auf uns heruntergelassen. Wir konnten diesem eisigen Strom nicht ausweichen, denn wir waren in diesem Raum dicht aneinandergepfercht. Wir fluchten, doch heute bin ich froh, denn ich bin nicht sicher, ob dies nicht derselbe Raum

war, wo anstatt Wasser auch Zyklon-Gas durch die Duschen strömen konnte. Es gab keine Seife zum Waschen, kein Handtuch zum Abtrocknen. Wir waren triefend naß. Kleider wurden uns zugeworfen. Weg war mein pelzbesetzter warmer Wintermantel, welcher mich soviel Brot gekostet hatte. Ich bekam ein dünnes, dunkelblaues Seidenkleid mit einem ebenfalls dünnen Mantel, keine Unterwäsche, keine Strümpfe, dafür aber Holzpantinen. Bevor wir in diesen Duschraum geführt wurden, mußten wir unsere eigenen Kleider und Schuhe zusammenbündeln, doch diese eigene Kleidung bekam ich nie mehr wieder. Nachdem ich so elegant eingekleidet war, begann ich Koni zu suchen. Doch alle Männer waren inzwischen abgeführt worden. Wohin? Niemand wußte es. Viele Frauen fingen zu weinen und zu klagen an, riefen ganz laut nach ihren Männern, Söhnen oder Vätern. Eine tröstete die andere, doch wußten wir, daß dies leere Worte waren. In dieser Situation fiel mir eine junge Frau auf, welche ganz alleine abseits stand und weinte. Als ich näher kam, hörte ich ihr Murmeln: »Wo ist mein Erischek? Man hat mir meinen Erischek genommen. Ich will meinen Erischek.«

Ich versuchte sie zu trösten, daß uns alle dasselbe Los getroffen habe, daß alle Frauen hier ihre zugehörigen Männer vermißten, doch nichts half. Das Jammern ging weiter. Ich blieb bei »Houstina« Ruth Nassau, später Jokl, um ihr über diese schwere Stunde der Trennung zu helfen, was auch mir nicht leicht war, denn ich vermißte Koni ebenso und wußte nicht, was mit ihm geschehen war.

Wir Frauen und alle Kinder wurden in einer riesig großen Holzbaracke untergebracht, welche an beiden Seiten dreistöckige Bettgestelle aus Holz, aber ohne Matratzen hatte. Jede von uns erhielt eine dünne Decke zum Zudecken, und so ausgerüstet erklommen wir unsere »Betten«. Uns allen war schrecklich kalt, wir froren unbeschreiblich bei dieser niedrigen Temperatur, so daß wir uns zu dritt zusammenkauerten, um uns mit drei Decken zuzudecken und Körper an Körper zu erwärmen. Houstina weinte noch immer: »Wo ist mein Erischek«, bis der Schlaf sie doch übermannte.

In der Frühe, als »Tee« zum Frühstück ausgeteilt wurde, stürzten wir uns wie eine Horde Wilder auf diese ekelerregende Flüssigkeit. Bis auf die wenigen Tropfen Wasser, welche wir beim Duschen in unseren Mund hatten fließen lassen, hatten wir kein Essen und kein Wasser erhalten. Es ist in uns wahrscheinlich nur der tierische Instinkt geblieben, denn anders kann ich mir unser ungezügeltes Benehmen nicht erklären. Wir kamen doch alle aus demselben kulturellen Milieu, waren doch bis dahin ganz zivilisiert und ruhig. Was veranlaßte uns zu diesem Benehmen? Es war wahrscheinlich der Selbsterhaltungstrieb, welcher von nun an unsere Verhaltensweise diktierte.
Nach diesem so reichhaltigen Frühstück fing die Registrierung, hauptsächlich aber die Numerierung an. Wir mußten unseren linken Unterarm hinhalten, und einer jeden von uns wurde eine Nummer eintätowiert. Zuerst verstanden wir nicht, warum man uns numerierte, doch langsam fingen wir zu verstehen an. Wir sind keine Menschen mehr. Wie Vieh wurden wir in Waggons verladen und nach Auschwitz gebracht, wie Vieh wurden wir jetzt gezeichnet. Die Nummer bedeutet Entpersonifizierung. Ab heute besitze ich keinen Namen mehr. Ich bin nun »Nummer 73 643«. »Nummer 73 643« habe ich zu antworten, wenn ich nach meinem Namen gefragt werde.

JANKA HESCHELES, geboren um 1930 in Lemberg, schrieb ihre Gedichte im Alter von elf Jahren im Lager Janów. Sie konnte aus dem Lager fliehen und überlebte in der Obhut polnischer Widerstandskämpfer.

JANKA HESCHELES

Belzec

Wie schrecklich der Anblick –
ein Waggon voller Menschen
und Tote dazwischen.
Nackt stehn sie, ihr Stöhnen
geht unter im Rattern der Räder.
Nur der Verurteilte hört,
was das Rad zu ihm spricht –
nach Belzec . . . nach Belzec . . . nach Belzec . . .
zum Tode . . . zum Tode . . . zum Tode . . .
nach Belzec . . . nach Belzec . . . nach Belzec . . .
für den Tod . . . für den Tod . . . für den Tod.
Willst du leben, so spring,
lauf, fliehe, aber denke daran –
der Bahnschutz lauert und flüstert
dem doppelt Verurteilten zu:
sinnlos dein Weinen, sinnlos dein Schluchzen,
nie mehr siehst du die Mutter,

den Vater nie mehr.
Das Rad, es rollt, rollt
nach Belzec . . . nach Belzec . . . nach Belzec . . .
zum Tode . . . zum Tode . . . zum Tode . . .
nach Belzec . . . nach Belzec . . . nach Belzec . . .
für den Tod . . . für den Tod . . . für den Tod.
Langsamer wird der Zug,
hört auf zu fahren.
Aus tausend Brüsten
aufquillt ein Stöhnen.
Der Zug ist am Ziel
die Lokomotive pfeift:
hier Belzec . . . hier Belzec . . . hier Belzec.

Janka Hescheles

Mutter

So weh ist mir
so schwer.
Aber du bist fern.
Erde deckt deine Augen,
dein teures Herz hat aufgehört zu schlagen.

Warum tust du mir weh
und ließest mich allein
unter so vielen Fremden?
Allein muß ich mich quälen.

Vielleicht siehst du von oben zu mir herab
und schiltst mich nicht zu sehr.
Und wenn es Nacht ist,
wirst du zu mir kommen,
wirst dich auf meine Pritsche setzen
und meine Stirne küssen
wie einst.

Die Stunden zähl ich, die Minuten,
und warte auf das Wunder,
auf deine innige Umarmung.
So froh ist dann mein Herz,
so leicht und friedvoll.

Aber der Traum ist kurz,
zu kurz, um mich genug zu freu'n,
und wandelt sich in um so tiefern Schmerz.
Schon gingst du wieder fort.
Dich ängstigt diese Welt, ich weiß,
der Menschen böses Angesicht.

Verkrochen unter meiner dünnen Decke
suche ich Trost.

EISIK FLEISCHER schrieb dieses Gedicht mit 13 Jahren. Der Entstehungsort ist unbekannt.

EISIK FLEISCHER

ALLEIN

Da lieg' ich auf dem kalten Boden
Ganz einsam in der Nacht.
Hab' nicht gegessen, nichts getrunken,
Immer nur nachgedacht.

Die Brüder erschossen, die Schwester verloren –
Darum bin ich allein in der Nacht,
Denn der Vater ist von der Gestapo geholt.
Drei Pogrome sind schon gemacht.

Der Tod hat alle mir genommen,
Nur mich ließ er zurück.
Deshalb liege ich auf der Erde
Und bewein' mein Geschick.

Hat mich denn ein Stein geboren,
Keiner Mutter Schoß?
Muß ich diese Zeit erleben,
Tragen so ein Los?

Habe doch ein Heim gehabt und satt zu essen,
Geschwister, Wärme und viel Licht.
Heut lieg' ich hier auf kalter Erde
Und mache ein Gedicht.

Brüder und Schwester, wo seid ihr jetzt nur?
Wo ruht denn euer Gebein?
Es ist kalt, und schwer, so zu leben,
Drum lieg' ich und wein'.

ELISABETH GUTTENBERGER

Das »Zigeunerlager« Auschwitz-Birkenau

1926 wurde ich in Stuttgart geboren. Ich hatte vier Geschwister, die auch dort zur Welt kamen. Meine Eltern waren schon längere Zeit in Stuttgart ansässig. Wir wohnten in einem sehr schönen Stadtteil mit vielen Gärten und Grünflächen. Mein Vater verdiente seinen Unterhalt mit Antiquitäten und Streichinstrumenten.

Mit unseren Nachbarn lebten wir friedlich zusammen. Niemand hat uns diskriminiert. Alle waren freundlich zu uns. Wenn ich an diese Zeit zurück-

denke, so muß ich sagen, daß sie die schönste in meinem Leben war. [. . .]
Meine Lehrerin war eine Persönlichkeit und eine Gegnerin des Hitler-Regimes. [. . .] Ich verdanke es ihr, daß ich mit der achten Volksschulklasse abschließen konnte. Sonst hätte ich Auschwitz nicht überlebt, ohne eine gute Schulbildung wäre ich niemals in die Schreibstube gekommen. [. . .]
Im März 1943 wurden wir verhaftet. Morgens früh um sechs Uhr kam die Polizei und hat uns mit Lastwagen abgeholt. Ich war damals gerade siebzehn Jahre alt. Zusammen mit meinen Eltern, vier Geschwistern, einer dreijährigen Nichte, mit meiner achtzigjährigen Großmutter und vielen anderen Verwandten wurde ich nach Auschwitz deportiert. Die andere Großmutter kam wenig später mit ihrer Tochter und neun Enkeln auch dorthin. [. . .]
Als wir nach Auschwitz deportiert wurden, blieb unser Zug aus irgendeinem Grund plötzlich stehen. Aus der Gegenrichtung kam auch ein Zug, der genau neben uns gehalten hat. Da konnten wir dem Lokführer direkt ins Gesicht sehen, und mein Vetter fragte ihn: »Sagen Sie mal, wo ist das, was ist denn dieses Auschwitz?« Ich vergesse niemals die Augen dieses Lokführers. Er hat uns angestarrt und kein Wort herausgebracht. Denn er war einer von denen, die diese schrecklichen Menschentransporte fahren mußten. Er konnte nichts sagen, er hat durch uns hindurchgesehen. Erst in Auschwitz habe ich begriffen, weshalb dieser Mann uns keine Antwort geben konnte. Er war wie versteinert.
Der erste Eindruck, den wir von Auschwitz bekamen, war schrecklich. Es war schon dunkel, als wir angekommen sind. Ein riesiges Gelände, doch man hat nur die Lichter gesehen. Die Nacht mußten wir in einer großen Halle auf dem Fußboden verbringen. Am frühen Morgen mußten wir dann in das Lager marschieren. Dort hat man uns erst mal die Häftlingsnummer in den Arm tätowiert und die Haare abgeschnitten. Die Kleider, die Schuhe und die wenigen Dinge, die wir noch dabeihatten, wurden uns weggenommen.

Das »Zigeunerlager« lag im Lagerabschnitt Birkenau, zwischen dem Männerlager und dem Häftlingskrankenbau. In diesem Bereich standen dreißig Baracken, die man Blöcke nannte. Davon gingen Küchen, Krankenstuben und Waschraum ab. Ein Block war die Toilette für das ganze Lager. In den restlichen Blöcken waren mehr als zwanzigtausend »Zigeuner« untergebracht. Die Baracken hatten keine Fenster, sondern nur Lüftungsklappen. Der Fußboden war aus Lehm. In einer Baracke, die vielleicht für zweihundert Menschen Platz gehabt hätte, waren oft 800 und mehr untergebracht. Das allein war schon ein furchtbares Martyrium, diese Unterbringung der vielen Menschen.

Meine Tante ist neben mir gelaufen. Wir sahen uns an, und uns beiden sind die Tränen runtergelaufen. Der Eindruck! Es war grausam. Die Menschen saßen reglos in diesen Buchsen und haben uns nur angestarrt. Ich habe gedacht, ich träume, ich bin in der Hölle.

Nach ungefähr vierzehn Tagen wurden wir zu Arbeitskommandos zusammengestellt. Mit vielen anderen Frauen mußte ich schwere Steine zum Bau des Lagers tragen. Die Männer mußten die Lagerstraße bauen. Auch alte Männer, ob sie krank waren oder nicht. Egal. Man hat sie alle herangezogen. Mein Vater war damals einundsechzig. Darauf hat man keine Rücksicht genommen. Auf nichts und niemanden. Auschwitz war ein Vernichtungslager.

Damals war das Lager Birkenau noch nicht fertiggestellt. Am schlimmsten war der Hunger. Die hygienischen Verhältnisse sind nicht zu beschreiben. Es gab kaum Seife und Waschmöglichkeiten. Und als Typhus ausbrach, konnten die Kranken nicht behandelt werden, weil es keine Medikamente gab. Die Hölle war das. Man konnte es sich nicht schlimmer vorstellen. [. . .]

Zuerst starben die Kinder. Tag und Nacht weinten sie nach Brot. Sie sind alle sehr bald verhungert. Auch die Kinder, die in Auschwitz zur Welt gebracht wurden, haben nicht lange gelebt. Das einzige, worum sich die SS bei den Neugeborenen gekümmert hat, war, daß man sie ordnungsgemäß tätowiert hat. Die meisten starben wenige Tage nach der Geburt. Es gab keine Pflege, keine Milch, kein warmes Wasser, geschweige denn Puder oder Windeln. Die größeren Kinder ab zehn Jahre mußten für die Lagerstraße Steine schleppen – bei diesem Hunger, wo doch täglich die Kinder verhungert sind.

Dazu kam dann noch die Brutalität der SS-Leute. Täglich haben sie Menschen totgeschlagen. In unserem Arbeitskommando mußten wir alles im Laufschritt machen. Ein SS-Blockführer fuhr mit dem Rad nebenher. Wenn eine Frau stürzte, weil sie schon zu schwach war, prügelte er sie mit einem Stock. Viele sind an den Folgen dieser Mißhandlungen gestorben. Der Blockführer hieß König. [. . .]

Ungefähr nach einem halben Jahr war ich in die Häftlingsschreibstube gekommen. Dort mußte ich Karteikarten nach den Transportlisten anlegen und habe das Hauptbuch für die Männer in unserem Lager geführt. Täglich mußte ich die Sterbemeldungen eintragen, die vom Krankenbau zur Schreibstube gebracht wurden. Es waren Tausende, die ich in das Buch eingetragen habe.

Ich war gerade acht Tage in der Schreibstube, da kam eine Totenmeldung, auf welcher der Name meines Vaters stand. Ich war wie gelähmt, mir sind die Tränen nur so runtergerollt. In dem Moment wird die Tür aufgerissen, der Oberscharführer Plagge stürmt herein und schreit: »Warum flennt die denn dahinten in der Ecke?« Ich konnte nicht antworten. Aber meine Freundin, die Rapportschreiberin Hilly Weiss, hat gesagt: »Ihr Vater ist gestorben.« Darauf erwiderte der SS-Mann: »Wir müssen alle mal sterben.« Und verließ die Schreibstube. [. . .]

Die Sinti haben sich auch gegen die »Liquidierung« des »Zigeunerlagers« zur Wehr gesetzt. Das war eine ganz tragische Geschichte. Da haben sich unsere Sinti aus Blech Waffen gemacht. Sie haben sich die Bleche zugeschnitzt zu Messern. Damit und mit Stöcken haben sie sich bis zum Äußersten gewehrt. Ich kenne eine Augenzeugin, eine Polin, Zita hieß sie, die war bei uns gegenüber im

Arbeitseinsatz, die hat die Auflösung des »Zigeunerlagers« miterlebt. Sie hat mir später unter Tränen erzählt, wie sich die Sinti so verzweifelt geschlagen und gewehrt haben, weil sie wußten, daß sie vergast werden sollten. Und dann wurde dieser Widerstand mit Maschinenpistolen niedergeschossen. [. . .]
Der SS-Lagerarzt, der im »Zigeunerlager« Dienst versah, hieß Doktor Mengele. Er war einer der gefürchtetsten Lagerärzte von Auschwitz. Neben allem anderen, was SS-Lagerärzte in Auschwitz verbrochen haben, hat er an Krüppeln und Zwillingen Versuche unternommen. Auch meine Cousinen, die Zwillinge waren, dienten ihm als »Versuchskaninchen«. Nachdem er an ihnen verschiedene Messungen und Injektionen vorgenommen hatte, wurden sie vergast.
Als die letzten Sinti und Roma in die Gaskammer geschickt wurden, bei der letzten Vergasungsaktion, da hat man dann auch die Zwillingskinder vergast. Auf Befehl von Mengele sind ihre Leichen noch seziert worden, bevor sie verbrannt wurden. Er wollte sehen, wieweit die inneren Organe von Zwillingen einander ähnlich sind.
Im Jahr 1944 sind etwa zweitausend arbeitsfähige Menschen aus unserem Lagerabschnitt auf Transport geschickt worden. Zurückgeblieben sind noch etwa dreieinhalbtausend. Es waren alte Menschen, Kranke, Kinder und andere, die nicht mehr schwer arbeiten konnten. Diese wurden am 2. August 1944 »liquidiert«, wie die SS es nannte. Von den dreißigtausend Sinti und Roma, die nach Auschwitz deportiert wurden, überlebten nur ungefähr dreitausend das Lager. Die Kenntnis dieser Zahlen erbrachte meine Arbeit in der Schreibstube.
Ich selbst habe etwa dreißig Verwandte in Auschwitz verloren. Beide Großmütter starben dort. Eine Tante mit zehn Kindern war dort. Nur zwei Kinder haben überlebt. Eine andere Tante mit fünf Kindern war ebenfalls in Auschwitz. Niemand von ihnen hat das Lager überlebt. Eine weitere Tante wurde ganz zum Schluß noch vergast. Mein Vater

ist gleich in den ersten Monaten buchstäblich verhungert. Meine älteste Schwester bekam Typhus und starb im November 1943 an den Folgen. Natürlich spielte dabei auch die Unterernährung, der Hunger eine Rolle. Dann starb mein Bruder, mein jüngster Bruder. Er war dreizehn Jahre alt. Er hat schwere Steine tragen müssen, bis er zum Skelett abgemagert war. Meine Mutter starb einige Monate darauf. Sie sind alle verhungert.
Man kann Auschwitz mit nichts vergleichen. Wenn man sagt: »Die Hölle von Auschwitz« – dann ist das keine Übertreibung.

Amalie Schaich

»Dort, wo ihr hinkommt, geht's euch gut«

Am 10.6.1938 wurde ich im Allgäu von der Gendarmerie mit meinen Geschwistern: Anton (Jahrgang 1930), Scholastika (Jahrgang 1933), Adolf (Jahrgang 1937), Emil (Jahrgang 1926) unseren Eltern weggenommen. Ich war damals neun Jahre alt. Mein Vater kam sofort in ein KZ, meine Mutter etwas später. Sie ist im KZ Bergen-Belsen umgekommen. Zusammen mit meiner Schwester Scholastika kam ich in das Kinderheim Schönenbürg bei Ulm. Meine Brüder Anton und Emil kamen nach

Oggelsbeuren, mein Bruder Adolf in das Kinderheim Baindt bei Ravensburg.

Im September 1939 kam ich mit anderen Sinti-Kindern in das Kinderheim »St. Josefspflege« nach Mulfingen. Dort wurden wir als »Zigeuner« zentral zusammengefaßt. Mit mir zusammen waren die Geschwister Mai und Winter. Wir dürften etwa 40 Sinti-Kinder in diesem Heim gewesen sein. Betreut wurden wir von den Ordensschwestern und von der Lehrerin Johanna Nägele. Wir erhielten von ihr regulären Unterricht. Die 5. und 6. Klasse besuchte ich bei der Schwester Amandina. Als wir getrennt waren von unseren Eltern, haben wir zuerst sogar noch Briefe ins Heim gekriegt, aber nur Grüße, alles andere war durchgestrichen. Da hab' ich dann die Schwester gefragt: »Warum schicken sie uns denn solche Briefe, in denen alles durchgestrichen ist?« Und damals habe ich ja schon einiges gehört von den Zuständen im KZ.

In Mulfingen wurden wir des öfteren von einem Mann und einer Frau aufgesucht. Sie kamen vom Rassenhygiene-Institut in Berlin, das die Erfassung und Aussonderung aller Sinti im damaligen Deutschen Reich betrieb. Die Frau hieß Eva Justin. Der Mann war Dr. Ritter. Beide versuchten, mit uns in unserer Sprache, auf Romanes, zu reden. Außerdem führte Frau Justin verschiedene Teste für ihre Doktorarbeit durch. Sie hat die Kinder immer angelockt, daß sie sich fotografieren lassen. Ich habe mich dagegen gewehrt, weil ich das Gefühl hatte, daß man uns mit diesen Versuchen vor den anderen herabsetzen wollte. Der Dr. Ritter und das Fräulein Justin haben uns ja behandelt, als wenn wir nicht ganz normal wären. Daß wir Sinti-Kinder genau so intelligent sind, das paßte nicht in ihre Köpfe.

Damals waren wir doch schon vierzehnjährige Mädchen, aber wir mußten immer diesen Kinderkram machen. Zum Beispiel haben sie uns bunte Glaskugeln gebracht. Daraus sollten wir Ketten machen, wegen der Farbzusammenstellung. Aber was sollte das denn? Das war doch lächerlich. Einmal ist auch ein Schulrat aus Crailsheim gekommen, der hat sich alle Zeugnisse durchgeschaut. Und dann hat

er mich aufgerufen. Der konnte es überhaupt nicht fassen, daß eine »Zigeunerin« so ein gutes Zeugnis hat. Deshalb hat er mich geprüft und alle Fächer abgehört. Aber dafür gab es kein Lob, nichts hat er gesagt. Bloß seine schmalen Augen, die haben mich immer so gemustert, daß ich mir vorkam wie ein Mensch zweiter Klasse.
Am 9.5.1944 mußten wir morgens unsere Sachen packen und bekamen noch ein Frühstück. Und dann kam der Postbus. Der Abtransport war ein Chaos. Wie alle Kinder geweint haben . . . Denn irgendwie, instinktiv, haben wir gespürt, da ist etwas im Gang. Aber was? Offiziell hat man uns halt bloß gesagt: »Dort, wo ihr hinkommt, geht's euch gut.«
Am Abend vorher war ja extra noch der Pfarrer gekommen, zur Notkommunion. Da waren kleine Kinder dabei, die noch gar nicht begreifen konnten, was eine heilige Kommunion ist. Ich habe die Schwester Aurelia gefragt: »Was soll das? Es ist doch kein Weißer Sonntag? Warum kriegen die Kinder Erstkommunion?« Aber sie hat mir nicht geantwortet. Heute glaube ich schon, daß sie etwas gewußt hat.
Wir mußten dann in den Bus steigen und wurden bis zum Bahnhof Crailsheim gefahren. Wir haben überhaupt nicht gewußt, was los ist. Die Schwestern haben uns nichts vorher gesagt und auch die Polizei nicht. Ich erinnere mich, daß wir von uniformierten Polizisten begleitet wurden. Außerdem wurden wir von Fräulein Nägele und von der Schwester Euphisia begleitet. In Crailsheim mußten wir dann in den Zug, in einen Gefängniswagen, steigen. Wir waren über dreißig Kinder. Zu uns kamen dann noch drei kleine Kinder aus dem Kinderheim Hürbel und eine schwangere Frau mit zwei oder drei kleineren Kindern. Meiner Erinnerung nach wurden wir von Crailsheim aus von SS-Leuten begleitet.
In Dresden haben wir einen Bombenangriff miterlebt. Es war Fliegeralarm. Die SS-Männer haben den Gefängniswagen einfach abgesperrt, auf dem Gleis stehenlassen und sind fortgelaufen. Und wir Kinder waren ganz allein. Überall sind die Bomben eingeschlagen.

Wir Kinder hatten natürlich schreckliche Angst. Das werde ich niemals vergessen, diese Angst. Unsere Bewacher aber befanden sich, als die Bomben fielen, in einem sicheren Bunker. Auf der Weiterfahrt habe ich einen SS-Mann so bearbeitet, bis er mir gesagt hat: »Ihr kommt zu euren Eltern, da geht's euch gut.« Von der schwangeren Frau habe ich jedoch gehört, daß wir in das KZ Auschwitz kämen.
Nach etwa vier oder fünf Tagen trafen wir mit dem Zug in Auschwitz ein. Da ging plötzlich die Türe von unserem Waggon auf. Und vor uns auf der Rampe standen lauter SS-Leute mit dem Gewehr im Anschlag. Aber als sie uns Kinder sahen, haben sie die Gewehre sinken lassen. Nachdem unsere Namen registriert und uns die Häftlingsnummern auf den Armen eintätowiert waren, kamen wir in das sogenannte »Zigeunerlager« des Konzentrationslagers Auschwitz-Birkenau. Dort waren wir Mulfinger Kinder noch vierzehn Tage im Block 16 zusammen. Doch dann haben sie uns getrennt. Die Kinder, die über vierzehn Jahre waren, sind geblieben, und die jüngeren kamen in den Kinderblock, den »Waisenblock«. Wir größeren wurden zum Straßenbau abkommandiert. Sooft es ging, habe ich meine jüngeren Geschwister besucht.
Ich erinnere mich, daß ich kurz nach unserer Ankunft bei der Arbeit innerhalb des Lagers beobachtet habe, wie große Transporte von Juden in Richtung der Gaskammern geführt wurden. Darunter befanden sich Frauen, Männer und Kinder. Ich glaube, daß es sich dabei um jüdische Familien handelte. Zurück kamen aber dann nur die Jungen und Gesunden, also die arbeitsfähigen Menschen. Uns war klar, daß man die anderen getötet hatte. Die Schornsteine qualmten Tag und Nacht, und es schlug sogar Feuer aus ihnen. Wenn der Wind den Rauch zu uns trieb, war es kaum zu ertragen, so fürchterlich war der Gestank. Ich habe beim Straßenbau auf dem Weg zu einem Krematorium halbverbrannte Menschenleichen gesehen, die man wie Holzscheite auf einem Haufen zusammengelegt hatte.
An einem Tag im Frühsommer 1944 wurden zwei Sinti-Jungen aus

dem Waisenblock erschossen. Dabei wollten sie doch nur Wasser holen, das sich in dem Graben vor dem Stacheldrahtzaun angesammelt hatte. Der eine Junge war sofort tot, während der andere schwer verletzt war. Zur Abschreckung trug man ihn durch das Lager. Seine Eingeweide hingen heraus und er schrie. Die beiden Jungen dürften damals etwa 11 oder 12 Jahre alt gewesen sein.

Von Andreas Reinhardt, der nicht mit mir verwandt ist, habe ich damals gehört, daß er des Nachts beobachtet habe, wie kleine Kinder in offenem Feuer verbrannt wurden. Andreas war ganz verstört und wollte erst gar nicht mit der Sprache heraus. Er war damals 15 Jahre und zur Türwache im Block 16 eingeteilt. Er hatte deshalb Gelegenheit, auch des Nachts einmal einen Blick hinauszuwerfen. Ich habe ihm das zuerst aber nicht geglaubt und ihn gebeten, mich zu wecken, wenn so etwas noch einmal zu sehen wäre. Eines Nachts weckte er mich, und ich konnte tatsächlich durch den Türspalt erkennen, wie kleine Kinder von SS-Männern auf brennende Scheiterhaufen geworfen wurden. Es war entsetzlich. Die Kinder schrien, und einige versuchten, wieder aus den Flammen herauszukriechen. Da haben sie dann noch Hunde auf die Kinder gehetzt, die sie zerfleischten. Ich weiß nicht, wie viele Kinder in dieser Nacht verbrannt wurden. Es war so furchtbar, so schockierend für mich. Die SS-Männer trugen schwarze Lederuniformen mit einem Totenkopf. Normalerweise trugen die Angehörigen der Wachmannschaft die feldgraue Militäruniform. Das war im Mai 1941. Da gingen die Transporte immer gleich vom Zug direkt in den Tod. Da waren die Gaskammern und Krematorien so überfüllt, daß sie die Kinder bei lebendigem Leib verbrannt haben. Ich frag' mich, ob das noch Menschen waren? Viele von uns haben das seelisch nicht verkraften können, die sind zum elektrischen Zaun hingelaufen und haben sich reingestürzt. Jeden Morgen hingen Leute von uns im Zaun.

Beim Näherrücken der Front im Spätsommer 1944 wurde das KZ allmählich aufgelöst. Die Männer kamen in verschiedene Konzentrationslager im Reich und die Frauen in das KZ Ravensbrück. Als

ich meine jüngeren Geschwister das letzte Mal sah, da hat mein Schwesterle beim Abschied gesagt: »Du gehst, und wir werden verbrannt.« Das waren die letzten Worte, die ich von ihr hörte. Und das vergesse ich nie! Den Doktor Mengele, der die Transporte zusammenstellte, habe ich noch gefragt, ob ich nicht bei meinen kleineren Geschwistern bleiben dürfte. Er erwiderte, daß ich zu alt dazu wäre und zum Arbeitseinsatz müßte. Darauf habe ich gefragt: »Und was passiert mit den Kindern von Mulfingen?« Da hat er wortwörtlich gesagt: »Die kommen wieder zurück ins Kinderheim.« Und ich hab' ihm das geglaubt. Und wo sind sie hingekommen? Woher haben sich die Nazis denn das Recht genommen, über Menschen zu urteilen und Leben auszulöschen? Dazu hat doch keiner ein Recht. Jeder Mensch hat das Recht zu leben. Ich kam dann zunächst mit den anderen Frauen und Mädchen in das »Quarantänelager« von Auschwitz, und später erfolgte der Transport in das Frauenkonzentrationslager Ravensbrück. In Ravensbrück habe ich von polnischen Frauen, die mit uns in Auschwitz waren, erfahren, daß sämtliche Kinder des »Waisenblocks« am Abend unseres Abtransportes vergast wurden. Unter diesen Kindern waren meine Geschwister. Von den Polinnen habe ich auch gehört, daß die SS ein zweijähriges Kind, das sie versteckt hatten, aufgefunden hat. Das Kind wurde an einen Kamin geschlagen, bis es tot war. Auch wurde berichtet, daß Doktor Mengele zwei »Zigeunerjungen«, die ständig in seiner Begleitung waren und die immer die gleiche Kleidung anhatten, bei der Räumung des Lagers eigenhändig erschossen hat. Diese beiden Jungen – vermutlich Zwillinge –, mit denen er seine »Versuche« anstellte, waren damals etwa 5 Jahre alt. [. . .]
Fast alle Sinti-Kinder des Kinderheims St. Josefspflege in Mulfingen, die mit mir nach Auschwitz kamen, sind dort ermordet worden.

HELMUT CLEMENS

Die Menschenversuche des Doktor Mengele

[. . .] Wir hatten vor unserer Verhaftung in den dreißiger Jahren in Hamburg gewohnt. Ich bin damals noch in die Schule gegangen, die ich 1939 mit vierzehn Jahren verlassen habe. Eine meiner Schwestern arbeitete damals in Altona in einer Schokoladenfabrik. Meine andere Schwester, ich glaube, es war Anni, wollte eine Lehre machen, aber das war schon nicht mehr möglich. Wir waren sieben Geschwister. [. . .]

Am 12. März 1943, frühmorgens um 4.00 Uhr, sind wir zu Hause

von der Gestapo verhaftet worden, meine Eltern, ich und meine Schwester Anni und mein Bruder Willi Karl. [. . .] Wir waren zwei Tage und zwei Nächte unterwegs, frühmorgens sind wir dann in Birkenau mit dem Zug angekommen. [. . .] Wir schauten oben durch die Öffnungen der Viehwaggons, durch den Stacheldraht, mit dem sie gesichert waren, und sahen Lastwagen voller Leichen vorbeifahren, ich sah Lichter, sah die Totenköpfe auf den Mützen der SS-Leute. Plötzlich öffneten sich die Türen, und wir mußten raus. [. . .] Wir alle, unsere Familie, kamen in den Block 28. Wir hatten auch die beiden kleinen Kinder meiner Schwester Luise dabei, die mit einem Nicht-Sinto verheiratet war und die schon ein Jahr zuvor – ich glaube, es war im April 1942 – nach Auschwitz kam. [. . .]
Im Krankenblock des Lagers wurde ich von dem SS-Lagerarzt Doktor Mengele ausgesucht, ich mußte für ihn als »Laufbursche« tätig sein. Daraufhin bekam ich eine Armbinde und war so eine Art Kontrolleur im Krankenbau. Den Häftlingen draußen im Lager war es ja verboten, in den Krankenbau zu kommen, andererseits durften auch die Kranken und die anderen, die dort arbeiteten, den Krankenbau nicht verlassen. Ich hatte unter anderem zu kontrollieren, daß kein Häftling den Krankenbau verließ und daß sich keiner von draußen verbotenerweise im Krankenbau aufhielt. [. . .]
Abends mußte ich die Leichen, die in einer kleinen Hütte aufgestapelt waren, einzeln herausziehen, die Nummern am Arm notieren und einige zu Doktor Mengele hineintragen. Er hat sie dann irgendwie aufgeschnitten. In den Regalen standen überall Gläser, in denen sich Organe befanden. Herzen, Gehirne, Augen und andere menschliche Teile.
Ich war auch bei Doktor Mengele, wenn er Zwillinge aussuchte für seine Experimente, ich mußte sie dann zu ihm bringen, er hat ihnen extra Nummern gegeben. Bei seinen Versuchen durfte ich nicht dabeisein, er hat mich dann immer hinausgeschickt. Einmal war ich aber doch bei ihm im Raum, zufällig, da habe ich gesehen, wie die Kinder irgendeine Flüssigkeit in die Augen bekommen haben, sie

bekamen dann riesengroße Augen. Einige Tage später habe ich dieselben Kinder dann tot in der Leichenbaracke gesehen. Solche und andere Versuche machte Doktor Mengele jeden zweiten oder dritten Tag im Lager.
Ich erinnere mich auch noch an den Vorfall mit den Kindern, den beiden Sintikindern aus Österreich, sie liefen zum Stacheldrahtzaun und hatten dort gespielt. Es gab da einen Graben, die sogenannte neutrale Zone, davor waren glatte Drähte, und dahinter war der Stacheldraht. Die beiden Kinder haben also dort gespielt und miteinander geredet. Plötzlich hat ein SS-Mann vom Wachtturm herunter auf die Kinder geschossen, er hat ganz einfach auf die Kinder geschossen. Eines der Kinder erhielt einen Schuß in den Arm und in den Bauch, es war schwer getroffen. Ich habe das Kind in den Krankenbau getragen, und dort ist es kurze Zeit später gestorben. Das andere Kind erhielt nur einen leichten Streifschuß, so daß es überlebte. [. . .]
Ich hatte ja schon erzählt, daß wir, als wir im März 1943 nach Auschwitz transportiert worden sind, die beiden Kinder meiner Schwester bei uns hatten. Es muß kurz vor der Auflösung des Zigeunerlagers gewesen sein – man hatte damals alle noch in Birkenau lebenden Sinti ins Gas geschickt –, als meine Mutter weggebracht wurde, danach habe ich sie nicht mehr gesehen. Meine Schwester hatte ihre beiden Kinder dabei. Sie hatte schon zuvor Mengele gebeten, falls sie alle vergast werden sollten, solle er die beiden Kinder erschießen. Ich war da ja schon nicht mehr in Auschwitz, es wurde mir erst viel später, nach dem Krieg, erzählt, die beiden Kinder sollten ja auch vergast werden. Sie haben sich dann versteckt, aber sie sind gefunden worden, und ein SS-Mann hat sie dann auf einen Lastwagen geworfen. Meine Schwester hat das gesehen, sie hat einen Schuh ausgezogen und damit auf den SS-Mann eingeschlagen. Daraufhin hat Mengele meine Schwester mit einer Pistole erschossen. So hat man es mir erzählt.

JOSEF REINHARDT

Auschwitz – das ist nicht zu beschreiben

Meine Mutter wollte kein Wiedergutmachungsgeld annehmen. Sie hat gesagt: Mein Mann ist tot, meine Kinder sind weg. Das kann man nicht wiedergutmachen. [. . .]

Meine Familie ist erst 1944 nach Auschwitz gekommen. Zuerst sollte ich sogar noch sterilisiert werden. Das war an einem Freitag, da wurden wir auf das Polizeipräsidium zum Leutnant Regelin bestimmt, und da hat der zu meinem Vater gesagt: »Herr Reinhardt, entweder Sie unterschreiben hier, daß Sie mit Ihrem

Sohn am Dienstag zur Sterilisation kommen, oder Sie kommen ins KZ.«

Für mich – weil ich erst 16 war – mußte ja noch der Vater unterschreiben, daß es mein »freier Wille« ist, unfruchtbar gemacht zu werden. Aber die Sterilisation blieb mir erspart, weil wir dann alle nach Auschwitz mußten. Auch »freiwillig«. Nach den Polizeiakten ist ja sowieso kein Zigeuner zwangsweise ins KZ gekommen. Ich weiß noch genau, wie der Regelin sagte: »Wollen Sie nach Lackenbach oder nach Auschwitz?« Wollen!? Im Lager Lackenbach war mein Onkel, und in Auschwitz mein Bruder, der vorher Soldat war. Und deshalb hat mein Vater gesagt: »Nein, nach Auschwitz, zu meinem Sohn, vielleicht lebt der ja noch.« Das war sein Tod. Lackenbach war ja kein Vernichtungslager wie Auschwitz. Das konnte er ja nicht wissen. Nach 14 Tagen ist mein Vater in Auschwitz »gestorben«. [. . .]

Mein Vater konnte das alles überhaupt nicht verstehen. Er war ja mit im Ersten Weltkrieg gewesen und stolz, daß er deutscher Soldat war. Das war doch auch sein Vaterland, für das er geblutet hat. Mein ältester Bruder, der Anton, der ebenfalls Soldat war, ist schon 1943 nach Auschwitz weggebracht worden. Vorher hatte er noch den Krieg mitgemacht. In Polen und Frankreich hat er gekämpft und wurde sogar verwundet. [. . .] 1943 kamen er, seine drei Kinder und seine hochschwangere Frau in den Transport nach Auschwitz und sind dort an den Mißhandlungen »gestorben«. Aber mein Vater hatte ja damals noch die Hoffnung, ihn wiederzusehen, und deshalb für Auschwitz unterschrieben . . .

[. . .] Auschwitz – das ist nicht zu beschreiben. [. . .] Was ein Mensch aushält, das glaubt man ja nicht. Da waren welche, das blanke Skelett mit Haut überzogen, da hat man die Knochen durch gesehen, jede einzelne Sehne, durchsichtige Haut, nicht mehr drunter . . .

Einmal, in der Nacht an der Rampe, das war dann immer taghell von den Scheinwerfern, da kam ein Transport, da waren auch zwei junge

Frauen dabei, sehr, sehr schön und elegant gekleidet. Die haben die SS-Leute bei der Selektion beiseite genommen, in ihre Unterkünfte. Die wurden nie wieder gesehen. Die haben sie hinterher einfach erschossen. Daß da keine Spuren waren. Aber da ist auch anderen Frauen viel Grauenhaftes passiert, über das man gar nicht reden darf. Als die letzte große Selektion im »Zigeunerlager« war, mit dem Mengele, da war ich sechzehn. (Der Mengele war der Lagerarzt in Auschwitz.) Da hieß es: »Links raus, rechts raus! Links raus, rechts raus! Links raus, rechts raus!« Und wir sind dann nach Buchenwald abtransportiert worden. Weil wir noch arbeiten konnten. Das war der letzte Transport. Alle anderen wurden vergast. [. . .]

Manchmal kommt mir das alles wie ein Film vor, wie im Nebel. Daß ich selber dabei war, kann ich gar nicht glauben. Nur jetzt, als ich 1992 wieder drüben war in Auschwitz, da hab ich plötzlich Dinge gesehen, die ich Jahrzehnte verdrängt hatte. Ich will's ja selbst gern vergessen. Aber die KZ-Nummer hab ich doch immer noch auf dem Arm, die man mir eintätowiert hat, die geht nimmer weg, die erinnert mich immer und ewig dran.

Nije Budjtsche

Oji nije Budjtsche
dtume man maladohwar
oji pagasoluschka
Romale nihi saeij jiom.
Oho, oho, ljuba
Tschaiori tschatiom Dale
aj pagasoluschka
Romale nihi saeij jiom.

Oji deltschij, deltschij
siwoneste wohjia
oji miri jiaeiawa, the bacht
the dohowohjia.
Oh, oh, ljuba
tschaiori tscahtiom Dale
ai pagasoluschka
Romale nihi saeij jiom.

Oji sa chatschkirehtschi
liustri ol jaga, ol jaga
so jone ni prawilno
nié wiétschno logarrijat.
Oh, oh, ljuba
Tschaiori tschatiom Dale
aj pagasoluschka
Romale nihi saeij jiom.

Weckt mich nicht aus meinem Traum

Weckt mich nicht aus meinem Traum,
damit ich diese Welt nicht verstehen muß.
Damit ich nicht sehen muß,
wie ein Rom behandelt wird.
Liebe –
Mädchen, schau nicht hin,
damit du nicht sehen mußt,
wie ein Rom behandelt wird.

Gott gibt nicht, gibt nicht,
daß Freude bei uns einkehrt.
Mädchen, sieh, die Würde,
die wir einst hatten.
Liebe –
Mädchen, schau nicht hin,
damit du nicht sehen mußt,
wie ein Rom behandelt wird.

Es gibt kein Feuer mehr,
Freude und Lachen,
bald wird nur noch Nacht sein,
Tag nur noch im Traum.
Liebe –
Mädchen, schau nicht hin,
damit du nicht sehen mußt,
wie ein Rom behandelt wird.
(Originaltext geschrieben etwa 1943)

JOSEF Z. KLEINMANN

Auf dem Fußballplatz

Aussage am 7.6.1961 im Eichmann-Prozeß.

Am Versöhnungstag verbreitete sich die Nachricht im Lager, daß eine zusätzliche Brotration verteilt werden sollte. Man brachte uns ein viertel Brot und noch etwas Käse in die Baracke. So etwas hatte es in Auschwitz noch nie gegeben. Wir freuten uns sehr, daß wir am Vorabend des Versöhnungstages essen konnten, um dann am Versöhnungstag selber fasten zu können. Alle lobten diese Gutherzigkeit. Aber wir wußten nicht, was unserer noch harrte.

JOSEPH Z. KLEINMANN kam 1944 mit 14 Jahren nach Auschwitz.

Einige Stunden später wurde Blocksperre verhängt, und dann kam der Befehl: »Alle Knaben auf den Fußballplatz!« Es gab tatsächlich einen Fußballplatz im Lager, den wahrscheinlich die Zigeuner angelegt hatten, die einige Wochen vorher vernichtet worden waren. Es entstand eine große Unruhe unter uns. Alle liefen hin und her. Dann mußten wir uns in Hundertschaften aufstellen. Irgendwoher kam das Gerücht, man würde uns zur Kartoffellese einsetzen. Wir waren 2.000 Knaben. Plötzlich erzitterte alles: Doktor Mengele, der »Todesengel«, erschien. Jemand ging auf ihn zu, nahm ihm das Fahrrad ab und stellte es an eine Barackenwand. Er näherte sich unserer Gruppe, seine Arme auf dem Rücken verschränkt, die Lippen fest geschlossen. Dann hob er den Kopf, damit er den Platz überblicken konnte. Sein Blick blieb an einem vierzehn- oder fünfzehnjährigen Knaben hängen, der in meiner Nähe stand. Es war ein Junge aus dem Ghetto von Lodz, blond, mager und sonnengebräunt. Er stand gleich in der ersten Reihe. Mengele ging auf ihn zu und fragte ihn: »Wie alt bist du?«

Zitternd antwortete ihm der Knabe: »Ich bin achtzehn Jahre alt.«

Mengele wurde wütend und begann zu brüllen: »Euch werde ich's zeigen! Bringt mir einen Hammer, Nägel, eine Leiste.«

Jemand lief sofort weg. Wir standen erstarrt vor Schreck da und schauten weg. Es herrschte Todesstille auf dem Platz. Die Geräte wurden gebracht. Mengele wandte sich an einen großen Knaben in der ersten Reihe, einen pausbäckigen, gutaussehenden Jungen. Mengele führte ihn an der Schulter zu einem der Tore auf dem Fußballplatz, gefolgt von dem Mann mit der Leiste und dem übrigen Handwerkszeug. Der Junge mußte sich beim Tor aufstellen, und Mengele befahl, die Leiste direkt über seinen Kopf einzuschlagen. Dann mußte die erste Gruppe losmarschieren.

Wir begriffen sofort: Jeder, der nicht an die Leiste heranreichte, war für die Vernichtung bestimmt. Also streckten wir uns, sosehr wir konnten. Einen Zentimeter höher, noch einen halben Zentimeter höher. Auch ich streckte mich, aber ich wußte, daß es hoffnungslos

war. Größere Jungen als ich erreichten die Leiste nicht. Und jeder Knabe, dessen Kopf die Leiste nicht erreichte, wurde zur andern Seite geschickt.
Ich war so mit mir beschäftigt, daß ich gar nicht mehr an meinen Bruder dachte. Mein Bruder war ein großer Junge, er stand kurz vor seinem sechzehnten Geburtstag. Als ich gerade dachte, daß es mit meinem Leben nun aus sei, flüsterte er mir zu: »Wenn du leben willst, tu doch etwas!« Ich wurde wieder hellwach und sah die Steine um mich herum. Und ich dachte, die könnten mich vielleicht retten. Also bückte ich mich, hob einige kleine Steine auf, öffnete die Schuhe und stopfte die Steine hinein. Es waren Halbschuhe, viel zu groß für mich. Ich füllte sie mit Steinen. Dadurch wurde ich etwas größer und hoffte wieder, die Leiste vielleicht doch zu erreichen. Aber dann merkte ich, daß ich mit all den Steinen in den Schuhen nicht mehr so stramm stehen konnte wie ein Soldat, und sagte zu meinem Bruder: »Ich werf' die Steine wieder weg, das geht ja nicht.«
Darauf sagte mein Bruder: »Wirf sie nicht weg, komm, ich gebe dir etwas!« Er gab mir seine Mütze, ich zerriß sie in zwei Teile und stopfte sie auch noch in die Schuhe, damit ich besser stehen konnte. So stand ich dann zehn Minuten mit den Steinen in den Schuhen und hatte wieder Hoffnung.
Inzwischen war es weitergegangen. Manchen gelang es, die Leiste zu erreichen, manchen nicht. Mein Bruder musterte mich wieder und sagte: »Du bist ja noch immer nicht hoch genug.«
Er fragte auch andere Jungen, die besser schätzen konnten, und alle meinten, daß ich keine Chancen hätte durchzukommen. Da fiel mir ein, es wäre vielleicht besser, sich zu denen durchzumogeln, die schon durch die Selektion durch waren. Sie standen mir gegenüber; die Kleinen, die die Leiste nicht erreicht hatten, mußten immer zur anderen Seite. Ich schlich mich also zu den Großen. Einen Augenblick lang glaubte ich, daß es mir gelungen sei. Doch dann machte es ein anderer Junge mir nach. Das merkte Doktor Mengele, und er schrie die Wachmannschaften an: »Was macht ihr denn da? Das ist

ja schon Sabotage!« Und er verlangte, daß die ganze Gruppe noch einmal vorbeigehen solle. Als man uns zurückbrachte, stellte ich mich wieder an meinen alten Platz. Diesmal gelang es mir, zu den Großen durchzukommen. So ging diese Selektion zu Ende. Ungefähr 1.000 Jungen hat sie das Leben gekostet.

TRUDI BIRGER

Im Angesicht des Feuers

TRUDI BIRGER, 1927 in Frankfurt/M. geboren, mußte 1933 ihre Heimatstadt verlassen. Erste Station des Exils war Memel, die Hafenstadt an der Ostsee. Als die Nazis am 23. März 1939 in Memel einmarschierten, fanden Trudi Birger und ihre Angehörigen in der litauischen Stadt Kowno eine Zuflucht. Infolge des Hitler-Stalin-Abkommens besetzten im Juni 1940 die Sowjets Litauen. Nach Hitlers Überfall auf die Sowjetunion saßen die 30.000 in Kowno verbliebenen Juden in der Falle. Die deutschen Besatzer sperrten die Juden in ein Ghetto ein. Drei Jahre lang mußte Trudi Birger Zwangsarbeit leisten. Ihr Vater wurde 1944 umgebracht, als die Deutschen 2.000 Ghettokinder zusammentrieben und ermordeten; er hatte versucht, etwa 100 Kinder zu verstecken. Am 8. Juli 1944 begann der Abtransport aller noch im Ghetto lebenden Juden nach Stutthof. Mit Kühnheit und Erfindungsgabe rettete Trudi Birger immer wieder sich und ihre Mutter vor der Selektion. Nach der Befreiung, nach vier Jahren unsäglicher Entbehrungen, begann das Mädchen plötzlich wieder zu wachsen. Zusammen mit ihrer Mutter ging sie 1947 nach Palästina.

Aus dem brennenden Ghetto von Kowno brachte uns der Zug zum Konzentrationslager Stutthof, wo ich während der Selektion von meiner Mutter getrennt wurde. Während dieses Zwischenaufenthalts in Stutthof geschah es auch, daß ich auf die Seite derer überwechselte, die für den Tod in der Gaskammer bestimmt waren, mit meiner Mutter die Kleider tauschte und mit ihr zur Gruppe derjenigen zurückkehrte, die so gesund waren, daß man sie eher durch Arbeit zu Tode schinden konnte, als sie zu vergasen oder zu verbrennen. Nach der Selektion ließen uns die Nazis am Tor des Konzentrationslagers in Kolonnen antreten, um uns in Arbeitslager auf dem flachen polnischen Land zu schicken. Dort sollten in den folgenden Monaten die meisten von uns an Unterkühlung, Erschöpfung, Hunger oder Krankheit sterben. Jetzt, nachdem es mir gelungen war, meine Mutter zu retten und sie bei mir zu behalten, standen wir am Tor des Konzentrationslagers schweigend nebeneinander in der Frauenkolonne. Ich erkannte niemanden um mich herum. Kein Wort wurde gesprochen. Wir standen da und warteten. Hinter uns ging die Selektion weiter. Wir hörten die schleppenden Schritte der Frauen, ihr Schluchzen, als sie von ihren Lieben getrennt wurden, die wütenden Schreie der Kapos, die die Frauen ihrer Bestimmung entgegenstießen. Tore fielen scheppernd ins Schloß. Hin und wieder knurrte ein Hund.

Stumm machte ich eine Bestandsaufnahme dessen, was mir geblieben war: ein Paar Holzpantoffeln, Kleidungsstücke von einem fremden Menschen – und vor allem das beglückende Wissen, daß meine Mutter noch am Leben war. Wir waren beide körperlich sehr geschwächt. Durch die furchtbare Prozedur, die wir gerade hatten erdulden müssen, waren unsere Kraftreserven nahezu aufgezehrt. Seit unserer Vertreibung aus dem Ghetto von Kowno hatten wir kaum einen Bissen gegessen. Und natürlich hatten wir in dem überfüllten Viehwaggon während der Fahrt hierher nicht schlafen können. Der Boden war mit Exkrementen bedeckt gewesen. Frauen waren zusammengebrochen und im Kot gelegen, an Erschöpfung sterbend oder an Luftmangel erstickend. Wir waren in Stutthof in einem Zustand so großer geistiger, körperlicher und seelischer Erschöpfung angekommen, daß uns praktisch keine Energie mehr blieb, um den Gewalttätigkeiten, die wir während der Vorbereitungen zur Selektion über uns ergehen lassen mußten, und der Selektion selbst standzuhalten.

Hoffnungslos, verzweifelt warteten wir in der Sonne. Sie brauchten lange, bis sie eine für ihre Zwecke ausreichende Zahl von uns beisammenhatten. Zu beiden Seiten unserer Kolonne standen schwerbewaffnete Wachen, als wären wir ausgemergelten Frauen fähig, eine Rebellion gegen unsere Bewacher zu inszenieren. Allein schon das Stehen in der Reihe überstieg die Kraft einiger der Frauen. Die Wachen beobachteten uns gleichgültig, aber ich wußte, daß sie von einem Augenblick auf den anderen die Beherrschung verlieren und zu roher Gewalt greifen konnten. Ich hatte Angst, meine Mutter könnte einen Schwächeanfall bekommen und ohnmächtig zu Boden sinken, denn dann würde zweifellos einer der Kapos herbeistürzen und sie dort, wo sie lag, zu Tode prügeln. Früher an diesem Vormittag hatte ich mit ansehen müssen, wie ein weiblicher Kapo aus reiner Bosheit eine Frau zu Tode trampelte.

Es war in der riesigen Halle geschehen, wo sie Kleidungsstücke an uns verteilten. Die Kapos, deutsche Frauen in Uniform, gingen zwischen uns herum, um dafür zu sorgen, daß wir möglichst rasch voranmachten, und aufzupassen, daß wir nicht vielleicht irgendwelche Dinge, die wir im Futter unserer alten Kleider verborgen hatten, herausholten und sie irgendwoanders versteckten. Eine der Gefangenen, eine Frau von etwa dreißig Jahren, fragte die Aufseherin etwas. Ich hörte nicht, was sie sagte, doch ich glaube nicht, daß es etwas Sarkastisches oder Provozierendes war – obwohl ich es vielleicht gewünscht hätte, als ich dann sah, was mit ihr geschah. Ohne Warnung holte die Aufseherin mit einer Hand aus, legte die ganze Kraft ihres stämmigen Körpers in den Schlag, traf die Gefangene brutal am Hals und schlug sie zu Boden. Dann, während sie sich krümmte und stöhnte und sich mit ihren matten Armen zu schützen versuchte, sprang die Aufseherin immer wieder auf ihren geschundenen Körper. Zuerst schrie und heulte die Frau vor Schmerz auf, doch schon bald verstummte sie und wurde bewußtlos. Als das Opfer tot war, rollte die Aufseherin mit einem Fuß die Leiche auf die andere Seite. Sie schaute mit einem befriedigten Lächeln um sich und wischte sich an den Kleidern der Toten sorgfältig den Staub von den Stiefeln. Sie befahl zwei andere Häftlinge zu sich. Angsterfüllt näherten sie sich ihr. »Schafft diesen Dreck weg!« befahl sie ihnen. Sie wagten nicht zu fragen, wohin sie die Leiche bringen sollten. Sie

hoben sie einfach an Füßen und Schultern hoch und schleppten sie ins Freie, irgendwohin. Kurze Zeit später trampelten Hunderte von Füßen über die blutige Stelle auf der Erde, wo die Gefangene ermordet worden war, und von dem Verbrechen blieb keine Spur, außer der schrecklichen Furcht in den Herzen jener von uns, die die Untat mit angesehen hatten.
»Mutter«, flüsterte ich. »Wir müssen jetzt stark sein. Wir müssen durchhalten.« Sie sah mich matt an. »Mutter«, sagte ich. »Wir beide, wir werden es überstehen.«
Schließlich, nach weiß Gott wie langer Zeit, trieben sie uns zum Lagertor hinaus, zu einem Nebengleis, und stießen uns in die gleichen verschmutzten Viehwaggons, die uns schon nach Stutthof befördert hatten. Natürlich waren sie nicht gesäubert worden, nur die Leichen hatte man hinausgeschafft.
Nachdem sie die Türen geschlossen und verriegelt hatten, stellten ein paar der Gefangenen Mutmaßungen an, wohin die Deutschen uns bringen würden. Als sich der Zug in Bewegung setzte, versuchten sie herauszubekommen, in welche Richtung wir fuhren, als ob wir durch dieses Wissen in irgendeiner Weise unser Schicksal hätten beeinflussen können, als ob es ein Schlüssel zum Überleben wäre. Wir wußten nicht, ob die Fahrt einen Tag oder eine Woche oder auch nur ein paar Stunden dauern würde. Die grauenvolle Ungewißheit machte einem beinahe noch mehr angst als das Gespenst des Todes selbst, das uns gerade im Konzentrationslager begegnet war.
Am Abend, nachdem wir ein paar Stunden in Richtung Süden gefahren waren, holten sie uns in der Nähe der polnischen Stadt Torun (Thorn) aus dem Zug. Sie teilten die Frauen auf und schickten sie in verschiedene kleine Arbeitslager. Die Lager waren in keiner Weise dafür eingerichtet, Insassen aufzunehmen. Wir mußten bei jedem Wetter im Freien auf der Erde schlafen, je zwei Frauen unter einer einzigen, dünnen Decke. Wir mußten uns mit Wasser aus Eimern und Fässern waschen und in Gräben unsere Notdurft verrichten. Wir trugen tagein, tagaus die gleichen Sachen, bis sie von

Schweiß und Dreck so sehr verkrustet waren, daß sie davon mehr zusammengehalten wurden als von den dünnen Fäden, aus denen sie gewoben waren. Die einzige Nahrung, die wir bekamen, bestand aus einer Brühe aus schmutzigen Kartoffelschalen. Ich spüre noch heute die Sandkörner zwischen den Zähnen, wenn ich an diese Suppe zurückdenke.

Meine Mutter und ich wurden hinausgeschickt, um Panzerstellungen zur Verteidigung der Stadt gegen die anrückende russische Armee zu graben. Die Arbeit war schwerer als jede andere zuvor. Dennoch bemühte ich mich, wie schon in der Ghettozeit, mit einem Lächeln auf dem Gesicht zur Arbeit zu marschieren. Trotz der schlimmen Entbehrungen gab ich mir alle Mühe, irgendeinen Weg zu finden, mich am Leben zu freuen: ein bißchen Wärme von der Sonne, ein Grashalm, an dem ich sog, ein Traum. Wir hatten keine Hoffnung, aber ich zwang mich zu hoffen und redete den anderen Gefangenen zu, auch ein fröhliches Gesicht zu machen.

Die Deutschen machten uns die Arbeit so schwierig und anstrengend, wie sie nur konnten. Mit Hilfe von Pickeln und Schaufeln mußten wir tiefe Gruben in die Erde graben und sie an den Rändern glattklopfen. Meine Mutter war zum Schaufeln zu schwach, aber ich arbeitete tüchtig. Die Panzerstellungen waren drei oder vier Meter tief. Um meine Mutter zu schonen, übernahm ich die schwerste Arbeit. Ich mußte auf dem Boden der Grube stehen und mit der Schaufel Erdreich nach oben, hoch über meinen Kopf werfen. Ich arbeitete im Schatten dieser hohen Erdwände, während unser Bewacher, mit seinem Maschinengewehr bewaffnet, oben stand und feixend zusah, wie sehr mich die Arbeit anstrengte. Der Kapo genoß es offensichtlich, mich leiden zu sehen. Mir kam es vor, als stände er auf einem Berggipfel und blickte zu mir herab, während ich eine Schaufel voll Erdreich nach der anderen über den Rücken warf. Ich hatte kaum die Kraft, die Arme, geschweige denn die schwere Schaufel zu heben. Aber weil ich mich so sehr abmühte, gaben die Bewacher meiner Mutter eine viel weniger anstrengende Arbeit: Sie mußte das Erdreich, das ich aus der Grube warf, festklopfen und glätten. Weil ich gut arbeitete, verdiente ich mir auch jeden Tag eine Extraschüssel Suppe, die ich mit meiner Mutter teilte. Ich plagte mich nicht für die Deutschen, ich plagte mich für Mutter.

Sie weckten uns bei Tagesanbruch mit Schreien und Schlägen, und dann mußten wir uns zum Abzählen in eine Reihe stellen. Wir waren nicht viele Frauen, ungefähr hundert. Aber die Zählung am Morgen konnte trotzdem lange dauern, wenn es den Bewachern Spaß machte, ihr Spiel mit uns zu treiben. Dann ging es hinaus auf die Felder, wo wir die Stellungen für die Panzer in den Boden gruben. Wir mußten hin und zurück jeweils mehrere Kilometer gehen. Hier gab es niemanden, der freundlich zu mir sprach. Ein Tag verging wie der andere. Je tiefer wir gruben, um so höher mußten wir die Erde werfen. Arme und Rücken taten mir den ganzen Tag weh, und auch nachts ließ mir der Schmerz keine Ruhe. Mit leerem Magen legten wir uns auf trockenem Unkraut, auf der nackten Erde als Unterlage aufgeschichtet, zum Schlafen nieder, ein Schlaf, der uns unsere Kraft nicht wiederzugeben vermochte.

Das Vergehen der Stunden wurde markiert von unseren Pickelschlägen, dem Schwingen der Schaufeln, dem Erdreich, das wir bewegten. Die Nazis trieben uns zu rascher Arbeit an, und da sie uns sonst geprügelt hätten, mußten wir Tricks anwenden, um unsere Kräfte zu sparen. Wir mußten lernen, zwischen den Pickelschlägen ein bißchen auszuruhen, ohne daß es auffiel. Während wir gruben, beteten wir darum, daß diese Verteidigungsanlagen nichts gegen die Rote Armee ausrichten würden, wenn sie eintraf, um Torun zu befreien. Wenn die Rote Armee doch wie ein Feuersturm erschiene und jeden deutschen Panzer auf ihrem Weg vernichtete!

Mit dieser Schinderei vergingen die Tage langsam. Da wir nie genug zu essen bekamen, wurden wir noch magerer und schwächer, und die Arbeit fiel uns immer schwerer. Jeder Tag erschien einem endlos, und doch ging die Zeit zu rasch vorüber, denn der kalte Herbst und der grimmige polnische Winter nahten heran.

Zwischen den Gefangenen entwickelten sich nicht viele Freundschaften. Es gab wenige erkennbare Zeichen von Solidarität. Niemand hatte die Kraft dafür. Wir waren wie ermattete Tiere und dachten nur daran, wie man ein bißchen mehr Nahrung bekommen, ein bißchen mehr ausruhen könnte, wie man Prügeln entging. Das Lager befand sich auf einem Hügel und hatte keinen Zaun, aber es gab nichts, wohin man hätte fliehen können. Die Kapos hatten ein Zelt, und jeden Abend saßen sie um ein großes Lagerfeuer. Sie wollten, daß wir sahen und rochen, wie sie schmausten, während wir uns hungrig niederlegten.

Die Kapos wurden nach den Kriterien Grausamkeit und Brutalität ausgesucht. Das war anscheinend ihre wichtigste Qualifikation. Der Kerl, der für die Bewachung verantwortlich war, war von besonderer Brutalität. Man lernte sehr rasch, ihm aus dem Weg zu gehen. Allen Kapos machte es Freude, uns leiden zu sehen. Sie ließen die Gefangenen bis zur Erschöpfung arbeiten und quälten sie, bis sie zusammenbrachen und starben.

Ich war immer hungrig. Jede Nacht träumte ich davon, ich hätte soviel zu essen, wie ich nur wollte, Tasse um Tasse mit dickem, heißem Kakao und knusprige Brötchen, dick mit Butter bestrichen, zum Greifen nahe. Diese Träume hätten in keinem größeren Gegensatz zu den winzigen Mengen erbärmlicher »Verpflegung« stehen können, die wir bekamen.

Zum Glück war ich ein niedliches kleines Mädchen. Hin und wieder brachte ich durch ein reizendes Lächeln einen Soldaten dazu, daß er mir aus Mitleid eine Brotrinde zuwarf. Ein halbes belegtes Brot war eine ungeheure Kostbarkeit. Ich teilte diese seltenen Happen immer mit meiner Mutter. Wie schon im Ghetto, gingen auch hier manche der Frauen mit den Kapos für ein paar zusätzliche Bissen und andere Vergünstigungen ins Bett. Meine Mutter hieß das zwar offensichtlich nicht gut, gab mir aber zu verstehen, daß ich es tun könnte, wenn ich damit mein Leben retten könnte. Doch die Vorstellung erschien mir furchtbar, und ich nahm mir vor, daß ich es nur dann tun würde, wenn mir absolut keine andere Hoffnung mehr blieb.

Trotz der gnadenlosen Brutalität des Lebens im Arbeitslager, der Furcht und Entwürdigung, der körperlichen Strapazen und des Hungers wollte ich unbedingt weiterleben. Ich besaß Ausdauer, und ich half mir, indem ich mir all das Schwere mit Träumen und Gebeten erträglicher machte. Ich gab mir alle Mühe, die Lebensgeister meiner Mutter wachzuhalten, und zu keiner Zeit ließ ich die Hoffnung in mir sterben.

Manchmal drangen Neuigkeiten zu uns, daß die Russen die Deutschen zurückdrängten. Warum aber geschah das so langsam? Wir hofften, daß vielleicht doch noch die Rettung kommen werde. Es war eine segensreiche Fähigkeit, wenn man sich die Hoffnung bewahren konnte. Es konnte einen am Leben erhalten. Auch der Zorn gab uns Kraft. Wir waren voll Zorn auf die Welt. Wo waren denn alle? Wie lange würde es noch dauern, bis die Alliierten die Nazis besiegten? Wir waren überzeugt, daß die Nazis eines Tages den Krieg verlieren würden, und wir klammerten uns ans Leben, um diesen künftigen Tag zu erleben.

Die Monate gingen vorüber, und es wurde kälter. Wir sahen keine Anzeichen dafür, daß die Russen näher kamen, und der Winter stand vor der Tür. Bereits im Frühherbst drang der feuchte Wind durch unsere dünnen Sachen. Wir hätten ebensogut nackt sein können. Es gab keinen Unterschlupf, nirgends konnte man sich waschen. Der erbarmungslose Wind ließ die Haut rot werden und aufspringen. Sie wurde rissig, und in die Risse geriet Dreck. Es tat weh, die Finger abzubiegen.

Wir Gefangenen hatten beinahe nichts, worüber wir miteinander sprechen konnten. Ohne meine Mutter wäre ich ganz allein gewesen. Die Einsamkeit hätte mich ebenso geschwächt wie die Arbeit und der bittere Hunger. Daß ich jemanden hatte, um den ich mich kümmerte und umgekehrt, gab uns beiden die Kraft, nicht aufzugeben.

Wir waren im Nirgends, aufgegeben, gruben auf einer gewaltigen Ebene Löcher, der Welt abhanden gekommen. Wir waren zu Gerippen abgemagert. Wir konnten uns nur noch taumelnd vorwärts bewegen. Ich erinnere mich, daß ich mich beim Anblick der anderen Arbeitssklavinnen fragte, wie sie es noch fertigbrachten aufzustehen und wann sie wohl sterben würden. Ich muß genauso ausgesehen haben wie sie, aber ich besaß keinen Spiegel, um mich anzusehen. Vor allem aber war ich um meine Mutter besorgt und betete darum, daß sie gesund und halbwegs kräftig bleiben möge. Ich mußte ihre Lebensgeister erhalten, indem ich über die Zukunft sprach und davon, wie glücklich wir leben würden, wenn der Krieg erst zu Ende war. Ich war robuster als sie und versuchte, ihr so viele Strapazen zu ersparen, wie ich nur konnte.

Die Nazis gaben uns nicht einmal ein Viertel der Nahrung, die wir brauchten, um bei Kräften zu bleiben, aber sie verlangten uns einen vollen Arbeitseinsatz ohne Schonung ab. Wir wurden schwächer und schwächer. Wenn eine Frau zu schwach oder krank wurde, ohne daß Aussicht auf Genesung bestand, schickten sie sie mit dem Zug nach Stutthof zurück, damit sie dort vergast und verbrannt wurde. Todesfälle waren an der Tagesordnung.

Mit der Kälte wurde alles noch schlimmer. Die Griffe unserer Werkzeuge wurden eiskalt und rauh. Schaufeln und Pickel kamen einem jeden Tag schwerer vor. Wir hatten nicht mehr die Kraft, sie richtig in die Hand zu nehmen und damit zu arbeiten. Das einzig Gute war, daß man einen gewissen Schutz vor dem Wind hatte, wenn man unten auf dem Grund einer Panzerstellung stand.

Sobald es regnete, verwandelte sich das Erdreich in dickflüssigen Schlamm, so schwer, daß man ihn kaum heben und aus den tiefen Gruben nach oben befördern konnte. Den ganzen Tag arbeiteten wir im kalten Regen, nichts am Leib außer unserer dünnen Gefängniskleidung, und standen bis zu den Knöcheln oder den Waden im Schlamm. Der Morast setzte sich an unseren Pantoffeln fest und zog sie einem immer wieder von den Füßen. Hörte der Regen auf und war der Wind nicht zu eisig, waren wir dankbar für das bißchen Sonnenwärme, doch wenn das Erdreich trocknete, wurde es kalt und hart, wie Beton, was die Arbeit doppelt schwer machte.

An einem Tag, an dem die Sonne schien, schlug ich mit aller Kraft auf einen verkrusteten Erdbrocken, um ihn zu spalten, doch da ich so erschöpft war, hieb ich daneben. Der Pickel traf mein Bein und grub sich hinein. Vor Schmerz kippte ich um. Meine Mutter hatte gesehen, was mir passiert war, und wollte in die Grube hinunterlaufen, um mir zu helfen.

»Wo willst du hin, du Schwein?« brüllte der Kapo und richtete seine Waffe auf meine Mutter.

»Zu meiner Tochter, meine Tochter hat sich verletzt!« antwortete sie. Sie rannte unbeirrt weiter, ließ sich am Rand der Grube hinab und lief auf mich zu.

Sie konnte nur einen kurzen Blick auf mein Bein werfen. Der Kapo schrie zu ihr hin: »Komm rauf und arbeite weiter, du Drecksweib!« Dann deutete er auf mich. »Du«, sagte er, »steh wieder auf! Keine Faulenzerei!«

Meine Mutter half mir auf die Füße, aber ich konnte kaum stehen. Ich hatte nicht den Eindruck, daß ein Knochen gebrochen war, aber das Bein blutete. Es begann beinahe sofort anzuschwellen. Meine Mutter ging langsam zu ihrer Arbeit zurück. Ihr Gesicht war trauriger, als ich es jemals gesehen hatte.

»Los, fang wieder zu arbeiten an!« brüllte mich der Kapo an.

»Bitte, lassen Sie mich nur eine Minute ausruhen. Mein Bein hat es schlimm erwischt«, flehte ich ihn an. Wäre ich nicht als eine fleißige Arbeiterin bekannt gewesen, hätte mich der Kapo auf der Stelle erschossen. Trotzdem ließ er mir kaum Zeit, mich etwas auszuruhen. Ich konnte die Wunde weder säubern noch verbinden. Sie zwangen mich, noch den ganzen Tag hindurch zu arbeiten.

In der folgenden Nacht konnte ich vor Schmerzen kaum schlafen. Aber viel schlimmer als der Schmerz war die quälende Angst. Eine ernste Verletzung war ein Todesurteil. Soweit *durfte* es nicht kommen!

Als wir am Morgen erwachten, fragte meine Mutter besorgt: »Wie steht's damit?« Wir untersuchten mein Bein. Es sah schrecklich aus. Der Anblick war beinahe zuviel für mich. Die Wade war geschwollen, die Haut verfärbt. Ich hatte furchtbare Schmerzen, aber natürlich zwang ich mich aufzustehen.

Ich humpelte zum Morgenappell, und dann, nachdem sie uns wie üblich unter Beschimpfungen gezählt hatten, hinkte ich zu unserem sogenannten Frühstück: eine Tasse lauwarme, wäßrige Brühe, von der behauptet wurde, es sei Ersatzkaffee, und eine kleine Scheibe hartes, trockenes, schlecht gebackenes Brot. Dann stellten wir uns in einer Reihe auf, um zur Arbeit zu marschieren. Mir wurde klar, daß ich außerstande war, die drei oder vier Kilometer quer über schlammige Felder voller Furchen zu bewältigen. Ich sank auf den Boden und weinte. Mit mir war es zu Ende.

Sie gönnten mir an diesem Tag zwar Ruhe, aber selbstverständlich kürzten sie meine Verpflegung auf einen Napf Suppe, da ich ja nun nicht mehr nützlich war. Aber ein einziger Tag war natürlich nicht genug. Als meine Mutter an diesem Abend von der Arbeit zurückkam, brauchte sie nicht zu fragen, wie ich mich fühlte. Ich stöhnte vor Schmerzen.

Die Zeit zog sich dahin. War es ein Tag, waren es zwei oder eine Woche? Ich war zu krank, um den Fortgang der Zeit zu registrieren. Es ist erstaunlich, daß sie mich nicht schon dort aus dem Weg räumten. Vielleicht taten sie es nicht, weil ich vorher so fleißig gearbeitet hatte, vielleicht, weil ich noch so jung war und mich immer anstrengte, fröhlich zu sein, ja, mich sogar zwang, die Unmenschen anzulächeln, die uns bewachten. Ich weiß nicht, warum, aber sie ließen mich in dem Schuppen liegen, in dem wir jetzt waren. Ein- oder zweimal gab mir sogar ein Kapo, der nicht so bösartig war wie die anderen, eine Kante Brot mit einem winzigen Stück Käse oder Wurst. Keine Kostbarkeit, kein Gunsterweis konnte es damals auch nur entfernt mit einem halb gegessenen belegten Brot aufnehmen.

Die anderen Gefangenen machten sich Sorgen um mich. Alle hatten irgendeinen Vorschlag, aber nichts wirkte. Die Wunde entzündete sich, und die Wade, die sich mit Eiter füllte, verfärbte sich und schwoll geradezu grotesk an. Das Bein war, wie mein ganzer Körper, auf Haut und Knochen abgemagert, so daß ich nun aussah wie ein Skelett, dem man ein schweres, wassergefülltes Säckchen unter dem

Knie festgebunden hatte. Ich bekam hohes Fieber, phantasierte und war zu verwirrt, um noch Angst zu empfinden. Voll Bangigkeit ging meine Mutter jeden Morgen zur Arbeit. Sie wußte nicht, ob sie mich hier noch vorfinden würde, wenn sie zurückkam. Sie lag neben mir, bitterlich weinend, und ich mußte sie beruhigen.

Eines Tages erschien in unserem Schuppen ein Naziarzt und untersuchte mein Bein. Die Kapos hatten ihn sicher nicht eigens geholt, damit er mich behandle. Er muß auf einer Art Kontrollgang gewesen sein oder vielleicht auch einen der Kapos behandelt haben, und so führten sie ihn zu mir, daß er sich meinen Fall ansehe.

Der Arzt machte einen ganz ähnlichen Eindruck wie alle anderen Nazioffiziere: gepflegt, steif, stolz und höchst unangenehm. Mit einer abrupten Bewegung schob er die schmutzige Decke weg, wobei er sich seines Offiziersstöckchens bediente, um sich nicht die Hände schmutzig zu machen. Er betrachtete aus einer gewissen Entfernung mein Bein, ohne es anzufassen. Angewidert verzerrte er die Lippen, weil der Eiter so scheußlich stank, aber sonst blieb sein Gesicht ausdruckslos. Dann, ohne jede Vorankündigung, zog er ein Taschenmesser heraus, ließ es aufschnappen und öffnete das Geschwür. Er schnitt mitten ins lebende Fleisch. Der Schmerz strömte durch meinen ganzen Körper und machte mich einen Augenblick lang blind. Aus der Wunde strömten Eiter und Blut auf das Stroh neben mir. Es stank derart, daß der Arzt einen Schritt zurück tun und den Kopf wegdrehen mußte.

Es dauerte lange, bis die Schmerzen nachließen, aber ich schrie nicht. Hätte ich geschrien, hätte der Naziarzt vielleicht aus Ärger die Pistole gezogen und mir in den Kopf geschossen. So was hatte ich oft genug mit angesehen, schon im Ghetto. Wortlos und sehr sorgfältig wischte er den Eiter und das Blut von der Klinge seines Taschenmessers, klappte es zusammen und steckte es wieder ein.

»Ich darf nicht vergessen, es zu desinfizieren«, murmelte er vor sich hin.

Dann machte er kehrt und ließ mich auf meiner verschmutzten

Pritsche in dem Schuppen zurück, noch immer vom Fieber geschüttelt.
Sobald ich dazu imstande war, humpelte ich ins Freie, um etwas Wasser zu holen und mein Bein abzuwaschen. Es war natürlich sehr empfindlich, aber trotz des Schmerzes drückte ich auf die Wade, um allen Eiter herauszupressen. Dann ging ich zurück, legte mich auf den Boden und lagerte den Fuß hoch, damit die übrige Flüssigkeit aus der Wunde herausfließen konnte. Als meine Mutter am Abend mit den anderen Arbeitssklavinnen zurückkam, hatte ich ein bißchen Hoffnung. Ich sagte ihr, ein Arzt hätte sich um die Wunde gekümmert, und jetzt würde sie vielleicht allmählich heilen.
Die anderen Frauen halfen meiner Mutter, frisches Unkraut zu sammeln, um es anstatt des mit Blut und Eiter vollgesogenen Strohs, auf dem ich geschlafen hatte, unter mich zu legen. Zum erstenmal, seit ich mich verletzt hatte – wer weiß, vor wie vielen Tagen –, schlief ich in dieser Nacht friedlich. Wenn nicht am nächsten, so doch am übernächsten Tag konnte ich sicher wieder arbeiten gehen, und solange ich arbeiten konnte, würde ich am Leben bleiben.
Der Morgen kam. Ich fühlte mich kräftiger. Das Bein konnte zwar noch immer mein geringes Gewicht nicht tragen, aber ich war überzeugt, daß es jetzt aufwärtsgehen würde. Nach unserem kärglichen Frühstück versuchte ich meiner Mutter beruhigend zuzureden, als sie zur Arbeit aufbrach. Dann humpelte ich zurück, legte mich wieder hin und betete, daß kein Kapo in den Schuppen kam und sich einfallen ließ, mich zum Spaß zu quälen, daß meine Mutter durchhielt und meine Wunde heilte. Ich sagte sämtliche Gebete auf, an die ich mich aus meiner frühen Kindheit erinnerte, als ich mit meinem Vater in die Synagoge gegangen war, und ich dachte darüber nach, was für ein wunderbarer Mann er gewesen war. Dann döste ich ein und träumte von ihm. Er war im Himmel, und eine Stimme sagte, sein vorbildliches Leben werde meine Mutter und mich retten. Ich hatte noch andere schöne Träume. Ich lebte mit meinen Eltern in einem Paradies, genannt das Land Israel, einem Land, wo Milch und

Honig flossen. Ich war mit einem gutaussehenden Orangenpflanzer verheiratet und hatte mit ihm eine große Schar gesunder Kinder. Ich führte sie in der Sonnenhitze an den Strand, und die Wellen schlugen ans Ufer.

Ich glaube an meine Gebete, doch am Abend dieses Tages mußte ich feststellen, daß sie nicht erhört worden waren. Das Bein war noch immer infiziert. Ja, die Entzündung hatte sich auf den oberen Teil des Beines ausgedehnt, und es hatte wieder anzuschwellen begonnen. Meine Mutter, inzwischen verzweifelt, fragte ihre Freundinnen um Rat. Sie selbst hatte von ihrem Bruder Jakob einiges über Medizin und Erste Hilfe gelernt. Doch hier im Arbeitslager wußte niemand mehr als sie selbst, und so beschloß sie, es mit ihrer eigenen Behandlung zu versuchen.

In einer Blechdose oder etwas Ähnlichem erhitzte sie über einem Feuer etwas Sand und umhüllte ihn dann mit einem Lumpen. Sie legte die heiße Packung auf die infizierte Stelle, in der Hoffnung, sie würde die Wunde desinfizieren und den Eiter herausziehen. Die Wunde öffnete sich zwar, und es floß auch etwas Eiter heraus, aber die Behandlung war ebenso schmerzhaft wie die Wunde selbst, und die Entzündung klang in keiner Weise ab.

Am nächsten Tag hatte ich zwar hohes Fieber, war aber doch so weit bei Bewußtsein, daß ich furchtbare Angst bekam und in Tränen ausbrach. Ich war überzeugt, mein Bein würde sich nie mehr bessern. Entweder würde sich die Infektion ausbreiten, so daß ich eine Blutvergiftung bekam und starb, oder die Kapos würden mich hinauszerren und in einen Graben werfen, ehe ich an der Infektion starb. Ich war nichts als ein nutzloser Parasit.

Ich dachte nicht an die dritte Möglichkeit, die dann tatsächlich eintrat. Eines Morgens kamen drei Kapos, darunter der Lagerkommandant, in den Schuppen geschlendert, musterten mich und trafen dann ihre Entscheidung. »Sie ist ein hoffnungsloser Fall«, sagten sie, und zu mir: »Morgen schicken wir dich ins Krankenhaus.«

Ich nahm ihnen nicht ab, was sie sagten. Als wir im Arbeitslager landeten, wußten alle Erwachsenen über die Gaskammern und die Verbrennungsöfen Bescheid. Ich hörte, wie sie von »Krematorium« sprachen. Meine Mutter versuchte damals, mir die grauenvolle Wahrheit zu verbergen. Ich wußte, es bedeutete etwas Entsetzliches, wußte aber nicht genau, was, und wollte es auch nicht unbedingt erfahren. Trotzdem lag es auf der Hand, daß die Nazis mich in den Tod schicken wollten. Ich hatte schreckliche Angst und war voller Verzweiflung, meine Mutter für immer zu verlieren. Ich hatte alle Hoffnung aufgegeben.

Ich wollte meiner Mutter nichts davon sagen. Ich nahm an, sie würden mich wegbringen, während sie und die anderen Frauen fort, beim Arbeiten, waren. Sie würde abends zurückkommen, mich nicht antreffen, und sie würde nicht wissen, was mit mir passiert war. Aber ich war zu schwach, den Gedanken ertragen zu können, ohne auch nur ein Lebewohl von meiner Mutter für immer getrennt zu werden. Als sie sich an diesem Abend neben mich auf das faulige, stinkende Unkraut legte, sagte ich: »Mutter, morgen werden sie mich nach Stutthof zurückschicken.« Sie war vom Kummer zu überwältigt, um mir mit Worten zu antworten. Schluchzend lag sie neben mir. »Mach dir keine Gedanken«, sagte ich zu ihr. »Sie haben gesagt, ich komme ins Krankenhaus. Ich werde mich erholen, und dann schicken sie mich wieder zu dir hierher.«

Wir wußten beide, daß ich log. Sie hielt mich die ganze Nacht hindurch in den Armen, und als der Morgen kam, hatte sie ihren Entschluß gefaßt. Das war der Augenblick, in dem meine Mutter sich für mich opferte. Als die Kapos die Frauen für den Marsch zur Arbeit Aufstellung nehmen ließen, rief meine Mutter unter Tränen: »Schickt mich mit meiner Tochter nach Stutthof. Ich bin auch krank. Was bin ich denn ohne sie nütze?«

Den Kapos lag nichts an ihr. Sie war keine gute Arbeitskraft. Eine »alte« Frau mehr oder weniger zählte nicht. Ein Kapo wurde damit beauftragt, uns wegzubringen.

JOSEPH SCHUPACK

Fahrt ins Ungewisse

Der 1923 geborene JOSEPH SCHUPACK wuchs in Radzyn auf. Nach dem Überfall auf Polen war der Alltag der Juden gekennzeichnet durch zunehmende Schikanen, ständige Bedrohung und brutale Gewalt. Immer wieder gelang es Joseph Schupack, sich der Verhaftung zu entziehen. Nach einer mißglückten Hilfsaktion für die eingesperrten Leidensgenossen in dem Ghetto von Miedzyrzec wurde er im Frühjahr 1943 ins Konzentrationslager Majdanek deportiert. Joseph Schupack, der durch die Höllen von Majdanek, Auschwitz, Dora-Nordhausen und Bergen-Belsen ging, verlor seine ganze Familie und alle Freunde.

Nach 19 Monaten Lageraufenthalt in Auschwitz fuhr ich ins Ungewisse. Ich fuhr in dem Gefühl, daß allmählich auch für unsere Obrigkeit die Reise ins Ungewisse ging.

Es war der 21. oder 22. Januar 1945 und bitter kalt, als wir wie die Heringe in offene Waggons hineingestopft wurden. 160–200 Häftlinge in einem Wagen! Es gab keine Möglichkeit zu sitzen, von liegen ganz zu schweigen. Als einzigen Schutz gegen Schnee oder Regen hatten wir zerfetzte Lagerdecken, die wir über die Köpfe hielten. Die einzige Wärmequelle war die Körperwärme. Vor der Abfahrt bekamen wir etwas Proviant, weil sich in Gleiwitz ein Proviantlager befand, das ja doch bald in die Hände der Russen fallen würde. Der Transport wurde von SS-Männern bewacht, die in den Häuschen außerhalb der Waggons saßen. Wir fuhren weiter Richtung Westen. Nach einigen Tagen plagte uns der Hunger, vor allem aber hatten wir unter Durst zu leiden. Durch das ständige Stehen in völliger Unbeweglichkeit waren die Beine eingeschlafen, angeschwollen und gefühllos geworden. Die menschliche Notdurft schuf Probleme, aber weil die Wagen offen waren, konnten sie einigermaßen gelöst werden. In dieser Situation ergaben sich bald Reibungen und Aggressionen; dann aber breiteten sich Apathie, Melancholie und Hysterie mehr und mehr aus. Einige schimpften, andere schrien, manche zerkratzten sich gegenseitig die Gesichter, viele starben stehend.

Manchmal dauerte es Stunden, bis man merkte, daß der stillgewordene Nachbar tot war. Die Toten wurden auf den Wagenboden gelegt, und die noch Lebenden standen auf den Toten. Dadurch konnten wir allmählich die Arme freier bewegen und hatten mehr Luft. Manchmal hielten die Waggons einige Stunden, meistens außerhalb der Siedlungen, damit wir möglichst wenig von der Zivilbevölkerung sahen und möglichst nicht von ihr gesehen wurden. Aus dem Zick-zackkurs des Zuges war zu entnehmen, daß wir ins Ungewisse fuhren.

Unser Zustand war unbeschreiblich. Mit den letzten Kräften rangen wir um das Leben, eingepreßt in die Waggons, Tote zur Seite und unter den Füßen, dem Hunger, Durst und der Kälte ausgesetzt. Ich kann mich nicht erinnern, auf dieser Fahrt etwas zu essen erhalten zu haben. Wahrscheinlich gab es ein paarmal etwas Wasser oder auch eine Suppe oder Brot, ich weiß es jedenfalls nicht mehr. Man konnte einfach nicht mehr richtig denken. Doch ich erinnere mich genau, daß die SS-Posten immer noch den Zug bewachten. Dabei waren es nur wenige Häftlinge, die aus dem Zug sprangen oder bei Aufenthalten verschwanden, und sie taten es wahrscheinlich nur, um diese

Tortur zu beenden. Die meisten waren wie gelähmt und fanden nicht mehr die Kraft zum Abspringen.
Mitentscheidend für das Durchhalten auf dieser Fahrt war, an welcher Stelle man im Waggon stand. In der Wagenmitte hatte man es wärmer, an den Wänden mehr Ellbogenfreiheit. Diese Plätze waren auch deshalb besonders begehrt, weil die dort Stehenden die ersten waren, wenn es einmal etwas gab. Denn es gab nie etwas für alle, sondern immer nur für einige wenige, die in der Unordnung etwas mehr Glück oder Beweglichkeit entwickelten. Das wiederum brachte die Menschen weiter aus ihrer Selbstkontrolle. Alle waren dem Verrücktwerden nahe, alle kämpften gegen einschlafende Füße und Hände, für etwas Wasser und Brot.
Diese furchtbare, unendliche Fahrt ging zuerst nach Wien, von dort in die Tschechoslowakei (nach meiner Erinnerung nach Prag und Pilsen), von dort nach Hamburg-Neuengamme. Überall wurden wir wegen Überfüllung der Lager nicht aufgenommen. Stundenlang standen wir auf Abstellgleisen, fuhren schließlich weiter von Süden nach Norden, von Osten nach Westen, ohne festes Ziel. Obwohl wir unterwegs angewiesen wurden, uns durch Decken beim Vorbeifahren an Städten und Dörfern unkenntlich zu machen, wurden wir von vielen Menschen gesehen, und unsere Rufe nach Brot und Wasser konnten einfach nicht überhört werden. Ich kann mich nur an einen Fall in der Tschechoslowakei erinnern, wo uns von einer Brücke aus Brotscheiben zugeworfen wurden. Ansonsten sahen wir im Vorbeifahren nur schweigende, versteinerte Gesichter. Wir müssen sichtbar gewesen sein; denn unser Zug war sehr lang, wurde von zwei Lokomotiven angetrieben, eine vorn und eine hinten, und fuhr immer ziemlich langsam.
Mit der Länge der Fahrt nahm auch das Springen aus dem Zug wieder zu. Diese Menschen wollten erschossen werden, sie hatten genug.
Gegen Hunger und Durst leckten wir den Schnee, der sich auf den verrosteten Eisenkanten des Waggons ansammelte, mit unseren Zungen auf. Aber auch das war nur denjenigen vergönnt, die an den Waggon-

wänden standen. Die in der Mitte stehenden Häftlinge gingen leer aus. Woher die Kraft nehmen durchzuhalten? Mit dem Gedanken, doch zu springen, fiel ich in einen Halbschlaf. Ich sah meine Schwester Sonia und ein zweites mir früher nahestehendes Mädchen ganz in meiner Nähe; beide flehten mich an und riefen: Halte durch, bleib stehen! Du mußt noch etwas leiden, es dauert noch etwas, aber du schaffst es!

Ich weiß nicht, ob mein Traum drei Minuten oder drei Stunden gedauert hatte. Aber ich erwachte aus tiefer Depression als neuer Mensch mit neuer Hoffnung und dem festen Willen, nicht aufzugeben. Dieser Traum war mir bis zur endgültigen Befreiung eine Quelle der Hoffnung, aus der ich schöpfen konnte, wann immer ich zu verzagen anfing. Er half mir viel. Und schließlich gab mir auch die alte Devise wieder Kraft, die mir schon in Majdanek und Auschwitz weitergeholfen hatte: Es geht nicht nur um unser Leben; mit dem Sterben eines jeden von uns erfüllt sich ja gerade das, was Hitler und die Nazis sich wünschen. Schon deswegen, unseren Feinden zum Trotz, wollte ich weiterleben. Außerdem wollte ich mir die Art meines Sterbens nicht von den Nazis vorschreiben lassen. Die Fahrt ging weiter und der Kampf um das Überleben auch.

Nachdem uns wegen Überfüllung viele Konzentrationslager nicht hatten aufnehmen können, landeten wir endlich, nach 11 qualvollen Tagen und Nächten, in Nordhausen (Harz) im Lager Dora. Von den ursprünglich in Gleiwitz verladenen 10.000 Häftlingen sollen nur knapp 6.000 diese Fahrt überstanden haben. Das Ausmaß der Tragödie wurde uns erst bei der Entladung der Waggons richtig bewußt. Erst jetzt stellten wir fest, wie viele Tote unter unseren Füßen lagen oder an unserer Seite standen. Die Toten wurden auf einem Haufen gesammelt und von einem Spezialkommando abgeholt.

Auch die noch Lebenden waren halb tot beim Aussteigen aus den Waggons. Kaum einer konnte sich auf den Beinen halten. Man fühlte die eigenen Glieder nicht mehr, sie waren wie aus Holz. Wir reagierten apathisch, ließen alles über uns ergehen. Uns war in diesem Zustand alles egal – nicht aber unseren Peinigern.

Elie Wiesel

Bleib nicht stehen, lauf!

Elie Wiesel, 1928 in Sighet/Rumänien geboren, wurde 1944 zusammen mit seiner Familie nach Auschwitz deportiert. Die Befreiung erfolgte am 11. April 1945 in Buchenwald. Seine Eltern und die jüngste Schwester überlebten nicht die Todesmaschinerie der SS.
Nach 1945 kam er nach Paris, wo er an der Sorbonne Philosophie und Literatur studierte. Seit 1962 ist er amerikanischer Staatsbürger. »Sollten wir durch ein Wunder eines Tages hier herauskommen, dann weihen wir unser ganzes Leben dieser Pflicht, Zeugnis abzulegen angesichts der allgemeinen Gleichgültigkeit, um von der Einsamkeit der Greise, den Blicken der Mütter zu berichten, vom Lächeln der Kinder, die in den Tod marschierten«, lautete das Gelübde Elie Wiesels. Das Leiden der unschuldigen Opfer steht folglich im Zentrum seines publizistischen und schriftstellerischen Schaffens. Weltweit engagiert sich Elie Wiesel für unterdrückte und verfolgte Minderheiten. 1986 wurde der Mahner gegen jede Form des Rassismus mit dem Friedensnobelpreis ausgezeichnet.

Schon zwei Tage nach meiner Operation lief das Gerücht durchs Lager, daß die Front plötzlich nahe gerückt sei. Die Rote Armee stoße auf Buna vor, hieß es, es sei nur noch eine Frage von Stunden.
Wir waren an diese Art von Gerüchten bereits gewöhnt. Es war nicht das erste Mal, daß ein falscher Prophet uns den Frieden auf der Welt, Verhandlungen mit dem Roten Kreuz wegen unserer Befreiung und andere Hirngespinste versprochen hatte . . . Plötzlich glaubten wir daran, es war wie eine Morphiumspritze. Diesmal klangen die Prophezei-

ungen jedoch handgreiflicher. In den vergangenen Nächten hatten wir in der Ferne Kanonendonner gehört.
Aber da sagte mein gesichtsloser Nachbar: »Gib dich keinen Illusionen hin. Hitler hat es klar und deutlich ausgesprochen, daß er sämtliche Juden vernichtet haben wird, bevor es dreizehn schlägt.«
»Was haben Sie davon?« stieß ich hervor. »Sollen wir Hitler als Propheten ansehen?«
Seine erloschenen Augen blickten mich starr an. Schließlich sagte er tonlos: »Ich habe mehr Vertrauen in Hitler als in irgend jemand anderen. Hitler ist der einzige, der alle seine dem jüdischen Volke gemachten Versprechungen samt und sonders gehalten hat.«

Um vier Uhr nachmittags desselben Tages rief die Uhr wie üblich alle Blockältesten zum Appell.
Niedergeschlagen kehrten sie zurück und sagten nur ein Wort: Evakuierung. Das Lager sollte aufgelöst, wir sollten rückwärts verlagert werden. Aber wohin? Irgendwohin tief nach Deutschland hinein, in andere Lager: an denen fehlte es nicht.
»Wann?«
»Morgen abend.«
»Vielleicht kommen die Russen noch vorher . . .«
»Vielleicht.«
Wir wußten wohl, daß das nicht der Fall sein würde.

Das Lager summte wie ein Bienenkorb. Man lief, rief und fragte. In allen Blocks wurden Marschvorbereitungen getroffen. Ich hatte meinen kranken Fuß vergessen.
Ein Arzt betrat das Krankenzimmer und verkündete: »Morgen unmittelbar nach Einbruch der Dunkelheit marschiert das Lager ab. Ein Block nach dem anderen. Die Kranken können im Lazarett bleiben und werden nicht evakuiert.«
Diese Nachricht gab mir zu denken. Sollte die SS sich damit einverstanden erklären, daß einige hundert Häftlinge sich in den Lazarett-

blocks bereit machten und seelenruhig die Ankunft ihrer Befreier erwarteten? Würden sie irgendeinem Juden erlauben, die dreizehnte Stunde abzuwarten? Sicherlich nicht.

»Man wird alle Kranken schonungslos erledigen«, sagte der Gesichtslose, »und sie mit dem letzten Schub in die Gaskammer spedieren.«

»Sicherlich ist das Lager unterminiert«, warf ein anderer ein. »Unmittelbar nach der Evakuierung wird alles in die Luft fliegen.«

Ich selbst dachte nicht an den Tod, wollte mich jedoch nicht von meinem Vater trennen lassen. Wir hatten schon soviel gemeinsam gelitten und ertragen: es war nicht mehr der Augenblick, uns trennen zu lassen.

Ich lief hinaus, um ihn zu suchen. Der Schnee lag dicht, die Fenster der Blocks waren bereift. Einen Stiefel in der Hand, denn ich konnte den rechten Stiefel nicht anziehen, lief ich und fühlte weder Schmerz noch Kälte.

»Was geschieht nun?«

Mein Vater antwortete nicht.

»Was wird geschehen, Vater?«

Er war in Gedanken versunken. Die Wahl lag in unseren Händen. Zum erstenmal konnten wir unser Los selbst entscheiden. Wir konnten alle beide im Lazarett bleiben, wo ich ihn dank meines Arztes als Kranken oder Krankenwärter einführen konnte. Wir konnten auch mit den anderen gehen.

Ich war entschlossen, meinen Vater auf jeden Fall zu begleiten.

»Was geschieht nun, Vater?«

Er schwieg.

»Wir wollen uns mit den anderen evakuieren lassen«, sagte ich.

Er antwortete nicht und blickte nur auf meinen Fuß.

»Glaubst du, daß du marschieren kannst?«

»Ich glaub' schon.«

»Hoffentlich bereuen wir es nicht, Elieser.«

Nach dem Kriege erfuhr ich das Schicksal der im Lazarett Verbliebenen. Sie wurden zwei Tage nach der Evakuierung schlicht und einfach von den Russen befreit.

Ich kehrte nicht ins Lazarett zurück, sondern ging in meinen Block. Meine Wunde hatte sich geöffnet, blutete und färbte den Schnee rot.
Der Blockälteste verteilte doppelte Rationen von Brot und Margarine für den Marsch. Kleider und Hemden konnte man sich im Depot in beliebigen Mengen holen.
Es war kalt. Wir legten uns ins Bett.
Die letzte Nacht in Buna. Wieder einmal die letzte Nacht. Die letzte Nacht zu Hause, die letzte Nacht im Ghetto, die letzte Nacht im Viehwagen und nun die letzte Nacht in Buna. Wie lange würde unser Leben sich noch von einer »letzten Nacht« zur anderen schleppen?
Ich tat kein Auge zu. Hinter dem bereiften Fenster blitzte roter Lichtschein auf. Kanonendonner zerriß die stille Nacht. Wie nah die Russen schon waren! Zwischen ihnen und uns – eine Nacht, eine letzte Nacht. Man flüsterte von einem Bett zum anderen: nur ein wenig Glück, und die Russen sind vor der Evakuierung hier! Noch lebte die Hoffnung.
Einer rief: »Versucht zu schlafen. Sammelt Kraft für den Marsch.« Das erinnerte mich an die letzten Ratschläge meiner Mutter im Ghetto.
Aber ich konnte nicht einschlafen. Mein Fuß brannte wie Feuer.
Am nächsten Morgen sah das Lager völlig verändert aus. Die Häftlinge traten in merkwürdiger Verkleidung auf, wie bei einem Maskenfest. Jeder hatte mehrere Kleidungsstücke übereinandergezogen, um sich besser gegen die Kälte schützen zu können. Armselige Gauklergestalten, breiter als hoch, mehr tot als lebendig, arme Possenreißer, deren Gespenstermasken aus einem Haufen Sträflingsdrillich hervorschauten.
Ich versuchte einen großen Stiefel aufzutreiben. Vergebens. So

zerriß ich meine Decke und umwickelte meinen verletzten Fuß. Dann durchsuchte ich das ganze Lager nach etwas Brot und ein paar Kartoffeln.

Einige meinten, es ginge in die Tschechei. Andere, nach Groß-Rosen, dritte, nach Gleiwitz, wieder andere, sonstwohin …

Zwei Uhr nachmittags. Der starke Schneefall hielt an.

Jetzt verstrichen die Stunden rasch, schon brach die Dämmerung herein, und der Tag sank ins Graue.

Plötzlich erinnerte sich der Blockwart daran, daß die Blockreinigung vergessen worden war, und befahl vier Gefangenen, den Boden zu schrubben … Eine Stunde vor Abmarsch! Wozu? Für wen?

»Für die Befreiungsarmee!« rief er. »Damit sie wissen, daß hier Menschen gewohnt haben und keine Schweine.«

Wir waren also Menschen? Der Block wurde blitzsauber gescheuert und bis in die kleinsten Winkel hinein gesäubert.

Um sechs Uhr läutete die Glocke. Die Totenglocke. Das Begräbnis. Der Trauerzug sollte sich in Bewegung setzen.

»Antreten! Wird's bald!«

Im Handumdrehen waren wir alle blockweise angetreten. Die Nacht fiel ein. Alles ging planmäßig, wie am Schnürchen.

Die Scheinwerfer leuchteten auf. Hunderte von SS-Männern, begleitet von Schäferhunden, enttauchten der Dunkelheit. Es schneite noch immer.

Die Tore des Lagers gingen auf. Dahinter schien uns eine noch dunklere Nacht zu erwarten.

Die ersten Blocks setzten sich in Bewegung. Wir warteten. Wir mußten den Abmarsch von sechsundfünfzig Blocks, die vor uns kamen, abwarten. Es war bitter kalt. Ich hatte zwei Stück Brot in der Tasche. Wie gerne hätte ich sie jetzt gegessen! Aber ich durfte nicht. Noch nicht.

Nun kamen wir bald an die Reihe: Block 53 … Block 55 … Block 57. Ohne Tritt, marsch!

Es schneite ohne Unterlaß.

Ein eisiger Wind wehte, aber wir marschierten unverdrossen.
Die SS drängte zur Eile. »Rascher, Kanaillen, räudige Hunde!« Warum nicht? Die Bewegung wärmte uns etwas, das Blut lief rascher durch die Adern. Man hatte das Gefühl, zum Leben zu erwachen . . .
»Rascher, räudige Hunde!« Schon marschierte man nicht mehr, man lief, wie Automaten. Auch die SS-Männer liefen, die Waffe in der Hand. Wir schienen vor ihnen zu fliehen.
Pechschwarze Nacht. Von Zeit zu Zeit knallte ein Schuß. Die SS hatte Befehl, auf jeden zu schießen, der nicht mitkam. Den Finger am Abzug, legte die Begleitmannschaft sich keine Zurückhaltung auf. Sobald einer auch nur eine Sekunde stillstand, streckte ein dumpfer Knall einen räudigen Hund nieder.
Mechanisch setzte ich einen Schritt vor den anderen und schleppte mein Knochengerüst weiter, das trotzdem noch zuviel wog. Hätte ich es doch abschütteln können! Trotz meiner Anstrengung, nicht daran zu denken, fühlte ich, daß ich zweierlei war: mein Körper und ich. Ich haßte ihn.
Ich dachte immer wieder: Denke nicht, bleib nicht stehen, lauf!
Ganz in meiner Nähe brachen viele im schmutzigen Schnee zusammen, und schon krachte der Schuß . . .
Neben mir marschierte ein Polenjunge namens Zalman, der in Buna im Elektro-Depot gearbeitet hatte und stets verlacht worden war, weil er ständig betete und über irgendeine Frage des Talmud nachdachte. Das tat er, um der Wirklichkeit zu entfliehen und die Schläge weniger zu spüren . . .
Plötzlich bekam er Magenkrämpfe. »Ich habe Bauchschmerzen«, flüsterte er mir zu. Er konnte nicht weitermarschieren, er mußte einen Augenblick stehenbleiben.
Ich flehte ihn an: »Halt aus, Zalman. Bald wird haltgemacht. In diesem Tempo werden wir nicht bis ans Ende der Welt rennen.«
Aber mitten im Lauf knöpfte er sich die Hose auf und rief mir zu: »Ich kann nicht mehr. Mein Bauch platzt . . .«
»Versuch's noch mal, Zalman . . . Versuch's . . .«

»Ich kann nicht mehr« seufzte er.
Seine Hose rutschte, und schon ließ er sich fallen.
Das ist das letzte Bild, das mir von ihm verblieben ist. Ich glaube nicht, daß ein SS-Mann ihn liquidiert hat, denn niemand hat ihn gesehen. Vielmehr muß er unter den Füßen von Tausenden von Männern, die hinter uns kamen, totgetrampelt worden sein.
Ich vergaß ihn rasch und dachte wieder an mich. Wegen meines schmerzenden Fußes durchzuckte mich bei jedem Schritt ein Schauer. Noch ein paar Meter, dachte ich, nur noch wenige Meter, und alles ist vorbei. Ich falle, eine kleine rote Flamme, ein Schuß. Der Tod umringte mich bis zum Ersticken, er klebte an mir. Mir war, als könne ich ihn berühren. Der Gedanke, zu sterben, nicht mehr zu sein, begann mich zu betören. Nicht mehr zu existieren, nicht mehr den fürchterlichen Schmerz im Fuß zu spüren. Nichts mehr zu fühlen, weder Müdigkeit, noch Kälte, nichts. Aus Reih und Glied zu springen, sich am Straßenrand niedersinken zu lassen ...
Die Gegenwart meines Vaters war das einzige, was mich davon abhielt. Er lief mir zur Seite, außer Atem, am Ende seiner Kräfte, in den letzten Zügen. Ich hatte nicht das Recht, einfach hier zu sterben. Was würde er ohne mich tun? Ich war sein einziger Halt.
Diese Gedanken hatten mich schon eine Weile beschäftigt. Während ich gelaufen war, ohne meinen wehen Fuß zu spüren, ohne das Bewußtsein eines Körpers zu haben, der unter Tausenden auf der Straße dahinstolperte.
Als ich wieder bei mir war, versuchte ich, etwas langsamer zu laufen. Es war jedoch unmöglich. Die Menschen drängten gleich einer Sturmflut hinter mir her und hätten mich wie eine Ameise zerquetscht.
Ich war nur noch ein Traumwandler. Es kam vor, daß ich die Lider schloß, so daß ich wie im Schlaf dahineilte. Von Zeit zu Zeit stieß mich einer heftig in den Rücken, dann wachte ich auf. Und einer schrie hinter mir: »Schneller. Wenn du nicht weiterwillst, laß die anderen vorbei.« Es genügte, die Augen eine Sekunde zu schließen,

um die ganze Welt vorbeiziehen zu sehen, um ein ganzes Leben zu träumen.
Straße ohne Ende. Sich von der wogenden Menge vorwärts stoßen, sich vom blinden Schicksal treiben zu lassen. Als die SS-Männer müde waren, wurden sie abgelöst. Uns löste niemand ab. Trotz des Laufens durchgefroren, die Kehle ausgetrocknet, ausgehungert, außer Atem, liefen wir weiter.
Wir waren die Herren der Natur, die Herren der Welt. Wir hatten alles vergessen, den Tod, die Müdigkeit, die natürlichen Bedürfnisse. Stärker als Kälte und Hunger, stärker als die Schüsse und der Wunsch zu sterben, Todeskandidaten und Landstreicher, waren wir die einzigen Menschen auf der Erde.
Endlich erschien der Morgenstern am grauen Himmel. Fahles Licht zog am Horizont auf. Wir konnten nicht mehr, wir waren ohne Kraft und ohne Illusionen.
Der Kommandant verkündete, daß wir seit dem Abmarsch siebzig Kilometer zurückgelegt hatten. Längst hatten wir die Grenze der Müdigkeit überschritten. Mechanisch, gegen unseren Willen, taten unsere Beine ihren Dienst.
Wir marschierten durch ein verlassenes Dorf. Keine Menschenseele weit und breit. Kein Hundebellen. Häuser mit gähnenden Fenstern. Der eine oder andere schlüpfte aus Reih und Glied, um sich in einem verlassenen Haus zu verstecken.
Noch eine Stunde Marsch, dann endlich wurde der Rastbefehl ausgegeben.
Alle auf einmal ließen wir uns in den Schnee sinken.
Mein Vater rüttelte mich hoch: »Nicht hier . . . steh auf! Noch ein paar Schritte. Dort drüben ist ein Schuppen . . . Komm . . .«
Ich hatte weder Lust noch Kraft aufzustehen. Trotzdem gehorchte ich. Es war kein Schuppen, sondern eine Ziegelei mit eingestürztem Dach und zerbrochenen Fensterscheiben, deren Mauern von Feuchtigkeit trieften. Es war gar nicht leicht, da hineinzukommen, denn Hunderte von Gefangenen drängten sich vor der Tür.

Schließlich gelang es uns doch. Auch drinnen lag tiefer Schnee. Ich ließ mich fallen. Erst jetzt spürte ich, wie müde ich war. Der Schnee nahm mich wie ein weicher, warmer Teppich auf. Ich schlummerte ein.

Ich weiß nicht, wie lange ich schlief, ob nur wenige Sekunden oder eine ganze Stunde. Als ich erwachte, klopfte mir eine eiskalte Hand auf die Wangen. Mühsam öffnete ich die Lider; es war mein Vater. Wie alt er seit gestern abend geworden war! Sein Körper war völlig verkrümmt und verdreht. Seine Augen waren versteint, seine Lippen welk, tot. Alles an ihm war völlige Erschöpfung. Seine Stimme klang feucht von Tränen und Schnee: »Du darfst nicht einschlafen, Elieser. Es ist gefährlich, im Schnee einzuschlafen. Wer einschläft, wacht nicht mehr auf. Komm, mein Junge, komm. Steh auf!«

Aufstehen? Wie konnte ich? Wie sollte ich mich den weichen Daunen entwinden. Ich hörte wohl die Worte meines Vaters, aber sie schienen mir sinnlos, als fordere jemand von mir, daß ich den ganzen Schuppen fortschleppe . . .

»Komm, mein Sohn, komm . . .«

Mit zusammengebissenen Zähnen raffte ich mich hoch. Mich stützend, führte er mich nach draußen. Das war nicht einmal leicht. Ins Freie zu gelangen war ebenso mühsam, wie sich hineinzuzwängen. Unter uns stöhnten halb zerquetschte, halb totgetretene Männer. Niemand nahm die geringste Rücksicht.

Endlich standen wir draußen. Der eisige Wind peitschte mein Gesicht. Pausenlos biß ich mir auf die Lippen, damit sie nicht erfroren. Ringsum schien alles einen Totentanz aufzuführen, so daß mir schwindelig wurde. Ich bewegte mich auf einem Friedhof, zwischen starren Leibern, zwischen Holzklötzen. Kein Verzweiflungsschrei, keine Klage, nichts als ein massenhafter stummer Todeskampf. Niemand flehte den anderen um Hilfe an. Man starb, weil man sterben mußte. Man machte keine Schwierigkeiten.

Ich sah mich in jedem erstarrten Leib. Bald würde ich keinen von ihnen mehr sehen können, bald würde ich einer von ihnen sein, es war nur eine Frage von Stunden.

»Komm, Vater, laß uns in den Schuppen zurückgehen.«
Er antwortete nicht, er gönnte den Sterbenden keinen Blick.
»Komm, Vater. Dort ist's besser. Man kann sich ein wenig ausstrecken. Einer löst den anderen ab. Erst wache ich, dann du. Wir werden uns gegenseitig nicht einschlafen lassen, wir werden einander beobachten.«
Er willigte ein. Nachdem wir über viele Leiber und Leichname gestolpert waren, gelang es uns, in den Schuppen hineinzukommen. Dort ließen wir uns niedersinken.
»Hab keine Angst, mein Junge. Schlaf, du kannst schlafen. Ich werde wachen.«
»Zuerst du, Vater. Schlaf du.«
Er weigerte sich. So legte ich mich denn hin und versuchte zu schlafen, ein wenig zu dämmern, aber umsonst. Gott weiß, was ich gegeben hätte, um ein paar Minuten einschlafen zu können. Aber in der Tiefe meines Herzens wußte ich, daß Schlafen Sterben bedeutete. Und etwas in mir sträubte sich gegen diesen Tod. Ringsum breitete er sich aus, lautlos, gewaltlos. Er beschlich einen Eingenickten, schlüpfte in ihn hinein und saugte ihn allmählich aus. Neben mir versuchte jemand seinen Nachbarn aufzuwecken, vielleicht seinen Bruder oder einen Kameraden. Vergebens. Entmutigt streckte er sich neben dem Leichnam hin und schlief seinerseits ein. Wer würde ihn wecken?
Ich streckte den Arm aus und berührte ihn: »He, wach auf. Hier darf man nicht schlafen . . .«
Er öffnete einen Spaltbreit seine Lider.
»Keine Ratschläge«, murmelte er mit erlöschender Stimme. »Ich bin erledigt. Laß mich in Ruhe. Hau ab.«
Auch mein Vater schlummerte sanft. Ich konnte seine Augen nicht sehen, seine Mütze bedeckte ihm das Gesicht.
»Wach auf«, murmelte ich ihm ins Ohr.
Er fuhr zusammen, setzte sich hin und blickte umher, verloren, verstört, wie ein Waisenkind. Lange blickte er umher, als habe er in

diesem Augenblick beschlossen, eine Bestandsaufnahme von seiner Umwelt zu machen, zu erfahren, wo er sich befand, an welchem Ort, wie und warum. Dann lächelte er.

Ich werde dieses Lächeln nie vergessen. Aus welcher Welt kam er zurück?

Unablässig fiel der Schnee in dichten Flocken auf die Leichname.

Die Schuppentür ging auf, und ein Greis mit bereiftem Bart und blaugefrorenen Lippen trat ein. Es war Rabbi Eliahu, der Rabbiner einer kleinen Gemeinde in Polen, ein herzensguter Mensch, den jedermann im Lager – selbst die Kapos und Blockältesten – schätzte. Trotz des Unglücks und all der Anfechtungen strahlte sein Gesicht nach wie vor von innerer Reinheit. Er war der einzige Rabbiner, den man in Buna nie »Rabbi« zu nennen versäumte. Er glich einem jener Propheten von einst, die stets bei ihrem Volk waren, um es zu trösten. Und seltsam: seine Worte des Trostes verbitterten niemanden. Sie richteten wahrhaft auf.

Er betrat den Schuppen, und seine Augen, die stärker glänzten als sonst, schienen jemanden zu suchen: »Haben Sie vielleicht meinen Sohn gesehen?«

Er hatte seinen Sohn in dem Menschengewirr verloren und ihn vergeblich unter den Sterbenden gesucht, dann hatte er den Schnee aufgescharrt, um wenigstens seinen Leichnam zu finden – vergebens. Drei Jahre lang hatten sie zusammen ausgehalten. Stets waren sie beieinander, im Leiden, bei den Schlägen, bei der Brotration und beim Gebet. Drei Jahre lang von Lager zu Lager, von Auswahl zu Auswahl. Und nun, wo das Ende nahe schien, trennte sie das Schicksal.

Schon in meiner Nähe flüsterte er: »Es muß unterwegs passiert sein, wir müssen uns beim Marsch aus den Augen verloren haben. Ich war etwas zurückgeblieben, weil ich nicht mehr mitkam. Mein Sohn hat es vermutlich nicht bemerkt. Mehr weiß ich nicht. Wohin ist er nur verschwunden? Wo kann ich ihn finden? Vielleicht habt ihr ihn irgendwo gesehen?«

»Nein, Rabbi Eliahu, ich habe ihn nicht gesehen.«
Und Rabbi Eliahu verschwand, wie er gekommen war: wie ein windgepeitschter Schatten.
Er hatte die Tür schon durchschritten, als mir einfiel, daß ich seinen Sohn gesehen hatte, wie er neben mir lief. Ich hatte es völlig vergessen und es Rabbi Eliahu nicht gesagt.
Dann fiel mir etwas anderes ein: sein Sohn hatte ihn zurückfallen und hinter der Kolonne dreinhinken sehen. Er war vorneweg weitergelaufen und hatte den Abstand zwischen ihnen größer werden lassen.
Ein schrecklicher Gedanke durchzuckte mich: er hatte sich seines Vaters entledigen wollen! Er hatte gefühlt, daß sein Vater erlahmte, er hatte geahnt, daß dies sein Ende sei, und hatte diese Trennung gesucht, um eine Last abzuschütteln, die die Chance des eigenen Überlebens gefährden konnte.
Ich hatte recht daran getan, all das zu vergessen, und war glücklich, daß Rabbi Eliahu seinen geliebten Sohn weitersuchte.
Gegen meinen Willen erhob sich ein Gebet in meinem Herzen zu jenem Gott, an den ich nicht mehr glaubte.
»Mein Gott, Herr der Welt, gib mir die Kraft, nie zu tun, was Rabbi Eliahus Sohn getan hat.«
Draußen im Hof, wo die Nacht eingefallen war, ertönten Rufe, Befehle der SS. Antreten zum Abmarsch!
Wir marschierten weiter. Die Toten blieben im Hof, unter dem Schnee, wie treue erschlagene Wächter ohne Grab. Kein Mensch hatte das Totengebet für sie gesprochen. Ohne eine Träne gaben die Söhne die sterblichen Reste ihrer Väter auf.

Mein Lachen blieb irgendwo in Auschwitz

LIPMAN SZNAJDER

Die Rückkehr

Nachdem die schreckliche Zeit vorüber war, die Deutschen aufgerieben waren und ihren planlosen, überstürzten Rückzug in die Versenkung begonnen hatten, verfolgt von der russischen Armee, unseren Befreiern, beschloß ich, nach Chelm zurückzukehren, in die Stadt, in der ich geboren bin, in der ich meine Kindheit verbracht habe, aus deren Unbesorgtheit ich erbarmungslos herausgerissen worden war.

Die Fahrt nach Chelm dauerte nicht länger als fünfzehn Minu-

Der 1927 in der polnischen Stadt Chelm geborene LIPMAN SZNAJDER entstammt einer jüdischen Familie. Seine Eltern und seine Geschwister Shmuel, Moshe, Esther und Drejza wurden von den Nazis umgebracht. Allein und unter falschem Namen gelang es ihm, den Holocaust zu überleben.

ten und erschien mir dennoch endlos. Sie führte mich in eine Stadt, die ich mir in meinen Träumen immer bewahrt hatte, die aber jetzt, wo ich sie wiedersah, eine fremde geworden war. Fünfzehn Minuten, eine Ewigkeit, länger als jede Nacht während des Krieges! Noch einmal den Ort sehen, an dem ich aufgewachsen bin – und diesmal unter meinem richtigen Namen.

Ein Fahrzeug der Roten Armee hatte mich mitgenommen, und mein Glück beim Erreichen der Stadtgrenze von Chelm war unbeschreiblich. Am liebsten hätte ich jedem zugewinkt und lauthals geschrien: »Ich lebe, ich bin am Leben, ich Lipman Sznajder, Shlomo Sznajders Sohn. Schaut her, ich bin es, der Urenkel von Abisz Szticziver. Ich bin der Hölle entronnen und bin zurückgekommen, um wieder Jude zu sein und nicht mehr Wladislaw Szymczyk, der angebliche Pole. Ich brauche nicht mehr zu fliehen und mich nicht mehr zu verstecken!«

Ich wollte laufen, schreien, meine Arme in die Luft werfend, und zum Himmel hinaufrufen, daß ich wieder da bin, nach Chelm zurückgekehrt, in die Stadt meiner Kindheit – nicht als Wladislaw Szymczyk, sondern als Lipele Sznajder, der Sohn des Kaufmanns Shlomo Snzajder. Ja, das wollte ich – aber ich konnte nicht.

Ich blickte mich überall um, aber für mich gab es nichts mehr zu sehen. Chelm, die Stadt, von der ich immer geträumt hatte und die ein so lebendiger Teil meiner Erinnerungen war, die Stadt meiner verlorenen Jugend, wo ich in behüteter Unbeschwertheit mit meiner großen Familie gelebt hatte, dieses Chelm war nicht mehr da. Mein altes Chelm war einfach nicht mehr vorhanden: die fremde Stadt, in die ich jetzt zurückkehrte, präsentierte sich als eine graue, stumme, farblose und nichtssagende Steinwüste.

Meine ganze Familie war ausgerottet, und meine Stadt war eine andere geworden. Mir war, als ginge ich über einen Friedhof: jedes Haus ein Grabstein zum Gedenken an eine ehrbare jüdische Gemeinde, die hier geblüht hatte und die zugrunde gegangen war. Ich starrte jedem zufällig Vorübergehenden ins Gesicht, aber ich erkannte niemanden. Dies war nicht mein Chelm.

Wieder wollte ich schreien: »Schaut her, ich lebe«, aber es waren nur Fremde, die an mir vorbeigingen, und ich kannte niemanden, überhaupt niemanden, den ich mit meinem früheren Leben in Verbindung hätte bringen können.
Tief in meinem Innern steckte dieser ungeheure Schrei, der nach draußen wollte, aber meine Zunge klebte am ausgetrockneten Gaumen. Keiner schenkte mir Aufmerksamkeit. Wie hätte ich die ungeheure Freude darüber, daß ich überlebt hatte, mit Leuten teilen können, denen mein Name absolut nichts sagte?
»Schaut mich doch an, ihr alle, ich bin Lipele, Shlomo Sznajders Sohn. Ihr müßt euch doch an ihn erinnern! Ihr habt doch immer bei ihm eingekauft!« Sie schienen mich alle mit ausdruckslosen Augen anzublicken, sahen mich aber nicht, so als sei ich Luft oder Staub oder rein gar nichts.
Auch beim Anblick der noch intakten Häuser, die mir von früher her bekannt waren, wollte sich die alte Vertrautheit nicht wieder einstellen. Sie schienen mir so weit weg, so gesichtslos und verschwommen, als seien sie nie ein Teil meiner Kindheit gewesen. Die Stadt war grau; und so war der Himmel. Sogar der Sonnenaufgang schien ohne Glanz. Tristesse überall. Stillstand. Depression.
Ich hatte einmal einen Traum – ich hatte einmal eine Stadt – aber diese hier war es nicht.
Langsam ging ich auf die Kolejowastraße zu, um nach Frau Kowalska zu suchen, der ich meine Dankbarkeit erweisen wollte: einmal, weil sie mich in ihrem Haus versteckt hatte, und zum anderen, weil sie meine Identität nicht verraten und mich nicht bei den Nazis angezeigt hatte. Aber die Fensterläden an ihrem Haus waren geschlossen, und nichts rührte sich, als ich an die Tür klopfte. Keine Antwort, kein Laut. Die Nachbarn, die ich fragte, ob sie wüßten, wo sie sein könnte, schauten mich verständnislos an und entgegneten mit offensichtlicher Gleichgültigkeit: »Sie ist fortgezogen. Nein, wir wissen nicht, wohin. Wir wissen nicht, ob sie zurückkommen wird. Wir wissen einfach überhaupt nichts . . .« Frau Kowalska war ver-

schwunden, und ich konnte ihr nicht danken. Auch sie für immer verloren!
Ich suchte noch einmal den Innenhof, wo mir einst ein Pole das Leben gerettet hatte, als er mich in seinem Hinterhof vor einem seiner Landsleute versteckte, die es sich zur Aufgabe gemacht hatten, Juden zu jagen, um sie dann an die Nazis auszuliefern. Auch ihn, meinem einstigen Retter, wollte ich aufsuchen, um ihm zu danken, aber ich konnte ihn nicht mehr finden.
Wie ein Schlafwandler bewegte ich mich durch die Straßen von Chelm. Hunderte von Menschen eilten an mir vorüber, aber ich erkannte keinen. Meine Füße trugen mich zu unserem ehemaligen Haus in der Lvowskastraße. Ich betrat den Hof und blieb stehen, wie vom Blitz getroffen. Nur noch Ruinen! Kein Stein mehr auf dem anderen.
Die Erinnerung an die beiden SS-Schergen Schlesinger und Schmidt überkam mich, und ich hörte sie ihre Befehle hinausschreien, man solle das Haus zerstören, die Grundmauern umgraben, um das Gold zu finden, das mein Vater hier versteckt haben soll; ihre Habgier machte sie zu Bestien.
Und nun sah hier alles aus, als seien Bombenvolltreffer niedergegangen; nur noch ein riesiger Schutthaufen war übriggeblieben; ein Mahnmal und eine Gedenkstätte für meine Familie, die für immer ausgelöscht war.
Ich durchstreifte weiter die Straßen von Chelm, einsam und verlassen, ohne Eltern, ohne Geschwister oder Freunde, mit denen ich die Freude meines Überlebens hätte teilen können. Der Krieg war vorbei, vorbei war aber auch mein Traum von Chelm, so wie ich es geliebt hatte; vorbei auch meine Kindheit, meine Jugend. Hatte es dieses Chelm wirklich einmal gegeben?

THEODOR WEISS

Ich war ein kleines Kind, aber das vergesse ich nie

Im Mai 1940 wurden 2.800 deutsche Sinti und Roma nach Polen verschleppt, unter ihnen der sechsjährige THEODOR WEISS aus Karlsruhe. Fünf Jahre lang mußte das Kind Schwerstarbeit leisten.
Theodor Weiß leidet bis heute unter den Folgen des Lagerlebens.

»Ich hab damals noch einen kleinen Teddybär gehabt und eine kleine Lokomotive, die hab ich noch schnell holen wollen. Aber meine Mutter hat gesagt: ›Nein, laß das da! Wir kommen wieder zurück, da kannst du dir dein Spielzeug wieder holen.‹
Als wir oben auf dem Asperg* ankamen, wären alle Verwandten dort, Großvater, Großmutter.

---

* Das Zuchthaus Hohenasperg bei Ludwigsburg diente zur Vorbereitung der Deportation der Sinti und Roma.

Wir kamen nicht in die Zellen, sondern in einen großen Saal, da waren viele Familien versammelt. Wir Kinder haben das zuerst gar nicht so mitgekriegt, aber die älteren Leute, da haben welche geheult. Nach ein paar Tagen ging dann der Transport nach Polen ab. Und als wir dort ausgeladen wurden, das weiß ich noch ganz genau, das war nämlich der 24. Mai, da hab ich Geburtstag gehabt, da wurde ich sechs.

Ja, und da mußten wir dann arbeiten – auch die Kinder. Die älteren Männer mußten mit dem Vorschlaghammer große Steine entzweischlagen, die Frauen und Kinder mußten sie dann mit dem Hammer kleiner machen, für den Straßenbau, bei Regen, bei Schnee, bewacht von der SS, das war denen egal.

Und einmal bin ich von denen auch getreten worden. Weil es so eisig kalt war und ich kein Gefühl mehr in der Hand hatte, sind mir die Steine ständig aus der Hand gefallen. Ich hab auch den Hammer nicht mehr gespürt, der ist mir immer runtergefallen. Da ist der Aufseher gekommen und hat gemeint, daß ich das mit Absicht mach, und hat mir einen Tritt gegeben, mit seinem Stiefel, daß ich hingeflogen bin. Da hab ich heut noch die Narbe von. Ich war ein kleines Kind, aber das vergeß ich nie. Wir haben wie die Erwachsenen gearbeitet, von morgens früh an. Ach, nee, da war keine Zeit zum Spielen, ach Gott, nur Arbeit, Arbeit, wie die Erwachsenen.

Wir waren in Baracken untergebracht, immer dort, wo grad die Straße gebaut wurde, alle in so Scheunen oder Ställen, da war nur Stroh auf dem Boden. Und manchmal mußten wir auch draußen schlafen, vor den Baracken, weil zu viele Leut drin waren.

Mittags gab's meist nur so Suppe aus dem Waschkübel, da warn keine Kartoffeln drin, nur Salz und Steckrüben. Liebe Zeit, da sind viele gestorben, aus Hunger, vor Überarbeitung und Kälte.

Vom sechsten bis elften Lebensjahr ging das, da haben meine Schwester und ich uns die Finger kaputtgehaun. Und im Winter hatten wir keine Schuh. Auf den spitzen Steinen. Stelln Sie sich das vor! In der Kälte. Da warn auch die Füße hin. Der Schaden ist erst nach dem

Krieg aufgetreten. Aber die Ärzte damals haben unsere wehen Hände und Füße nicht anerkannt. [. . .]

Nach Kriegsende sind wir mit Pferd und Wagen nach Karlsruhe, und auch nach Gräfenhausen sind wir rüber. Aber unsere Hütten, die standen nicht mehr, alle unsere Sachen waren weg, unsre Möbel, auch mein Spielzeug und der Bär . . . Aber da war ich ja auch kein Kind mehr. Und so sind wir in Karlsruhe geblieben.
Als wir in die Schule sollten, da waren wir doch so riesig groß schon. Und in der ersten Klasse, bei den Kleinen, da haben wir uns ja so geschämt, und die Lehrer haben sich auch gar nicht drum gekümmert, ob wir mitkamen, und zwei Jahr später war meine Schulpflicht auch schon vorbei . . .
Als ich dreizehn war, wurden die Schmerzen in den Füßen und Händen so stark, daß wir zu den Ärzten mußten. Da haben die Karlsruher Ärzte meine Schwester und mich nach Heidelberg geschickt, in die Psychiatrische Klinik. Die haben untersucht, ob wir an den Nerven was hätten. Aber da haben die Ärzte immer die Tür abgeschlossen, wenn sie rausgegangen sind, und wieder aufgeschlossen, wenn sie reinkamen. Da hab ich zu meiner Mutter gesagt: ›Da stimmt was nicht. Die denken, daß wir verrückt sind.‹ – Da haben sie nämlich immer so komische Fragen gestellt. Und zum Schluß haben die Ärzte gesagt: ›Was hat uns Karlsruhe da bloß geschickt. Die Leute sind doch normal.‹
Aber eine Entschädigung haben sie trotzdem abgelehnt. Das wär doch nicht vom Lager, die wehen Hände und Füße, daß wir die nicht mehr richtig bewegen können. Eine Entschädigung lehnten sie ab.«

HERBERT ADLER

Und immer wieder die Kinderfrage: Warum?

Ich wurde am 18.11.1928 in Dortmund geboren. Mein Vater war Reinhard Adler, meine Mutter Margarete Adler, geborene Braun.

Unsere Familie zog im Februar 1938 von Dortmund nach Frankfurt, da mein Vater als Postbeamter auf eine höhere Stelle hierher versetzt wurde. Wir wohnten zunächst in der Klappergasse in einer 3-Zimmer-Wohnung, zogen aber schon im Mai 1938 in die größere Wohnung in der Löherstraße 21 um. Wir – das waren meine

Eltern und meine sechs Geschwister, ich war das vierte von sieben Kindern.
Ich wurde in die 4. Klasse der Frankensteinerschule, der örtlichen Knaben-Distriktschule, aufgenommen. Wir waren etwa 30 Buben. Ich habe mich da sehr wohl gefühlt und nie eine Schikane durch Lehrer oder Mitschüler erlebt. Unser Klassenlehrer, Herr Erb, etwa 40 Jahre alt, war wie ein väterlicher Freund zu uns. Nie trug er ein Parteiabzeichen und grüßte auch nie mit »Heil Hitler«; in der Schule gab es weder eine Flaggenhissung noch eine Naziveranstaltung.
Auch meine Schwestern Wanda und Gisela, die die Hölderlinschule besuchten, erlebten keine Diskriminierungen. Nur einer meiner Brüder ist von seinem Turnlehrer, einem fanatischen Nazi, öfter geschlagen worden.
Hätte damals mich, den zehnjährigen Bub, einer gefragt: »Hast du Angst?«, dann hätt' ich ihn groß angeschaut und gefragt: »Warum? Warum soll ich Angst haben? Ich komme doch aus einer ganz normalen Familie.« Ich fühlte mich in der Löhergaß-Clique als ein echter Frankfurter Bub. Wir spielten viel Fußball, meist auf dem Mainwasen.
Wie trügerisch diese Normalität in Wirklichkeit war, sollten die folgenden Jahre zeigen. Die Wellen des Hasses rollten ja längst auf mich und meine Familie zu. Es war im Februar 1941, als sie uns erreichten.
Ich werde diesen Tag nie vergessen, als zwei Polizeibeamte in meine Schulklasse kamen und mit meinem Lehrer sprachen. Nachdem sie mit ihm gesprochen hatten, sind sie vor die Tür gegangen. Der Lehrer sagte: »Herbert, bitte komm mal her.« Ich ging hin. »Ja, Herr Lehrer.« Er sagte: »Da sind zwei Gestapo-Leute, die möchten mit dir sprechen.« Was ging mir alles durch den Kopf! Was hast du gemacht, was hast du angestellt? Ich war ja auch ein Lausbub gewesen, der Streiche gespielt hat. Aber ich wußte nicht, was es war. Der Lehrer sagte: »Gut.« Er nahm mich auf seinen Schoß und sagte: »Geh nur mit, morgen bist du wieder bei uns.« Er wußte es besser,

wollte mich aber beruhigen und trösten, weil er mir anders nicht helfen konnte.
Ich nahm meinen Ranzen und ging. Draußen sah ich, daß mein Bruder auch schon da war. Er war eine Klasse höher als ich. Wir wurden von den zwei Gestapo-Leuten nach Hause gebracht, wo schon die ganze Familie zusammen war, auch mein Vater, den sie von der Post abgeholt hatten. Sie sagten uns: »Das und das können Sie mitnehmen. Alles andere wird Ihnen morgen nachgebracht.«
Wir wurden in einen Bus gesteckt und in das Internierungslager für »Zigeuner« in der Dieselstraße gebracht. Unsere Wohnung mit allem Hausrat und Möbeln, mit den wertvollen Musikinstrumenten meines Vaters mußten wir zurücklassen und haben nie wieder etwas davon gesehen.
Das Leben im Lager war die Vorhölle. Statt in einer großen Wohnung hausten wir nun in einem kleinen alten Bauwagen, sechs Meter lang, zwei Meter breit, mit zwei schmalen Fensterluken. Sie müssen sich das vorstellen: Wir kamen aus einer 5-Zimmer-Wohnung mit allem Drum und Dran in einen Möbelwagen, um dort mit neun Personen zu leben. In diesem Wagen gab es weder Wasser noch Licht oder eine Toilette. Es war gar nichts da! Bis ich begriffen hatte, was da passierte!
In der Dieselstraße war eines der Lager, in der die Stadt Frankfurt ihre »Zigeuner« konzentrierte, beginnend mit dem 18. August 1937. Dieselstraße – das hieß, Abschied nehmen von den Schulkameraden, von den Nachbarkindern und in einem Möbelwagen wohnen statt in einer Wohnung. Es waren Abtritte vorhanden – die schlimmsten hygienischen Verhältnisse. Appelle, Befehle, Ausgehverbot, Zwangsarbeit und diese Kälte. In der Nachtzeit das Hundegebell der Polizeistreifen. Dieselstraße – das bedeutete zum ersten Mal: Angst! Und immer wieder die Kinderfrage: Warum?

Später die Kruppstraße – das war die erste Begegnung mit dem Tod. Wir Jungen von 9 bis 14 Jahren wurden auch zur Zwangsarbeit

eingesetzt. Wir mußten Lkws mit Pflastersteinen beladen und so nach 800 bis 1.000 Metern wieder abladen. Zu dieser Arbeit wurde auch mein kleiner Bruder Rolf eingesetzt, der gerade erst 9 Jahre alt war. Einmal stürzte er bei der Arbeit vom Wagen, wurde mitgeschleift und tödlich verletzt. Dies war der Beginn einer mörderischen Blutspur in meiner Familie.
Das Lager in der Dieselstraße war umzäunt und ständig von Polizisten bewacht. Der eine namens Himmelheber war ein Unmensch, ein Schwein.
Ende 1941 wurden wir in das Lager Kruppstraße verlegt. Dieses Lager war viel größer, noch stärker bewacht, und es herrschten dieselben Zustände wie in der Dieselstraße. Das Elend war das gleiche.
Im Frühjahr 1943 wurden wir zum Ostbahnhof gebracht. Genaues haben wir damals nicht gewußt. Dort standen SS-Bewacher herum. Wir wurden mit 60 bis 80 Personen in einen Waggon verfrachtet. Die offenen Fenster des Waggons waren mit Stacheldraht versperrt. So verschickt man Vieh, aber keine Menschen!
Nach ungefähr zwei Tagen sind wir in Auschwitz angekommen. Wir mußten alle raustreten, die Familien zusammen, und jeder von uns bekam auf den linken Arm eine Nummer eintätowiert. Auf meinem Arm steht zum Beispiel Z, für Zigeuner, 2784.
Wir Kinder hatten unterwegs gefragt, was ist los? Wo kommen wir hin? Wir Kinder wußten nichts, aber durch die Gespräche der Älteren hat man gehört, wir kommen nach Oswiecim. Wir dachten, daß wir dort angesiedelt würden. Nachdem man uns die Nummer eintätowiert hatte, wurden wir in das Lager Birkenau II, das »Zigeunerlager«, gebracht. Als ich das gesehen habe, da wußte ich gar nichts mehr. Ich sage nur: Wir waren aus dem Fegefeuer in die Hölle gekommen – und nur, weil wir als Sinti und Roma und Juden geboren worden waren. Das war der Grund.
Ein paar Tage später hat mein Vater seine vier Brüder gesehen, die von Dortmund gekommen und auch ins Lager transportiert worden

waren. Insgesamt waren wir von unserer Familie 29 Personen, aber von den 29 Personen sind nur drei rausgekommen. Es überlebten nur mein älterer Bruder, meine Schwester Wanda und ich. Meine Mutter und drei Geschwister wurden in Auschwitz vergast. Als erstes wurde mein Vater durch die Mißhandlung, den Terror und die schwere Arbeit sehr krank. Er bekam Fleckfieber und Bauchtyphus und starb. Als die Russen dann näher rückten und Auschwitz aufgelöst wurde, wurde ich zunächst nach Sachsenhausen, dann nach Buchenwald und schließlich in das Männerlager Ravensbrück verschleppt. In Ravensbrück habe ich das erste Mal wieder meine Schwester gesehen, die drüben im Frauenlager war. Aber wir konnten keinen Kontakt aufnehmen. Zwischen uns standen die Wachen, die SS-Leute und ein voll geladener Zaun von -zigtausend Volt.

1945 wurden wir von den Russen befreit, medizinisch betreut und für eine Weile gepflegt. Wir waren immerhin 30 bis 40 Kinder im Alter von 10 bis 14 Jahren. Als wir einigermaßen wiederhergestellt waren, wurden wir nach Hannover gebracht, eingekleidet, erhielten Fahrscheine und wurden vom Roten Kreuz zur Bahn nach Frankfurt gebracht.

Im Juni 1945 kam ich nach Frankfurt zurück. Ich suchte das Haus des ältesten Bruders meines Vaters, Alexander Adler. Aber vom Haus war nichts übrig. Es war ausgebombt, alles kaputt. Jetzt stand ich da. »Was willst du machen?« Ich wandte mich an das Rote Kreuz mit der Bitte, die Anschrift meines Onkels herauszufinden. Und siehe da, nach 8 Tagen hörte ich, daß er in Wächtersbach in einem Behelfsheim wohnte. Er kam sofort und hat mich geholt. Nach einer gewissen Zeit kamen dann auch meine Schwester und mein Bruder. Von 1947 bis 1951 erhielt ich mit sechs anderen jungen Männern Privatunterricht bei Prof. Dr. Chlowa in Bad Orb, um meine unterbrochene Schulausbildung zu ergänzen. Die Kosten für Unterricht und Internat wurden vom Staat bezahlt. Seit 1955 bin ich wieder echter Frankfurter Bürger. Ein Kreis hat sich geschlossen.

Vielleicht ist es die Aufgabe von uns Überlebenden, Scham, Trauer

und Wut zu überwinden, um Zeugnis abzulegen, damit der schlimme Teufelskreis von Ausgrenzung, Internierung, Deportation und Vernichtung nie wieder im Leben vorkommt.
Ich möchte alle Menschen bitten, die hier von meinem Leben erfahren haben, daß sie an die junge Generation weitergeben, was mit den Sinti und Roma und auch mit den Juden in den Jahren 1939 bis 1945 geschehen ist. Wenn wir alle zusammenhalten, wenn wir uns die Hände reichen und nicht darauf achten, welcher Generation oder welcher Abstammung, Herkunft wir sind, ob Sinti, Roma, Jude, Türke, Grieche, Italiener, Belgier oder was auch immer – wenn wir uns die Hand reichen und sagen, wir wollen so etwas nie wieder erleben, glaube ich, daß wir es auch erreichen.
Unsere Kraft wird es jedem vermitteln, wenn wir zusammenstehen und einer auf den anderen achtet.

ZEITTAFEL

zur Diskriminierung, Entrechtung, Verfolgung und Vernichtung der Minderheiten

1933

30. Januar Ernennung Hitlers zum Reichskanzler.

28. Februar Aufhebung der demokratischen Grundrechte durch die »Reichstagsbrandverordnung«.

20. März Errichtung des ersten Konzentrationslagers in Dachau.

1. April Eintägiger Boykott jüdischer Geschäfte.

7. April Entlassung von Juden aus dem Staatsdienst.

ab 1933 Verdrängung der Juden aus dem Wirtschaftsleben durch zahlreiche Verordnungen und Schikanen. Diskriminierung der Sinti durch Erlasse und polizeiliche Maßnahmen.

1935

15. September Verkündung der »Nürnberger Gesetze«: Juden wird die deutsche Staatsangehörigkeit entzogen. Verbot der »Mischehe« sowie außerehelicher Beziehungen zwischen »Ariern« und Juden. Die Heirat von Sinti und Nicht-Sinti wird verboten; Entzug der Bürgerrechte.

1938

13. März »Anschluß« Österreichs an das Deutsche Reich. Massenauswanderung österreichischer Juden.

17. August Juden müssen ihrem Vornamen den Zwangsnamen »Sara« bzw. »Israel« zufügen.

5. Oktober Reisepässe von Juden werden mit einem »J« gekennzeichnet.

9./10. November NSDAP organisiert Pogrome (»Reichskristallnacht«).

Verstärkte Auswanderung der deutschen Juden.

12. November Juden wird der Besuch von Theatern, Kinos und anderen kulturellen Veranstaltungen verboten.

15. November Jüdischen Kindern ist der Besuch öffentlicher Schulen nicht mehr gestattet.

8. Dezember Himmlers »Erlaß zur Bekämpfung der Zigeunerplage« verschärft die gegen die Sinti bereits bestehenden Bestimmungen; er ordnet die vollständige Erfassung aller »Zigeuner« an.

1939

1. September Deutscher Überfall auf Polen: Beginn des Zweiten Weltkrieges.

12. Oktober Erste Deportationen von Juden aus Österreich und Mähren nach Polen.

Oktober Hitler ordnet das »Euthanasieprogramm« an.

Ca. 70.000 Behinderte werden durch Gas ermordet. Aufgrund von kirchlichen Protesten wird die »Aktion« im September '41 eingestellt. Durch Medikamente und Mangelernährung werden aber weiter Behinderte getötet.

ab Oktober Im Deutschen Reich dürfen Sinti ihren Aufenthaltsort nicht mehr verlassen; Einrichtung von »Zigeunergemeinschaftslagern«. In den besetzten Gebieten werden Roma in Konzentrationslager deportiert.

23. November Einführung des Judensterns im ganzen »Generalgouvernement« (Restpolen).

1940

9. April Deutscher Überfall auf Dänemark und Norwegen.

30. April In Lodz wird das erste Ghetto eingerichtet.

10. Mai Überfall der deutschen Wehrmacht auf Holland, Belgien und Luxemburg; Angriff auf Frankreich.

22. Mai Beginn der systematischen Verschleppung der deutschen Sinti und Roma in das besetzte Polen mit dem Ziel ihrer vollständigen Vernichtung.

Anfang Juni Die ersten Häftlinge werden in das Konzentrationslager Auschwitz eingeliefert.

1941

6. April Deutscher Überfall auf Jugoslawien und Griechenland.

22. Juni Deutscher Angriff auf die Sowjetunion.

Massenerschießungen von kommunistischen Funktionären, Juden und Roma durch »Einsatzgruppen«; Errichtung von Ghettos in den besetzten Gebieten.

15. September Die im Reich lebenden Juden müssen vom 6. Lebensjahr an den gelben Stern tragen.

Im Lauf des Krieges müssen die Juden immer mehr Einschränkungen in Kauf nehmen: So dürfen sie keine öffentlichen Verkehrsmittel und Fernsprecher benutzen. Elektrische und optische Geräte, Fahrräder, Schreibmaschinen, Pelze und Wollsachen müssen entschädigungslos abgeliefert werden. Es ist ihnen verboten, Hunde, Katzen, Vögel oder andere Haustiere zu halten. Kleidermarken, Fleisch- und Milchkarten erhalten sie nicht mehr. Selbst Wälder und Parkanlagen dürfen sie nicht mehr betreten.

14. Oktober Beginn der systematischen Deportation von Juden aus dem Deutschen Reich.

23. Oktober Juden wird die Auswanderung aus dem Deutschen Reich verboten.

7. Dezember Japanischer Angriff auf die US-Flotte in Pearl Harbor.

11. Dezember Hitler erklärt den USA den Krieg.

Ende Dezember Beginn der Massentötung von Juden in Chelmno durch den Einsatz von Gaswagen.

1942

20. Januar Konferenz im Berliner Vorort Wannsee zur Koordinierung der »Endlösung«; d. h. der Ermordung der europäischen Juden.

März–Juli Errichtung von Vernichtungslagern im besetzten Polen (Belzec, Sobibor, Treblinka).

Beginn der Auflösung der Ghettos; die Bewohner der Ghettos werden in die Todeslager »umgesiedelt«. Bei der Räumung der Ghettos leisten Juden vereinzelt bewaffneten Widerstand.

Bis zum Herbst 1944 Aus allen Teilen Europas werden Juden in die Vernichtungslager deportiert.

Juni Beginn der Massenvergasungen in Auschwitz.

30. Juni Schließung sämtlicher jüdischer Schulen im Deutschen Reich.

1943

31. Januar Kapitulation der 6. deutschen Armee in Stalingrad.

26. Februar Ankunft des ersten Transports von Sinti und Roma im »Zigeunerfamilienlager« Auschwitz-Birkenau.

19. April–16. Mai Aufstand im Warschauer Ghetto; er endet mit der völligen Zerstörung des Ghettos.

ab Juni Liquidierung aller polnischen und russischen Ghettos.

ab Juli Beginn der sowjetischen Gegenoffensive.

1944

6. Juni Invasion amerikanischer und britischer Soldaten in der Normandie.

24. Juni Das Vernichtungslager Majdanek wird von sowjetischen Truppen befreit.

1945

ab Januar Räumung der Vernichtungslager vor der anrückenden Roten Armee. Die Überlebenden werden in Lager im Westen verschleppt; viele sterben auf den Todesmärschen. Die marschunfähigen Häftlinge werden durch die Sowjets befreit.

April Befreiung der Konzentrationslager Buchenwald, Dachau, Bergen-Belsen und Ravensbrück durch die Alliierten.

7./8. Mai Bedingungslose Kapitulation der deutschen Wehrmacht. Kriegsende in Europa.

Quellenverzeichnis

Herbert Adler, *Und immer wieder die Kinderfrage: Warum?* aus: »Informationen Heft Nr. 36, April 1993«. © Studienkreis Deutscher Widerstand.

Alicia Appleman, *Auf dem Baum* und *Der kleine Smuel* aus: dies., »Alicia – Überleben um Zeugnis zu geben«. © Scherz Verlag, Bern und München 1989.

Mary Berg, *Zwei Jahre im Warschauer Ghetto*, Rechte an der Übersetzung bei Gerhard Schoenberner, entnommen dem Band: Gerhard Schoenberner, »Zeugen sagen aus«.

Halina Birenbaum, *Die Hoffnung stirbt zuletzt* aus: »Die Hoffnung stirbt zuletzt«. © Verlag Reiner Padligur, Hagen 1989.

Trudi Birger, *Im Angesicht des Feuers* aus: dies., »Im Angesicht des Feuers. Wie ich der Hölle der Konzentrationslager entkam«. © R. Piper Verlag GmbH & Co. KG, München 1990.

Helmut Clemens, *Die Menschenversuche des Dr. Mengele.* Mit freundlicher Genehmigung des Dokumenationszentrums Deutscher Sinti und Roma.

Gerhard L. Durlacher, *Schulzeit* aus: ders., »Ertrinken. Eine Kindheit im Dritten Reich«, aus dem Niederländischen übersetzt von Maria Csollany. © Europäische Verlagsanstalt, Hamburg 1993.

Ruth Elias, *Ab heute besitze ich keinen Namen mehr* aus: dies., »Die Hoffnung erhielt mich am Leben. Mein Weg von Theresienstadt und Auschwitz nach Israel«. © R. Piper Verlag GmbH & Co. G, München 1988.

Eisik Fleischer, *Allein* aus: Josef Wulf (Hrsg.), »Yiddish-Gedichte aus den Ghettos 1939-1945«. © arani-Verlag GmbH, Berlin 1964.

Philomena Franz, *Man hat mir die Flügel gestutzt* aus: dies., »Zwischen Liebe und Haß. Ein Zigeunerleben«. © Verlag Herder, Freiburg 1985.

Chaim Frimer, *In Würde sterben*, Rechte an der Übersetzung bei Gerhard Schoenberner, entnommen dem Band: Gerhard Schoenberner, »Zeugen sagen aus«.

Rikle Gleser, *Ess is gewen a sumer-tog (Es war an einem Sommertag)* aus: Freund/Ruttner/Safrian (Hrsg.), »Ess firt kejn weg zurik . . . Geschichte und Lieder des Ghettos von Wilna 1941-1943«. © Picus Verlag GmbH, Wien 1992.

Elisabeth Guttenberger, *Das »Zigeunerlager« Auschwitz-Birkenau.* Mit freundlicher Genehmigung des Dokumentationszentrums Deutscher Sinti und Roma.

Janka Hescheles, *Belzec* und *Mutter* aus: Inge Deutschkron (Hrsg.), ». . . denn ihrer war die Hölle. Kinder in Ghettos und Lagern«. © Verlag Wissenschaft und Politik, Köln 1979.

Dagmar Hilarová, *Essensausgabe* aus: Diekmann/Hilarová, »Ich habe keinen Namen«. © Arena Verlag GmbH, Würzburg 1982.

Joseph Z. Kleinmann, *Auf dem Fußballplatz* aus: Inge Deutschkron (Hrsg.), ». . . denn ihrer war die Hölle. Kinder in Ghettos und Lagern«. © Verlag Wissenschaft und Politik, Köln 1979.

Ruth Klüger, *Schneewittchen* aus: dies., »weiter leben – Eine Jugend«. © Wallstein Verlag, Göttingen 1992.

Erwin Leiser, *In Deutschland nicht erwünscht* aus: ders., »Gott hat kein Kleingeld«. © Verlag Kiepenheuer & Witsch, Köln 1993.

Eva Picková, *Die Angst* aus: »Hier fliegen keine Schmetterlinge. Kinderzeichnungen und Gedichte«. © Zidovské Muzeum, Praha.

Joseph Reinhardt, *Auschwitz – das ist nicht zu beschreiben*. Mit freundlicher Genehmigung des Dokumenationszentrums Deutscher Sinti und Roma.

Leif Rosenstock, *Flucht über die Ostsee* (Interview des Jounalisten Hannes Gamillscheg mit Leif Rosenstock). © Johannes Gamillscheg.

Dawid Rubinowicz, *Jede Stunde ist schwer zu durchleben* aus: Walther Petri (Hrsg.), »Das Tagebuch des Dawid Rubinowicz«. © Beltz Verlag, Programm Beltz & Gelberg, Weinheim und Basel 1988.

Amalie Schaich, *»Dort, wo ihr hinkommt, geht's euch gut«*. Mit freundlicher Genehmigung des Dokumenationszentrums Deutscher Sinti und Roma.

Klaus Scheurenberg, *Ausgeschlossen*, *Der Judenstern* und *Weglaufen oder bleiben?* aus: »Ich will leben. Ein autobiographischer Bericht«.

Joseph Schupack, *Fahrt ins Ungewisse* aus: ders., »Tote Jahre. Eine jüdische Leidensgeschichte«. © Katzmann Verlag, Tübingen 1984.

Hilde Sherman-Zander, *Transport nach Riga: 10. bis 14. Dezember 1941* aus: dies., »Zwischen Tag und Dunkel. Mädchenjahre im Ghetto«. © Verlag Ullstein GmbH, Berlin 1984.

Dawid Sierakowiak, *Das langsame Sterben beginnt* aus: »Das Ghettotagebuch des Dawid Sierakowiak«, übersetzt von Roswitha Matwin-Buschmann. © Reclam Verlag, Leipzig 1993.

Ceja Stojka, *Nirgends mehr sicher* aus: »Wir leben im Verborgenen. Erinnerungen einer Rom-Zigeunerin«. © Picus Verlag GmbH, Wien 1988.

Lipman Sznajder, *Die Rückkehr* aus: »Wladek war ein falscher Name«. © Verlag Lipman Sznajder, München 1991.

Theodor Weiß, *Ich war ein kleines Kind, aber das vergesse ich nie* aus: Michael Krausnick, »Abfahrt Karlsruhe, Die Deportation in den Völkermord«. Mit freundlicher Genehmigung des Dokumenationszentrums Deutscher Sinti und Roma.

Elie Wiesel, *Bleib nicht stehen, lauf!* aus: ders., »Die Nacht zu begraben, Elischa«. © Bechtle Verlag in der F.A. Herbig Verlagsbuchhandlung, München.

Hannele Zürndorfer, *Der Neunte November 1938* aus: »Verlorene Welt. Jüdische Kindheit im Dritten Reich«. © Centaurus Verlag, Pfaffenweiler 1988.

Einige in diesem Buch versammelten Texte haben in den Originalwerken, aus denen sie stammen, keine eigenen Titel, zum Beispiel dort, wo es sich um Auszüge aus längeren Buchkapiteln handelt. In diesem Fall stammen die Titelformulierungen vom Herausgeber.

Wir danken den jeweiligen Autoren und Verlagen für die freundliche Genehmigung zum Abdruck vorstehender Beiträge. Sollten in »Verachtet, verstoßen, vernichtet« urheberrechtlich geschützte Werke aufgenommen worden sein, deren Quellen hier nicht angeführt sind, so konnten diese trotz intensiven Nachforschens des Verlages nicht ermittelt werden. Wir bitten die Rechteinhaber, sich mit uns in Verbindung zu setzen.